新闻学与传播学“十四五”规划教材·基础课程系列
14th Five Year Plan University Textbook

数字广告学

DIGITAL ADVERTISING STUDIES

颜景毅 张金海 著

CUCP 中国传媒大学出版社
·北京·

撰写人员及分工

全书基本框架的设计、第一章的撰写、各章的通稿与修订、后记，由张金海（武汉工商学院特聘教授，武汉大学教授、博士生导师）、颜景毅（郑州大学教授、博士生导师）共同完成。

其余各章的撰写分工如下：

第二章和第五章：谭辉煌（湖北科技学院教授、硕士生导师）；

第三章和第七章：韩文静（郑州大学副教授、硕士生导师）；

第四章：罗雁飞（郑州大学副教授、博士生导师）；

第六章和第八章：马二伟（重庆大学教授、博士生导师）；

第九章和第十二章：周立春（商丘师范学院副教授、硕士生导师）；

第十章：曾琼（湖南师范大学教授、博士生导师）；

第十一章：李惊雷（郑州大学教授、硕士生导师）。

目　录

第一章　数字广告与数字广告学

▶**章节大纲**

1.数字时代与数字广告；

2.数字广告的技术体系；

3.数字广告学的研究范畴及其内涵；

4.本书宗旨与基本框架结构。

▶**章节内容**

本章引入了数字广告的概念，介绍了数字广告的技术体系，阐释了数字广告学的内涵与特征，以及全书的内容框架。

第一节　数字时代与数字广告

一、人类社会进入数字时代

由0和1组成的二进制运算概念，由德国数学家戈特弗里德·威廉·莱布尼茨于1679年提出。直到1946年，第一台基于二进制编程运行的计算机ENIAC（Electronic Numerical Integrator And Computer，电子数值积分计算机）在美国宾夕法尼亚大学问世，数字技术才正式崭露头角。1989年，互联网在美国横空出世，并迅速实现民用化和商业化。至此，二进制数学原理、计算机的快速运算能力以及互联网的互联互通特性，共同奠定了数字技术的基础。1996年，美国学者尼古拉斯·尼葛洛庞帝出版《数字化生存》一书，描绘了数字技术对人类生存方式产生的巨大冲击，"数字化生存"（Being Digital）这一概念将人类带入了全新的数字时代。伴随着数字技术的快速迭代，以及互联网对人类生产、生活、生存全方位的连接、颠覆与重构，人类社会终于走过了以物质生产与交换为核心的工业时代，迈入一个以信息生产与交换为核心，并构建起了全新社会文化的数字时代。

二、数字广告及其定义

数字技术具备采集、存储、处理、运行信息的能力，与作为商业信息生产和传播的广告存在天然的内在联系。数字技术的诞生与不断精进，极大地推动了广告原有形态的改变乃至重塑。

互联网实现民用化和商业化之后，1994 年 10 月 14 日，网络中最早的广告形式——“旗帜广告”(Banner)出现在美国线上杂志《热线》(www.hotwired.com)网站上。1997 年 3 月，Intel 和 IBM 的旗帜动画广告出现在 ChinaByte 网站的主页，这是中国互联网上出现的第一条广告。近 30 年来，在数字技术持续迭代的推动下，展示广告、搜索广告、互动广告、程序化广告、计算广告、智能广告、元宇宙广告等新的广告形式不断涌现。这些新广告形式呈现出与传统广告(Traditional Advertising，TA)不同的资讯化、泛形态化、融媒化、技术化等特点，实现了对传统广告的全方位超越。这些全新的广告形式，是数字技术应用于广告传播，在进入数字时代后产生的新型广告形态。本书将数字技术嵌入后生成的这些新广告形态统称为数字广告(Digital Advertising，DA)。

本书将数字广告的定义简明地表述为：数字广告是组织或个人向选定的在线用户推送产品信息的个性化数字创意，以诱发互动和销售的营销沟通行为。

这个定义表明，与传统广告相比，广告主体依旧是任何有广告发布意图的组织或个人，但二者存在诸多不同之处：其一，广告客体，即受众或消费者，转变为在线用户中经大数据监测分析后锁定的、画像清晰的个体；其二，广告主体与客体因广告创意形成互动关系，传统广告的“传播”演进为“沟通”，广告邻近的属概念也从营销传播进阶到“营销沟通”，这种沟通能够提升广告的品牌塑造效果；其三，主客体共享为客体定制的数字化形态创意内容，其个性化程度和表现力均超越传统广告作品；其四，互动与“销售”连续发生且直接相连，由此确立了广告促销的逻辑，而传统广告与销售在时间上不连续、空间上不同步，存在逻辑断裂。正因如此，数字广告的市场推广实效显著。当数字广告相较于传统广告在品牌塑造和销售方面的功效同步提升后，其发展前景将极为广阔。

三、数字广告的分类

数字营销(Digital Marketing)“通过数字媒体、数据和技术实现营销目标”①。作为一种数字营销传播工具,数字广告可从传播、营销和技术三个基本层面进行分类。

(一)营销角度的划分

数字营销以线上营销为主,并通过数字技术和数字媒体平台与线下营销进行整合运作。据此,数字广告分为线上广告与线下广告,且以线上广告为主体。线下广告主要指在线下场景中实现数字化呈现和连接的广告。

按照数字营销的目的,数字广告也可像传统广告一样,分为商业广告与非商业广告两大类,其中,商业广告是数字广告的主体部分。

与传统广告在信息接收与购买环节存在时空断裂不同,数字广告实现了信息接收与购买在时间上的连续性以及空间上的同一性,②即广告销售一体化。据此,数字广告可分为效果广告、品牌广告和品效合一广告三类。

传统广告多由广告公司代理实施,而在数字广告领域,由于广告主拥有了可与消费者进行自主营销的自媒体、逐步自建的数字广告平台,以及逐步掌握的具有开源性、开放性的数字广告工具等,广告主的广告活动从传统的外包方式演变为外包和自主两种类型。

(二)传播角度的划分

传统广告依赖大众媒体,数字广告依赖数字媒体,因此,数字广告的传播分类大体可依据所依赖数字媒体的不同划分为数字原生媒体广告和数字化转型后的传统媒体广告。数字原生媒体广告是数字广告的主要类别,又可细分为数字媒体平台广告、自媒体广告和社交媒体广告。数字化转型后的传统媒体广告主要包括报刊、电视画面上的二维码广告,以及通过数字技术呈现或连接的户外广告等。

数字媒体所使用的传播元素既包括单一的文字、声音、图片、图像、视频等,也包括这些单一元素的多元组合。从传播元素的角度来看,数字广告可分为单元素广告、多元素广告和全元素广告。

从受众与广告的主被动关系来看,数字广告可分为受众主动搜索的搜索广

---

① 查菲,查德威克.数字营销:战略、实施与实效:第7版[M].王峰,韩晓敏,译.北京:清华大学出版社,2022:5.

② 颜景毅.从策略传播管理到数据沟通管理:大数据诱致广告运作制度的变迁[J].新闻大学,2017(5):103.

告和被动接受的推送广告。

从受众对广告的接受状态来看,数字广告可分为受众外在于媒体的常规广告和受众内在于媒体的沉浸式广告。

互动是数字媒体相较于大众媒体进化的突出特征,数字媒体不仅能实现一对一的双向互动,还能实现一对多、多对多的多向互动。基于此,数字广告也可分为双向互动广告和多向互动广告。

就效果而言,由于数字广告具有实时性、即时性特征,除包含传统广告中的速效广告和迟效广告外,还新增了上线后能即时获得反馈的即时广告。

(三)技术角度的分类

数字广告是数字技术在商业传播领域的多重集成性应用,从技术视角来看,数字广告的类别划分表现为不同的技术主导与技术组合所支撑的不同广告形式。

(1)搜索广告(Search Advertising)与推送广告(Push Advertising):搜索广告是用户通过搜索引擎主动检索到的广告。通常情况下,出价高的广告主,其广告内容会被广告平台安排在检索结果的前列。推送广告是媒体平台主动投放在网页或目标用户出现场景的广告。

(2)程序化创意(Programmatic Creative)广告与非程序化创意广告:程序化创意广告是通过程序化创意平台,由数据和算法驱动,进行智能化、海量化的广告文本生产与优化而生成的广告;非程序化创意广告则是通过人工配合常规设计软件生产,难以实现海量化与动态优化的广告。

(3)定向广告(Targeting Advertising)与非定向广告(Non-targeted Advertising):定向广告是通过网络跟踪技术收集用户特征信息并获取 IP 地址,再利用网络配送技术向用户推送具有针对性的广告,包括原生广告、信息流广告、计算广告等;非定向广告则是无差别地在数字媒体上发布的广告,包括主要出现在媒体及其频道首页的展示广告等。

(4)虚拟现实(Virtual Reality)、增强现实(Augmented Reality)、混合现实(Mixed Reality)与扩展现实(Extended Reality)广告:利用计算机模拟出三维的、能多感官触达的、与现实世界相近的虚拟环境和事物的广告,称为虚拟现实广告,简称 VR 广告;将现实世界的场景和事物引入虚拟场景的广告,称为混合现实广告,简称 MR 广告;将虚拟场景和事物叠加到现实世界场景中的广告,称为增强现实广告,简称 AR 广告;将虚拟世界与真实世界有机融合的广告,称为扩展现实广告,简称 XR 广告。

第二节　数字广告的技术体系

数字时代因数字技术而兴起,数字广告因数字技术在广告中的嵌入而产生。因而,理解数字广告、从事数字广告活动,了解其技术体系是基本的知识基础。

一、数字时代的通用技术体系

单一技术通常仅能解决单一问题,多种技术进行体系性集成应用,则能够解决更多且更为复杂的问题。而通用技术体系更可突破专门技术解决专门问题的局限性,力求解决最为广泛的问题。人类的技术发展史,就是一部从单一技术发展为技术体系,进而演进到通用技术体系的历史。

(一)技术体系与通用技术体系

"各种技术依据其内在联系,按照一定的社会目的组成一个具备特定功能的有机整体,便形成了所谓的技术体系。"①技术体系可以分为应用于企业个体运营的企业技术体系、应用于某个特定产业的产业技术体系和广泛应用于产业、企业运营的底层性通用技术体系。

(二)数字时代通用技术体系及其构成

技术体系是否属于通用技术体系,取决于其是否具有基础性、普适性和通用性。正如"计算机是人类发明的唯一通用机器"②,数字技术已成为整个社会广泛应用的基础性技术体系,因而它是数字时代的通用技术体系。数字技术作为通用技术体系,涵盖互联网技术、大数据技术、云计算技术、物联网技术、人工智能技术、区块链技术等。

二、数字广告技术体系

数字广告技术体系是应用于数字广告运作的技术体系,是通用化的数字技

① 宋刚,侯剑华,冯茹.技术体系与技术创新的互动进化模式探析[J].技术与创新管理,2008(6):32.

② 沃尔什.2062:终结[M].罗静,译.长沙:湖南科学技术出版社,2020:14.

术在广告调研、广告策划、广告创意、广告制作、媒体交易、广告投放、效果监测等广告生产环节中的应用性技术集合。由于广告与营销融合发展,广告技术(AdTech)与营销技术(MarTech)往往相互融合、彼此等同。

从广告运作流程来看,数字广告技术体系包含如下几种主要技术类型:

◎ 大数据技术:应用于广告运作全流程,尤其在消费者画像构建和广告效果监测方面发挥重要作用。

◎ AIGC 技术:应用于广告调查的问卷设计、数据处理,广告策划方案撰写,以及广告创意构思与广告作品设计制作。

◎ 程序化技术:应用于广告创意构思、广告作品设计制作、媒体购买和广告投放等环节。

◎ 计算技术:应用于广告投放与优化,催生出计算广告学,有效提升广告投放精准度。

◎ 区块链技术:应用于广告交易环节,保障广告交易安全。

◎ 智能技术:应用于广告运作全流程,推动广告生产从人工模式向智能化阶段转变,大幅提高广告生产效率。

◎ 虚拟技术:应用于广告作品制作、广告场景搭建等领域,助力广告进入三维元宇宙空间。

第三节　数字广告学的研究范畴及其内涵

数字广告学是描述、揭示、阐释数字时代人类广告实践的系统性知识。数字广告学伴随着数字广告的出现与发展,已有近 30 年的知识生产历程。不过,数字广告学知识体系的系统化建构才刚刚起步。

一、数字广告学的研究对象与范畴

数字广告学以数字广告为研究对象。在“数字媒体上的广告”和“传统媒体数字化的广告”两大类别中,以“数字媒体上的广告”为主要研究对象。

作为数字时代的新型广告形态,数字广告既具备“广告”的属性,也具有“数字”的特征。其知识体系的生产与建构必然围绕“广告”与“数字”展开。

就广告本体而言,数字广告学既涵盖以文本形式存在的内容及其生产研究,也涉及对广告运作过程中洞察、策划、创意、交易、投放与效果优化等广告活动的研究，由此构成了数字广告学主体性的“数字广告自系统”知识体系。

整合营销传播是传统广告演进的最高形态，是传统广告学知识的最高成果，也是数字广告演进的基础。数字时代的整合营销传播即数字整合营销传播，依旧是数字广告实践和知识生产的基本范式。因此，“数字传播与数字营销系统”的知识生产是数字广告学的又一重要研究范畴。

数字广告是在社会中公开进行的营销传播活动，既不独立于数字营销传播，也不孤立于社会之外，而是在与社会的互动中不断演进发展。“数字广告社会系统”的知识生产及其系统化，理应是数字广告学拓展性的研究范畴。它对于减弱广告商业性带来的潜在社会性危害，尤其是数字技术加持下可能被放大的负面影响，具有极为重要的认识和指导意义。

数字广告是一种传播行为，也是一种经济行为，是新兴数字经济的重要组成部分。若不研究数字经济，就难以从系统层面理解和解释数字广告的经济行为。因而，“数字广告经济系统”与“数字广告社会系统”一样，是数字广告学的拓展性研究范畴。

技术是数字广告的根本特征，也是数字广告得以产生、演化的根本基础。探讨技术在数字广告中的应用及其影响，是理解数字广告及其运作的知识前提。所以，系统、深入地研究数字广告的技术问题，构建“数字广告技术系统”知识体系，成为数字广告学不可或缺的基础性研究范畴。

总之，数字广告学的研究范畴包括“数字广告技术系统”“数字广告自系统”“数字传播与数字营销系统”“数字广告社会系统”和“数字广告经济系统”这五大系统。通过对这五大系统进行知识生产及体系化构建，能够建立起数字广告学的基本知识体系。

二、数字广告学的内涵与特征

（一）数字广告学的内涵

数字广告学是广告学的阶段性和进阶性知识，其内涵比传统广告学更丰富、更深刻。

（1）数字广告学的核心概念。数字广告学由一系列概念组成，其中核心概念是反映数字广告关键性问题的知识点。从数字广告运作流程来看，主要包括广告技术、用户画像、程序化广告、计算广告、智能广告、广告优化、数字营销等。从数字广告市场、产业与社会角度看，主要包括数字广告平台、程序化广告交易、广告技术伦理、广告产业范式等。

(2) 数字广告学的基础理论。传统广告学的两大理论来源是传播学与营销学,它们能描述和解释传统广告的基本问题。数字广告的情况更为泛化和复杂,所以数字广告学不仅要吸收传播学和营销学的数字化新理论,还要引入数字经济学、数字社会学、数字心理学、数字伦理学等领域为解决数字广告复杂问题所取得的新理论,这样才能准确描述、清晰解释、深刻阐释数字广告现象。

(3) 数字广告学的研究范式。数字广告学的建构,既要解决自身独特的知识生产问题,又要顺应最新的科学研究范式变迁。在专业规范地应用实验科学范式、理论科学范式、计算科学范式三大传统研究范式的同时,数据密集型范式和科学智能型范式这两种新的研究范式,更应成为数字广告学知识生产的主体范式,以提高数字广告学的学术生产效率。

(二)数字广告学的特征

从数字广告的知识生产及其体系化角度来看,作为一门独立学科,数字广告学呈现出以下几个明显特征:

(1) 包容性。从学术演进与回望视角来看,我们将工业时代产生并发展至常规科学阶段的广告学称为传统广告学。与之相对应,伴随数字时代数字广告的演化进程而出现,且力图体系化的关于数字广告的知识生产,可称为数字广告学。近 30 年来逐步形成的关于网络广告、计算广告、智能广告,甚至元宇宙广告的研究成果皆可纳入其中。

(2) 新兴性。关于数字广告的知识生产,始终与数字广告的演进相伴相生,并不断产生阶段性新知识。然而,将这些新知识纳入数字广告学这一学科概念及其体系框架进行整体性思考与建构,应是近期才开始的。关于数字广告学,无论是学科共识、知识框架,还是研究共同体及其研究范式,都仍处于探索阶段。

(3) 超越性。作为传统广告学之后对新兴数字广告的知识表达,数字广告学理应对传统广告学有所超越,从而提升广告学科整体的学理化水平。这种超越既包括对"技术"等广告学知识边界的拓展,也涵盖在"社会""经济"视域下对广告研究的深化,还涉及引入"数据密集型""人工智能生成内容"等新的研究范式。

三、数字广告学建构的学科价值与意义

数字广告学作为一门新兴学科,虽刚刚起步,但其学科价值与意义不言

而喻。

（一）丰富广告学的知识体系

“经济不仅必须随着技术的进化而重新调整适应，而且还必定会随着技术的进化不断地形成和重构。”①作为商业信息传播的重要手段，广告向来对新技术极为敏感，并会率先将其应用。然而，在传统广告学的知识谱系中，技术却一直处于被忽视和遗忘的状态。数字广告是由数字技术催生并支撑的新型广告形态，其技术特性尤为突出。因此，在数字广告学的知识谱系中，技术成为不可或缺的重要新增内容。

技术知识的融入，弥补了传统广告学过度倚重人的智慧、轻视技术工具的不足，使智慧与技术达到更平衡的状态，从而让广告既富有创意，又更具效率和效果。

（二）深化广告学的宏观研究

传统广告学以传统传播学和营销学为理论基础，着重建构了以广告文本和广告运动为核心的广告学知识自系统。从经济学、社会学等更广阔的视野和更高层次思考广告问题的意识虽早已萌芽，但在广告学术领域中一直只是浅淡的伏笔。随着数字时代的到来，产业融合发展成为产业发展的新范式，数字广告与数字经济及其相关门类的边界日益模糊，并逐渐融为一体。此外，技术的加持进一步放大了原本就具有广泛而深刻的社会影响的广告效应，使得广告对社会的影响变得更为复杂。基于此，需要从社会学、经济学的视角和层次进一步强化与深化相关研究，以推动数字广告的良性发展。

（三）建构广告学新的学术范式

经过学者们的持续努力，广告学成为一门独立学科已获得学界共识。然而，传统广告学知识生产的经验性导致其学理性偏弱，长期以来饱受诟病与轻视，这可视为历史的遗憾。因此，如何提升广告学科的学理化水平，一直是广告学人努力攻克的难题。数字广告学的学科建构，不仅倡导传统研究范式的规范化，更强调引入数字时代新兴的数据密集型范式和科学智能型范式两种新研究范式，以进一步夯实广告学的学理基础，提高数字广告学的学术生产率。

---

① 阿瑟.复杂经济学：经济思想的新框架[M].贾拥民，译.杭州：浙江人民出版社，2018：212.

（四）丰富数字时代的新知识体系

从工业时代向数字时代演进，工业时代的诸多事物似乎都需要重新思考与建构。于是，“数字+学科”成为学科发展的普遍探索方向，这种探索既承载着人们对学科发展的期望，也反映出学科转型的焦虑，由此形成了一片蓬勃发展的理论丛林。数字经济学、数字社会学、数字传播学、数字营销学、数字心理学等作为广告学的基础学科，都已开启既继承又超越的新学科创建进程。这些基础学科的数字化重建，为数字广告学的建构提供了源源不断的新思维、新观念、新范式和新知识。同样，数字广告学的问世与建构，不仅实现了对传统广告学的超越，将全新的数字广告实践知识化，还为上述基础学科的丰富与充实贡献了数字广告的学术智慧，在与这些基础学科的多向互动和融合共生中，推动了“数字+学科群”的整体发展。

第四节　本书宗旨与基本框架结构

一、本书的宗旨

历经近 30 年的发展，数字广告的知识化与知识体系化是一个极为复杂且艰难的知识生产过程。作为一种新的尝试与探索，本书力图达成以下宗旨和目标：

在实践逻辑层面，一方面，清晰描述和阐释数字广告的产生、发展及未来趋势，展现数字广告运作的全过程与关键环节，帮助读者掌握数字广告的基本技能；另一方面，探究在技术经济范式驱动下数字广告市场的变迁及数字广告产业的发展，使读者了解并理解数字广告的宏观演进脉络。

在学术逻辑层面，一方面厘清数字广告学的研究范畴，构建数字广告学的基本知识体系；另一方面，反思广告学传统研究范式的不足，引入新的研究范式，抛砖引玉，期望以此提升数字广告学建构的规范性与专业性。

二、本书的框架结构

为达成上述宗旨和目标，全书设置了十二章内容，共分为四个知识模块，主要内容如下：

（一）基础知识模块

包括作为导论的第一章"数字广告与数字广告学"和回望数字广告历史的第二章"数字广告的发展演进"，共两章内容。

第一章主要界定了"数字广告""数字广告学"的基本概念、内涵、特征、意义、价值，以及数字广告涉及的主要技术等，交代了全书的基本内容结构。

第二章梳理和解读了数字广告从"互联网初始期数字广告的初始形态"，到"计算技术时代数字广告的计算形态"，再到"智能技术嵌入下数字广告的智能形态"的30年快速发展历程。

（二）数字广告运作知识模块

该知识模块从数字广告运动流程的角度重点研究了消费者洞察、数字广告策划、程序化创意、程序化交易、广告效果与优化等关键性的环节性知识，以及基于数字整合营销传播视角的数字营销知识，共包含六章内容。

第三章介绍了数字广告中"消费者洞察"的基本内容、技术与方法，分析了其与传统广告运动中的"市场分析"存在的差异。

第四章阐述了数字广告策划的新内容、新技术、新方法，以及策划方案的新规范。

第五章讲解了数字广告创意在程序化、智能化、人机协同方面的新生产方式和生产过程。

第六章剖析了程序化交易的技术与方法。

第七章聚焦于数字广告的实时监测以及优化的技术路径与管理策略。

第八章介绍了社交媒体平台、电子商务平台、搜索引擎、直播带货等新型数字媒体及营销传播手段。

（三）数字广告市场与数字广告产业知识模块

该模块包括第九章"数字广告市场及其运作"、第十章"数字广告业的经济范式及其发展变迁"和第十一章"数字广告的监管及其法规与伦理"，共三章内容。

第九章分析了传统广告市场进入数字广告时代后在要素、结构与机制等方面发生的变迁。

第十章以经济范式理论为基础，分析了传统广告产业时期依赖人力的人力密集型经济范式向数字广告产业技术密集型经济范式转换的过程，以及由此引发的生产运作方式、产业结构、市场关系、产业制度等一系列重大产业变革。

第十一章探讨了保障数字广告健康发展的法律与伦理规范问题。

(四)数字广告学学科建构知识模块

这个模块即第十二章“数字广告学研究范式的变迁及其知识体系的建构”,初步提出了数字广告学的知识体系框架,以及为提高数字广告学知识生产的规范性和效率应实现的研究范式变革,以此推动数字广告学的学科发展。

▶本章小结

1.数字广告是数字技术驱动并与广告互动的产物。

2.数字广告在生产方式、运作方式与流程、广告效能等方面实现了对传统广告的超越性发展。

3.数字广告技术是数字通用技术体系在数字广告运作中的具体应用。

4.数字广告学涵盖了网络广告学、计算广告学和智能广告学的内容,具有包容性、新兴性、超越性等特征。

5.数字广告学的知识建构围绕“数字广告自系统”“数字传播与数字营销系统”“数字广告社会系统”“数字广告经济系统”“数字广告技术系统”五大系统展开。

▶关键术语

1.数字广告是组织或个人向选定的在线用户推送产品信息的个性化数字创意,以诱发互动和销售的营销沟通行为。

2.数字广告学:以数字广告为研究对象,探析数字广告的生产、运作与发展,是对数字广告活动进行学理表达与阐释的知识体系。

▶思考与研讨题

1.与传统广告相比,数字广告有哪些新特点?

2.你如何理解数字广告学研究范畴中的“数字广告技术系统”?

3.你如何理解数字广告学的“包容性”和“超越性”特征?

4.数字广告学建构的价值和意义是什么?

▶延伸阅读

1.张金海,余晓莉.现代广告学教程[M].北京:高等教育出版社,2010.

2.段淳林.计算广告学导论[M].武汉:华中科技大学出版社,2022.

第二章　数字广告的发展演进

▶章节大纲

1.互联网初始期数字广告的初始形态

2.计算技术时代数字广告的计算形态

3.智能技术嵌入下数字广告的智能形态

▶章节内容

本章按照互联网初始期、计算技术时代和智能技术时代三个阶段梳理了数字广告的形态演进。

第一节　互联网初始期数字广告的初始形态

一、展示性广告

CNNIC 统计报告显示，1999 年中国的网民数量仅为 210 万；而到了 2006 年，中国网民数量突破 1 亿；截至 2012 年 6 月，中国网民数量更是达到了 5.38 亿。与此同时，网民平均上网时长由 2011 年下半年的 18.7 小时/周，增至 2012 年上半年的 19.9 小时/周，互联网已经在人们的生活中占据重要地位。

网络广告起源于网络技术高度发达的美国。1994 年 10 月，美国著名的《连线》杂志在其网络版主页上发布了 AT&T 等 14 个客户的横幅广告，这是网络广告发展史上的第一个里程碑。1996 年 8 月，《计算机世界》发表文章《Internet 上的广告现状》，该文章首次将“网络广告”的概念引入中国。1997 年 3 月，英特尔在 Chinabyte 网站上发布了一幅 468×60 像素的 Banner 动画广告，这是中国第一个具有商业性质的网络广告。

从具体形态来看,在较长一段时间内,数字广告以“展示”为主。从本质上讲,这是传统媒体广告向互联网的平移。①

根据展示的状态,可以将这一时期的数字广告分为静态展示广告和动态展示广告。

静态展示广告是指以静止方式出现在网页上的数字广告,横幅广告是其典型代表。

网络横幅广告是一种常见的网络广告形式,通常被译为标志广告、网幅广告、旗帜广告、Banner 广告等。作为网络广告最初的形式,它凭借无时空限制、可灵活互动、精确统计、价格低廉等优势迅速发展,成为互联网早期最为普遍的广告形式。横幅广告属于网络广告中网页广告的常见表现形式,一般以限定尺寸的静态或动态画面呈现广告内容,置于页面特定位置,向消费者传递商品或服务信息,以期改变消费者的态度,促使其购买所宣传的产品或服务。

最初的网络横幅广告为固定图片,虽然制作成本较低,但静止画面难以吸引受众的注意力。因此,如今常采用 Flash、GIF 等格式制作具有运动、闪烁效果的小动画。为增强广告画面或文字的生动性,还会使用 Java 等编程语言赋予其交互性,或借助插件工具提升广告画面的表现力。

网络横幅广告是经过精心设计、具有视觉识别性质的标志性画面,旨在说服浏览者点击,进而购买广告所提供的商品或服务。IBA 委托广告效果研究领域的领先机构 MB Interactive 所作的《网络广告效果研究报告》指出:网络横幅广告具备很强的沟通能力,能显著提升广告知觉水平、品牌知觉水平、品牌评价及购买意愿。② Briggs 和 Hollis(1997)认为,网络横幅广告可提升网民的品牌意识,唤起有品牌意识的网民对品牌的联想,影响他们对品牌的态度并促使其产生购买行为。③

影响网络横幅广告效果的因素主要分为三大类:第一类是广告信息源的影响,即网络横幅广告投放网站的可信度对网络广告效果影响较大,网站可信度越高,网络广告效果越显著;第二类是网络横幅广告本身的影响,作为信息传递载体,网络广告的信息丰富程度、互动性、可信性、创造性以及形式,都会对网络横

① 曾琼.从平移到颠覆:技术可供视域下数字广告的发展演进[J].湖南师范大学社会科学学报,2023,52(2):114-122.

② BRIGGS R,HOLLIS N.Advertising on the Web:is there any response before click figure 4 effect of animation for the different sizes through[J].Jounral of advertising research,1997(37):33-46.

③ 吕瑞雪.网络 Banner 广告说服策略研究[D].济南:山东师范大学,2013.

幅广告的记忆效果、品牌态度和购买意愿产生重要影响;第三类是网络横幅广告受众的影响,受众的个人收入、购买经验、年龄等特质,在一定程度上也会影响网络横幅广告的效果。①

网络横幅广告从发明至今,一直被视作出版商在网上盈利的主要途径。然而,随着新媒体的出现,新的创新广告形式正逐渐取代这种传统广告,网络横幅广告面临巨大挑战。美国科技网站 Business Insider 甚至将 2012 年定义为网络横幅广告开始走向消亡的标志性年份。②

世界上第一则互联网弹窗广告由早期互联网托管服务网站 Tripod 的设计师和程序员艾森·扎克曼设计研发。该广告的诞生源于一家汽车公司倒闭前在网页上购买了一则网络横幅广告,但该网页同时存在一则与性相关的广告,这家公司不希望自身品牌与性产生关联。为解决这一问题,Tripod 网站想出了让每则广告拥有独立窗口的办法,艾森·扎克曼据此编写出世界上第一则弹出广告的代码。随后,这种广告形式成为早期众多网站的主要商业模式。

弹窗广告(pop-up),又称插播式广告,是互联网上的一种线上广告形式。它会在用户进入网页时自动开启新的浏览器视窗,吸引用户直接访问相关网址,以实现宣传目的。这类广告一般通过网页的 JavaScript 指令启动,也存在通过其他形式启动的情况。弹窗广告是网络广告的重要形式,通常当访客请求登录网页时,会被强制插入一个广告页面或弹出广告窗口,这种弹窗类似于电视广告,都会打断正常的内容展示,强迫观众观看。弹窗广告尺寸多样,包括全屏广告和小窗口广告等,互动程度也有所不同,从静态到全动态均有。弹窗广告还包括背投广告,它与通常意义的弹窗广告的不同之处在于,其广告页面被放置于目标阅读页面的下方。③

我们常常会看到有些网页的页面上有一个小小的浮动图像。无论浏览者如何移动页面文档,或者调整窗口大小,这个浮动图像总能在页面窗口内自由漂浮,这便是著名的浮动式页面广告。它的特点是仅占用极少的页面空间,却能最大限度地吸引浏览者的注意力。然而,由于图片尺寸较小,它能够直接提供的信息量相对有限,浏览者只有点击图片链接才能获取更多信息。而弹出式浮动页面广告恰好弥补了这一缺陷。当鼠标指针指向浮动的小图片时,会立刻弹出一张大图片,用以展示更多广告信息;当鼠标指针移开,大图片又会马上消失。这

---

① 喻建良,罗长青.网络横幅广告效果影响因素研究[J].湖南大学学报(社会科学版),2006(3):86-89.

② 2012 年或将成为横幅广告开始走向消亡的标志年[J].广告大观(理论版),2012(6):111.

③ 徐晓娟.网页弹出广告的性质及规制问题研究[J].法制与社会,2011(15):58-60.

样一来，既能够展示更多广告信息，又不会过多遮挡页面内容，是一种较为理想的网页广告形式。新浪、搜狐等门户网站都已广泛采用这种广告形式。①

弹窗广告作为一种特殊的互联网广告形式，与传统广告形式相比，除具有成本低、形式多样化及隐蔽性等特点外，还具备以下主要特征：

(1)接收的强迫性。这是弹窗广告最为显著的特征。它不仅是弹窗广告区别于传统广告形式最明显之处，也是其区别于其他互联网广告形式的关键所在。当互联网用户打开某个网站或浏览某一网页时，弹窗广告会自动弹出，迫使网络用户接收广告信息，干扰他们对网络的正常使用，甚至使其不得不点击该对话框，进而提高弹窗广告的点击量。据悉，弹窗广告通常能达到两位数的点击率和转化率，比传统的横幅广告高出 20 到 40 倍，这也是弹窗广告深受广告主青睐的主要原因。

(2)弹出形式的特定性与多样性。弹窗广告以特定的形式在网络页面向用户发布。它往往以小窗口的方式出现在电脑屏幕的右下角或左上角等特定角落，并不依附于互联网页面本身。同时，它既可以采用动态的视频、音频形式，也能采用静态的图片、文字等形式，因而更易在短时间内吸引受众注意。

(3)时效性强、受众范围广。弹窗广告一经发布，便能迅速被广大网络用户接收，其传播速度是其他广告难以比拟的。同时，广告发布者通过互联网向用户传送信息或提供服务，受众范围极为广泛，无论网络用户的年龄、职业、位置如何，都在其传播范围内。②

二、搜索引擎广告

搜索引擎并非一个实体引擎，而是一种综合调用互联网上各类网站数据、对互联网上的海量信息资源进行搜集整理，并提供供用户查询的 Web 界面的综合系统。它包括信息搜集、信息整理和用户查询三部分。自 21 世纪以来，随着网络经济的持续发展，继“注意力经济”“眼球经济”之后，搜索引擎所代表的另一种虚拟经济形态——“搜索力经济”已然浮现。由十指敲击产生的“搜索力”正激发着网络经济的潜能。相比短信所引发的“拇指经济”，其影响力更为持久，如图 2-1 所示。③

---

① 佟晓君，马群.弹出式网页广告探秘[J].电脑爱好者，2001(18)：82-83.

② 肖树艳.互联网弹出式广告法律规制研究[D].长沙：湖南师范大学，2018.

③ 朱瑜.搜索引擎广告的经营对策研究[D].武汉：华中科技大学，2006.

图 2-1　百度搜索引擎广告

关键词广告的商业模式最早由 GoTo 创立。1997 年，GoTo 率先推出按点击收费的搜索引擎。1998 年，GoTo 更名为 Overture，以期更好地展现公司形象。到 2001 年，Overture 几乎与世界上除谷歌之外的所有主流搜索引擎展开了合作，将自身的收费搜索结果投放至其他公司的搜索引擎上。而作为后起之秀的谷歌则决定自行开展这种商业模式。2003 年，雅虎收购了 Overture，至此，谷歌和雅虎成为全球搜索引擎营销市场的主要参与者，长期占据搜索引擎市场前两位。[①]

从传播学的角度来讲，通过搜索引擎进行的搜索是一种新的信息传播方式，是基于网络传播的一种衍生大众传播方式。这种传播方式依托互联网上现有的

---

① 李莎.搜索引擎及搜索引擎广告现状研究[J].广告研究(理论版)，2006(3)：44-49.

信息,由网络用户借助搜索引擎这一信息传播工具主动选择和使用信息,具有三个基本传播特征:

(1) 非线性逆向辐射式传播。搜索引擎中的信息传播打破了传统纸质、视听媒体的线性单向特征,使传播不再是简单地从信息制造者向接收者的单向流动,而是由信息接收者主动发起。通过搜索关键字,信息接收者能够接触到多维的信息资源,如网页、文本文件、图片、声音、动画、视频等资料。信息接收者主动走进一个虚拟的网状信息空间,成为信息传递的发起者。

(2) 个性化选择接收信息。用户根据自身获取信息的特定需求,利用不同的搜索引擎,通过关键字获取个性化信息。同样,由于网络信息的复制成本极低,用户往往可以通过搜索引擎在多家网站轻松找到相似主题的信息,并依据自身在各网站的体验选择信息浏览的平台。

(3) 传播多样化。首先,搜索语种多样化,消除了国别间的语言障碍;其次,搜索文件格式多样化,最大限度地整合了信息资源。存在支持不同文件格式的搜索引擎,除一般的网页搜索外,还有图片、声音、动画、视频文件的搜索。最后,搜索垂直细分多样化,有利于信息有目的地传播。

三、交互式广告及其形态

交互式广告并没有一个约定俗成的定义,它泛指以网络媒体为依托,能够引发用户行为并产生交流互动的网络广告形式。传统网络广告依托网络技术,运用图像、声音、文字等元素向网络浏览者推广产品或品牌的相关信息,对广告主树立产品或品牌形象起到了一定作用。然而,传统网络广告传播存在一些局限,例如,推广手段泛滥、推广形式单一、难以精准定位目标用户及其需求等,而交互式网络广告的出现很好地解决了这些问题。因此,作为新的网络广告形式,交互式广告呈现出迅猛发展的态势,成为越来越多企业广告主在互联网加大投资的对象。

在以受众为中心的交互式网络广告传播过程中,受众既是传播过程的起始点,也是落脚点。交互式网络广告传播活动运用搜索引擎吸引受众参与,随后网络平台凭借其强大的交互功能与受众进行沟通,受众通过自身的沟通与体验在周围进行分享,使更多消费者卷入传播活动,从而实现品牌传播活动扩散的目的。

在业界,通常利用硬、软两种指标来衡量网络广告的互动性,进而对交互式网络广告进行评定。硬指标,即形式指标,涉及三个方面:网络传播活动的环境、信息传输渠道以及参与者之间的关系。首先，在交互式网络广告传播活动中，广告主、广告代理公司、受众等构成的网络交互广告传播者与受众之间关系平等，即传播者与受众的传播权平等且相互影响力大。其次，在交互式网络广告传播活动中，广告主、广告代理公司、受众之间拥有便捷、通畅、高效的信息传播渠道与反馈渠道。最后，在交互式网络广告传播活动中，广告主、广告代理公司、受众之间的虚拟现实程度高，具有身临其境的现场感。

软指标，即内容指标，是指交互式网络广告传播活动所传播的信息内容要有利于传播者与受众之间的互动沟通。这其中涉及一个重要指标——广告信息的个性化程度。根据广告信息的个性化程度，在交互式网络广告传播活动中，传播者与受众之间的互动呈现出以下三种状态：认知互动、情感互动、情谊互动。宽泛的网络广告信息一般可以引起网络受众对产品或品牌的一般认知互动；相对有针对性的广告信息能够促成传播者和受众之间的情感互动；经过详细市场调查后进行精准定位而形成的个性化定制信息，能够在传播者和受众之间搭建专属空间，使受众和品牌形成更高层次的情谊互动。①

以受众为中心的交互式网络广告应用形式丰富多样。在实际传播活动中，传播者会依据受众、市场及自身状况，选择某一种或几种交互式网络广告形式。以下介绍几种典型的广告形式，包括交互式网络横幅广告、交互式富媒体广告、交互式产品广告网站。

交互式网络横幅广告是最早的网络广告形式之一，指以 GIF、JPG、Flash 等格式创建图像文件，定位在网页中展示广告内容，并运用 Java、JavaScript 等语言赋予其交互性的网络广告形式。交互式网络横幅广告是在静态网络横幅广告和动态网络横幅广告之后出现的，它包含更多浏览者感兴趣的内容，更能吸引浏览者参与。

交互式富媒体广告将文字、图片、动画、影片、音乐或语音等元素与 2D 及 3D 效果和交互功能相结合，通过创意形成极易与消费者互动的交互式网络广告形式。在以受众为中心的交互式网络广告中，交互式富媒体广告的优势尤其显著，具体表现为：

（1）表现形式极具吸引力。凭借精准定位，这些表现形式对浏览者吸引力十足，能够有效吸引浏览者点击浏览，从而形成良好的交互效果。

（2）制作成本低。相较于传统电视广告，交互式富媒体广告展现效果出色，且制作成本仅为后者的几分之一。

---

① 牛小娣.中国交互式网络广告传播研究[D].长沙：湖南大学，2012.

(3)创意空间大。由于交互式富媒体广告极强的表现力几乎能与电视广告相媲美,再加上其文件大小可达 2M,这一优势为创意人员提供了极大的发挥空间。

(4)传播渠道多、成本低,不存在传播不便的问题。交互式富媒体广告既可以通过企业官网传播,也能放置在门户网站,还能借助邮箱关键字精准定位技术,以邮件形式发送给有需求的用户。

交互式产品广告网站指为推广产品,应用虚拟现实技术和其他多媒体技术,针对目标客户专门建立的具有交互性质的企业或产品广告网站。在以受众为中心的交互式产品广告传播过程中,用户凭借这种交互式产品广告网站极为丰富的交互形式,能够在购买商品前在网站上对产品的相应功能进行虚拟体验。

第二节 计算技术时代数字广告的计算形态

我们正步入"社会计算"与"计算社会"的时代。作为具有通用技术范式意义的大数据计算技术已广泛应用于广告领域,并深度嵌入广告产业的当代发展进程中。大数据计算技术已成为广告产业新的、普遍的技术手段。[①]

一、计算技术嵌入带来革命性变迁

大数据催生了新的数据计算技术,数据计算技术已成为大数据时代的通用技术体系和技术范式,有力地推动了社会经济发展,促进了各类产业的转型升级,也加速推进广告产业从人力密集型向技术密集型的新产业经济范式转换,整体重塑了现代广告业。

19 世纪中叶孕育发展起来的广告代理模式,经过近一个世纪的发展,于 20 世纪 60 年代在美国以产业内生制度的方式最终确立,并长久成为世界通行的广告产业运作机制。20 世纪 90 年代,由于营销传播环境日益复杂,任何单一的营销传播方式都不足以成功执行营销任务,广告遭遇来自整合营销传播的严重挑战。于是,广告业从广告代理进一步发展为包括广告在内的整合营销传播代理。

---

① 曾琼,马源.计算技术对广告产业发展的嵌入:基于技术可供性的视角[J].现代传播(中国传媒大学学报),2022(7):128-136.

不过，这种变化只是客户代理内容的延展和扩张，广告业的基本商业模式和关键生产要素并未发生改变。

1841 年至 1990 年的 150 年间，人类社会历经了三次工业革命和五次重大技术革命，社会的技术—经济范式已数度转换与变迁，然而号称最富创意的广告产业，却未发生经济范式的实质性改变。与许多产业相比，广告产业堪称一个极为保守的产业。从技术革命和社会经济发展的角度审视，依照佩蕾丝和弗里曼的观点，自 20 世纪 70 年代开始，人类社会就已进入一个完全不同于工业经济时代的信息和远程通信时代，其起点便是 1971 年美国加利福尼亚的英特尔微处理器问世，至今已超过半个世纪。

半个多世纪以来，这个时代围绕信息革命所产生的新主导技术或新通用技术体系已大体形成，并远远超出佩蕾丝和弗里曼当年的描述，即：计算机数字化技术与互联网技术、大数据与大数据分析计算技术，以及基于机器智能的人工智能技术均已有所发展。其技术逻辑为：计算机、数字化与互联网催生大数据，大数据催生数据分析计算技术，数据分析计算技术促进人工智能的发展。在这一通用技术体系中，计算机、数字化与互联网技术是基础性技术，人工智能是计算技术的应用与发展，而处于核心地位的便是大数据及其分析计算技术。大数据已渗透到社会生活各个领域，大数据分析计算技术也已广泛应用于社会生活各个领域，成为这个时代最重要和最关键的资源要素与生产要素。从社会经济发展来看，大数据及其分析计算技术正在重塑着这个时代被佩蕾丝称为“信息密集型”的新技术—经济范式。在此背景下，大数据及其分析计算技术也正在深刻影响着现代广告业的发展（图 2-2）。

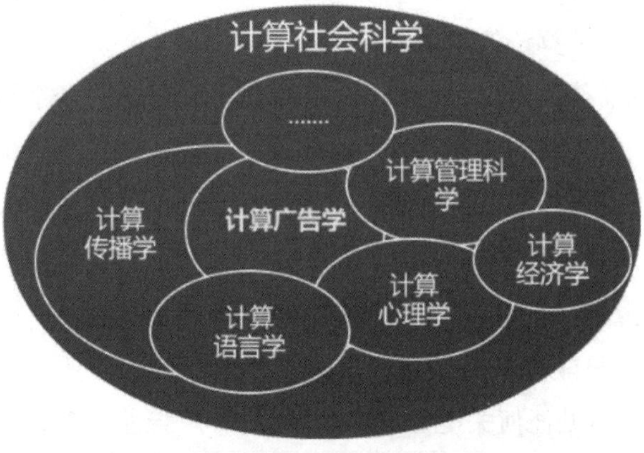

图 2-2　计算广告学

二、计算技术嵌入数字广告带来交易变革

2008 年,计算广告的概念首次在美国被提出。时任雅虎研究院资深研究员的安德烈·Z.布罗德(Andrei Z.Broder)及其研究团队率先开展了计算广告相关研究。该研究迅速在全美产生影响,并很快波及欧洲与亚洲。计算广告的核心内涵是为特定场景下的特定用户找到最合适的广告,实现语境、广告和用户三者的最优匹配。简言之,就是运用大数据计算技术解决广告人一直苦苦追求的精准投放问题。基于信息检索技术的搜索广告、基于用户数据挖掘与分析技术的定向广告和个性化推送广告是最早出现的几种主要计算广告类型,如图 2-3 所示。

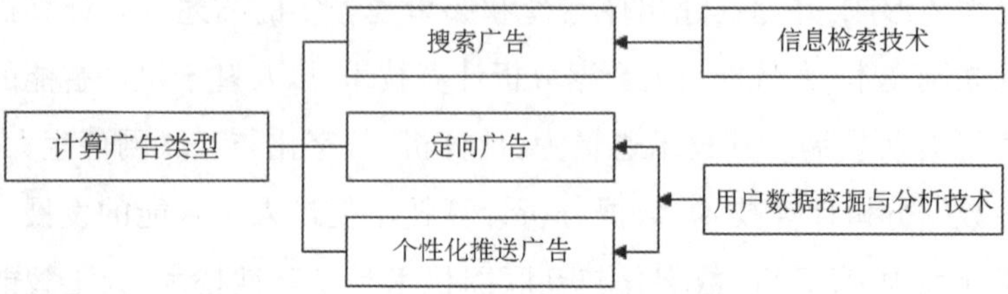

图 2-3　早期计算广告的主要类型

经过近十年的发展,大数据及其分析计算技术在广告领域的运用已远远超出早期计算广告的概念框架与范围。大数据与大数据计算技术不仅被用于解决广告的精准投放与个性化推送问题,还被用于处理广告运作中的各项业务,如基于大数据挖掘与分析的市场洞察、消费者洞察与受众洞察,基于即时数据分析与处理的广告效果实时监测与广告策略动态调整,以及广告的程序化交易问题,甚至包括基于各类复杂算法的策划创意等智能化内容生产。基于大数据计算技术的机器智能正逐渐替代人工,处理广告业务中几乎全部的复杂运算和自动化程序。诞生于互联网领域的计算广告明显体现出不同于传统广告的产业特征。大数据计算技术正在成为互联网计算广告最关键的生产要素,而大数据计算能力"则成为计算广告区别于传统广告业务的核心能力"①。我们曾将广告业定义为人力密集型、智慧密集型、技术密集型的三密集型产业。所谓"技术密集",对于传统广告业而言,只能算是一种自诩之词。传统的广告产业即使进入整合营销传播代理时期,也不见任何关键性技术因素,所有广告业务都是由人工操作完成

① 刘庆振."互联网+"背景下计算广告技术体系的创新与应用[J].新闻界,2016(2):63-67.

的,所依凭的只是广告人的知识与智慧。只有进入大数据时代,当大数据计算技术为广告所利用,人力,包括人的知识与智慧逐渐为机器智能所取代,广告业才称得上真正朝着“技术密集”的方向发展,才有可能真正成为技术密集型产业。

从劳动密集到智慧密集,广告业关键生产要素的变迁带来了广告业第一次产业经济范式的进步。当大数据计算技术成为广告业的主导技术与最核心的生产要素,便加速推进了广告业从人力密集型向技术密集型演进,进而推动建立在新的计算技术范式基础上的新产业经济范式形成。此次范式变迁,相较第一次范式进步更具范式革命的意义,我们称之为新的范式转换。① 从人力密集型到技术密集型的产业经济范式转换,是广告业发展过程中最具革命意义的经济范式变迁。这种变革蕴含的巨大能量,将引发广告产业的颠覆性重构,具体体现为:

其一,以精准投放为中心节点的广告业务一体化运作。作为广告业务运作的最后一环,广告媒体投放凝聚了广告人的心血与智慧,是一系列极为复杂且精细的业务运作程序的结晶。计算广告的兴起,首先寻求并着力解决的就是广告精准投放问题。与传统业务运作有极大不同的是,计算广告将广告媒体投放之前的所有复杂业务程序一并纳入了数据分析与各类复杂算法之中,提供的是智能化与自动化的一揽子解决方案。计算广告不仅谋求情境、用户与广告的最优匹配,同时还以精准投放为中心节点,解构传统广告运作的精细化流程,实现广告生产方式与业务运作方式的一体化发展。

其二,以“程序化交易”为中心节点的广告业务与市场交易一体化运作。传统的媒体购买市场交易通常以合约交易方式完成,由于其交易量巨大,交易双方都会设置独立的部门专门处理此项交易。在“程序化交易”出现之前,互联网广告资源的交易同样以合约交易方式进行。当基于复杂数据分析与计算技术的“程序化交易”出现并进入互联网广告领域后,互联网广告资源的交易便开始以高度智能化与自动化的方式开展。广告主依据自身的广告定位与需求,通过计算机软件程序自动下单,计算机通过各种复杂算法在毫秒间自动化完成交易。这种自动化的“程序化交易”改变的不仅是广告资源的交易模式,更重要的是通过这种方式进一步实现了广告业务运作的一体化整合,以“低成本、高效率地实现受众定向或流量拆分,从而完成广告主从购买粗放的广告资源向购买精细的

---

① 曾琼,刘振.计算技术与广告产业经济范式的重构[J].现代传播(中国传媒大学学报),2019,41(2):132-137.

广告受众转变”①,并在此基础上进行广告市场的交易行为与业务运作行为对接,实现了广告市场运作与业务运作的一体化发展,在广告运作层面重塑了广告业。

其三,智能化合约对广告市场交易的改善与优化。信息不对称是市场交易中的常态。由于我国缺乏媒体发行量、收视率的专门审核机构,传统广告市场合约化交易的信息不对称状况较为严重。广告代理为谋求代理利益最大化,总是倾向于将价格高的媒体推荐给广告主,在发行量与收视率问题上容易与媒体形成某种默契,甚至是“合谋”。广告主只能尽量压低媒体购买价格,谋求以尽可能低的成本实现自身利益最大化。在传统的广告市场合约化交易中,交易各方存在严重的利益冲突。为达成市场交易,各方都付出了极高的交易成本。

在互联网时代程序化广告兴起的过程中,计算技术被嵌入其整体框架,成为程序化交易或智能化合约的核心技术支撑,用以实现用户与流量及其价值预测、用户的精准化识别与广告的精准投放,以及链路末端用户行为数据的收集与反馈。媒体依据用户数量、价值及其浏览、点击等行为数据确定媒体价格,广告主也据此进行媒体购买。在程序化的广告市场交易中,广告主购买的不是抽象意义上的媒体,而是媒体的用户,包括广告所投放的实际用户,以及用户的浏览率与点击率。数据成为交易的客观依据,有效地解决了广告市场交易中的信息不对称问题,从而规避了广告市场交易中的种种欺诈行为,以及广告媒体代理中的种种“代理风险”。

在市场交易中,各方主体谋求自身利益本无可厚非,但利用信息不对称牟取不当利益,则违背了市场交易原则。在计算技术的嵌入下,广告市场交易基于客观数据展开,在信息相对对称的情况下进行,形成了透明、公平与公正的市场环境。广告主与广告代理的良好代理关系,以及广告主、广告代理与广告媒体的良好交易关系也得以建立。计算技术嵌入下的智能化合约,相较传统的广告市场合约化交易冲突与纠纷大幅降低是不争的事实。②

---

① 黄升民.大数据时代下的计算广告[M]//刘庆振,赵磊.计算广告学:智能媒体时代的广告研究新思维.北京:人民日报出版社,2017:推荐序一.

② 曾琼,张金海.结构、关系与制度:计算技术嵌入与广告产业变革[J].武汉大学学报(哲学社会科学版),2022,75(5):145-154.

第三节　智能技术嵌入下数字广告的智能形态

一、智能广告概念的提出

现代意义上的“智能”概念可以追溯到17世纪德国数学家、哲学家戈特弗里德·威廉·莱布尼茨(Gottfried Wilhelm Leibniz)的“万能符号”理论,他认为一切现实事件都能用物理符号将其逻辑化并进行推理。1950年,计算机之父阿兰·马西森·图灵(Alan Mathison Turing)在发表的《计算机器与智能》(*Computing Machinery and Intelligence*)一文中提出机器是否会思考的问题,拉开了人工智能的序幕。1956年,在达特茅斯会议上,“人工智能”的概念被明确提出。人工智能专家迈克尔·尼格尼维斯基(Michael Negnevitsky)将人工智能定义为机器具有“学习和理解事物、处理问题并做出决策的能力”。按照此定义,显然目前我们距离真正意义上的人工智能还有很大差距。但自人工智能出现以来,先后经历了两次低谷和三次浪潮,当前人类正处于人工智能的第三次浪潮中。人们普遍认为这次人工智能的蓬勃发展与大数据技术密不可分。以计算机视觉、自然语言处理、深度学习、语音识别等为核心的人工智能技术被广泛应用于各行各业,引发了新一轮的产业变革,催生了多样化的经济形态。

人工智能的发展无疑为未来带来了巨大的想象空间。美国奇点大学校长雷·库兹韦尔(Ray Kurzweil)在《奇点临近》一书中大胆预测,21世纪前半叶,技术将不可避免地朝着机器化发展,必将大大超越人类智能。智能化将成为未来传播形态最重要的特征。智能技术的发展推动了媒体形态、营销环境以及消费者的审美与接受方式的改变,信息智能化的广泛应用将使整个广告产业模式发生巨变。实际上,2016年6月,著名创意机构——日本的麦肯广告公司就举行了一场人工智能机器人与人类创意总监的广告大赛,按照规定,双方各出一个参赛作品放到网上进行匿名投票,最后投票结果是人类险胜机器人。这是人工智能在广告业上对人类创意的一次挑战,但其应用远不止于此。随着人工智能技术与广告业的融合渐趋深入,智能广告的概念也应运而生。

关于智能广告的概念,学者们并未达成一致。国内较早给出的智能广告的定义是以 Web 3.0 为技术应用平台、以人工智能技术为支撑的一系列新兴广告形态。[①] 在 2019 年召开的美国广告学会议上，李海容将智能广告定义为以消费者为中心、以数据驱动和算法介导的品牌传播行为。段淳林的定义是：智能广告是以数据驱动为基础，以用户需求为中心，利用人工智能技术实现广告内容的智能化生产、传播、互动和反馈，并在算法模型的智能决策和实时优化下，精准匹配用户生活场景、个性化满足消费者生活信息需要的品牌传播活动。[②] 姜智彬基于“基础—工具—目的—本性”框架提出智能广告的定义：智能广告是以数据驱动为基础，利用人工智能技术实现广告内容的耦合生产、精准投放与互动反馈，从而个性化满足消费者生活信息需求的品牌传播活动。[③] 顾明毅在先前的研究基础上，基于国内外会议研究成果，提出将智能广告定义为：基于可识别消费者的合规数据，遵循社会价值规范的算法，围绕用户接触点来定制数字品牌讯息的营销传播行为，意图促使用户参与体验和增长品牌价值。[④]

二、智能广告的发展演进

（一）从分析式智能广告转向生成式智能广告

1.分析式智能广告的发展演进

分析式智能广告是智能广告发展的初级阶段，它主要依靠数据分析与挖掘技术，通过对用户行为、兴趣偏好等海量数据的深入剖析，为广告主提供精准的目标受众定位和广告投放策略。在这一阶段，广告系统能够借助机器学习算法构建用户画像，预测用户行为，进而实现广告的精准投放。分析式智能广告的核心优势在于其数据驱动的特性，这使得广告投放更科学、高效且可量化。

（1）数据驱动的广告决策

随着大数据技术的兴起，广告行业开始大量收集和分析用户数据以构建用户画像。这些数据涵盖用户的浏览历史、搜索记录、购买行为、地理位置等多维度信息。运用机器学习算法，广告系统能够自动识别用户的兴趣偏好和潜在需

① 易龙.智能广告初论[J].新闻界，2008(4)：170-172.

② 段淳林，宋成.用户需求、算法推荐与场景匹配：智能广告的理论逻辑与实践思考[J].现代传播（中国传媒大学学报），2020，42(8)：119-128.

③ 姜智彬，黄振石.基于“基础—工具—目的—本性”框架的智能广告定义探析[J].中国广告，2019(11)：80-82.

④ 顾明毅.中国智能广告模型研究[J].现代传播（中国传媒大学学报），2020，42(7)：125-131.

求,从而实现广告的精准推送。这种基于数据的广告决策方式,不仅提高了广告的曝光率和点击率,还显著提升了广告的投资回报率。

(2)定向广告技术的成熟

在分析式智能广告阶段,定向广告技术迅速发展。广告主可以依据用户的性别、年龄、地域、兴趣等标签,将广告精准投放给目标受众。这种定向投放方式既减少了广告的无效曝光,又提高了广告的转化率。同时,定向广告技术推动了广告行业的细分化,使广告主能够针对不同用户群体制订差异化营销策略。

(3)实时竞价系统的引入

实时竞价系统(RTB)的出现标志着分析式智能广告迈入新高度,通过实时竞价系统,广告主能在短时间内对广告展示机会进行竞拍,以获取更优质的广告资源。这种竞价方式不仅提高了广告资源的利用率,还让广告主可以根据自身预算和广告效果灵活调整投放策略。同时,实时竞价系统促进了广告市场的透明化和规范化。

2.生成式智能广告的发展演进

(1)内容生成的自动化

生成式智能广告的核心在于其强大的内容生成能力。通过深度学习模型,广告系统能够自动生成符合品牌调性和用户需求的广告文案、图像、视频等多媒体内容。这种自动化生成方式既提高了广告创作效率,又使广告内容更加个性化和多样化。广告主只需输入广告需求和目标受众特征,系统就能快速生成符合要求的广告创意。

(2)创意与效果的双重优化

生成式智能广告不仅注重内容生成,还关注创意与效果的双重优化。系统可以根据用户反馈和实时数据对广告内容进行动态调整和优化。例如,当发现某个广告创意的点击率较低时,系统能够自动将广告替换为更具吸引力的创意内容。这种实时反馈和优化机制显著提升了广告效果。

(3)多模态融合与沉浸式体验

随着虚拟现实、增强现实等技术的不断发展,生成式智能广告开始融入这些先进技术,为用户提供更具沉浸感的广告体验。通过多模态融合技术,广告系统可将文本、图像、视频等多种媒体形式有机结合,创造出更丰富生动的广告内容。同时,虚拟现实和增强现实技术的应用,让用户能够身临其境地感受广告内容,从而提高广告的参与度和记忆度。

（二）重新场景化

所谓重新场景化，即在新的场景技术支持下，广告传播实现虚实场景高度融合与交相强化、虚实场景与感官感受高度融合与交相强化，以及在此基础上实现感官感受功能的完整复制与提升，从而使广告传播一直追求却未能达成的真正体验式与完全沉浸式传播成为可能。

麦克卢汉将人类传播时代划分为部落化、非部落化和重返部落化三个阶段。在他看来，这三个阶段分别对应口语媒体时代、印刷媒体时代和电子媒体时代。我们认为，尽管电视把场景逼真地展现在人类面前，但对观众而言，这种呈现本质上仍是"感官截肢"，因为他们无法触摸到、闻到，更无法品尝到相应场景或物品。实际上，从场景视角来看，我们认为口头传播的部落化时代正是原始的场景化时代，而从文字传播时代到电子传播时代则是非场景化时代，元宇宙时代将是重新场景化时代。我们认为重新场景化包含两个重要方面：一是场景的再造，二是场景功能的提升。

场景再造有两种方式：

一是虚实场景的高度融合与交相强化。原始场景化时代的广告场景真实可感，身体在场且具身体验；非场景化时代的广告场景使用符号表征，是虚拟的，身体缺席。也就是说，这两个时代的广告场景虚实界限分明。重新场景化时代，广告场景虚实关系将变得复杂，其内涵有二：其一是虚实场景的高度融合，即虚拟场景和现实场景之间的边界被打破，两者无缝连接；其二是虚实场景的交相强化，即虚拟场景强化现实场景，反过来，现实场景也可强化虚拟场景。虚拟场景强化现实场景主要使用增强现实技术和数字孪生技术；现实场景强化虚拟场景主要体现为现实的场景内容生产向元宇宙平台输入，以强化虚拟场景。

二是场景功能的提升，即基于感官的逼真性与场景的逼真性实现沉浸式体验传播。感官的逼真性和场景的逼真性分别带来体验式传播和沉浸式传播。重新场景化所追求的就是感官的逼真性和场景的逼真性，只有在这样的场景基础之上，消费者才能够实现完全的体验和完全的沉浸，这恰恰是广告传播一直以来没有解决的问题。

（三）高度智能一体化

程序化创意技术的嵌入，使得数字广告形成了以程序化广告为基本技术框架的高度智能一体化体系。

程序化广告是在大数据计算技术的支持下数字广告演进的又一条重要技术路线,也是又一种重要的广告产品形态。程序化广告最早于2005年出现在美国,起初只是为了破解单纯依赖人工无法胜任急速增长的互联网广告市场交易这一难题,实现互联网广告线上交易的自动化,并凭借算法进行点击率、流量及其价值的预测,提升交易的透明度与合理性。在其发展过程中,以算法为基础的定向技术很快被整合进程序化广告的技术框架与交易框架,在实现广告市场交易自动化的同时,也实现了广告投放的定向化与智能化。交易的自动化与投放的定向化、智能化,成为程序化广告的两大技术面向。①

如果说定向广告主要是数据集成分析可供与行为定向可供的实践成果,程序化广告则是包括数据集成分析可供、行为定向可供与人机协同可供在内的综合性技术的实践成果。从计算技术的综合到计算广告产品的综合,程序化广告综合性地回应并有效解决了广告发展的多重现实需求。

创意从来都是广告的核心业务与核心竞争力所在。数字广告力图以定向投放弥补创意匮乏这一缺陷,却不知以创意打动受众和消费者在任何时候都是必要的。在复杂数据分析与人机协同的技术可供下,程序化创意在21世纪10年代启动。2016年,麦肯广告公司在日本任命机器人AI-CDβ为世界上第一个人工智能创意总监指导公司的广告创意,并且由它亲自创作了某口香糖的电视广告。2017年,阿里巴巴的人工智能设计师"鲁班",在"双十一"期间共设计出4亿多张海报,平均每秒完成8 000张海报设计。2018年,京东推出"莎士比亚"人工智能写作系统,每秒可创作上千条广告文案。广告创意是广告人智慧的集中体现,但传统的创意运作方式极大地限制了广告业的生产效率,更无法满足互联网广告投放对创意的需求。对人机协同程序化创意的探索,既极大地提升了广告的生产效率,又可用于疗救互联网广告的"创意匮乏症",是一种意义重大的可供性实践。

▶本章小结

1. 互联网初始期数字广告是传统媒体广告的互联网平移。
2. 从人力密集型到技术密集型的产业经济范式的转换,是广告产业发展中最具革命意义的经济范式变迁。这种变革的巨大能量,将引发广告产业的颠覆性重构。

① 曾琼.从平移到颠覆:技术可供视域下数字广告的发展演进[J].湖南师范大学社会科学学报,2023,52(2):114-122.

3.人工智能技术的出现使得广告内容生产发生巨大变革，同时将形成广告传播重新场景化和高度智能一体化的发展趋势。

▶关键术语

1.重新场景化：在新的场景技术支持下，广告传播实现了虚实场景高度融合与交相强化、虚实场景与感官感受高度融合与交相强化，以及在此基础上实现了感官感受功能的完整复制与提升，从而使广告传播一直追求却未能达成的真正体验式与完全沉浸式传播成为可能。

2.高度智能一体化：程序化创意技术的嵌入，使数字广告形成了以程序化广告为基本技术框架的高度智能一体化体系。

▶思考与研讨题

1.为什么说互联网初始期数字广告是传统媒体广告的互联网平移？

2.互联网初始期数字广告有哪些初始形态？

3.计算技术嵌入数字广告给广告交易带来了哪些变革？

4.智能技术是如何嵌入数字广告运作全流程的？

5.智能技术给数字广告内容生产带来了哪些变革？

▶延伸阅读

1.谭辉煌，张金海.人工智能时代广告内容生产与管理的变革[J].编辑之友，2019(3).

2.曾琼.从平移到颠覆：技术可供视域下数字广告的发展演进[J].湖南师范大学社会科学学报，2023，52(2).

3.曾琼，马源.计算技术对广告产业发展的嵌入：基于技术可供性的视角[J].现代传播(中国传媒大学学报)，2022(7).

4.段淳林，宋成.用户需求、算法推荐与场景匹配：智能广告的理论逻辑与实践思考[J].现代传播(中国传媒大学学报)，2020，42(8).

5.谭辉煌，张金海.元宇宙与广告传播的重新场景化[J].新闻爱好者，2023(8).

第三章 数字广告的消费者洞察

▶**章节大纲**

1.大数据与消费者旅程；

2.消费者数据的采集；

3.基于大数据的消费者分析与洞察。

▶**章节内容**

消费者的网络足迹会随着时间推移，在媒体触点、情绪波动、参与行为等方面呈现不同特征，并产生各类消费者数据，这些数据共同构建起完整的消费者旅程，而数据化的消费者旅程是开展数字广告消费者洞察的重要参照。消费者数据涵盖个人数据、行为数据、态度数据等维度；数据来源包括第一方数据、第二方数据和第三方数据；数据采集方式有面向物理世界的“硬感知”、面向数字内容的“软感知”，以及融合人工智能技术的“智能感知”。

基于大数据的消费者洞察，可运用用户画像技术对用户数据进行标签化处理，实现精准的定向投放。这种洞察能够覆盖全样本，整合多平台、多场景数据，形成立体、实时且准确的消费者洞察结果。借助各类智能洞察工具与消费者数据平台，可构建消费者数据采集、存储、分析、管理的完整解决方案，充分挖掘消费者数据价值，助力企业做出科学的广告决策，辅助开展客户关系管理与智能营销工作。

第一节 大数据与消费者旅程

数据、连接与计算驱动着数字化时代的到来,产品和服务形态持续数字化,由此催生了基于大数据的数字广告生态。数字技术在连接品牌与消费者、创造消费者价值的同时,也让消费者的行为轨迹变得有迹可循。数字广告以数据驱动和用户导向为显著特点,在这一背景下,传统依靠经验、访谈、市场调查等方式开展的消费者洞察,其作用相对局限。而数字时代的消费者旅程,成为开展数字广告消费者洞察的基本框架,消费者数据则是数字广告中进行消费者洞察的关键资源。

一、消费者洞察的数据基础

广告业是一个以数据为根基的行业,具有数据密集与智力密集的产业特征。尤其是在大数据和人工智能时代,数据资源已然成为广告业最为重要的生产要素,数据的质量和供给水平从根本上决定着消费者洞察的成效以及广告活动的效率。“现代广告业的发展历程大体上可以分为大众传播语境中的现代广告时期和数字传播语境中的当代广告时期,其中现代广告时期又可以分为创意策划阶段和整合营销传播阶段,数据技术中的传统样本调查和数据库技术又分别与这两个阶段相对应,而当代广告时期则与大数据技术相伴随。”①

(一)传统数据技术的局限

其一,数据采集方法存在局限。传统数据的获取主要依赖抽样调查,这是一种通过具有代表性的“样本”来推断“总体”的统计方法,常见的调查方式包括问卷、访谈、观察和实验等。传统调查技术采集的数据往往是受时空限制且带有主观影响的“小数据”,存在数据量不足、准确性欠佳、真实性存疑、代表性不高等问题。样本数据仅能对消费者进行较为粗略的推断与分析,导致消费者洞察在一定程度上过度依赖广告创意人员的经验和主观判断。

其二,数据分析方法存在限制。随着计算机技术的出现及信息技术的迅猛

① 颜景毅.从策略传播管理到数据沟通管理:大数据诱致广告运作制度的变迁[J].新闻大学,2017(5):95-104,150-151.

发展,数据库营销理念和实证研究范式应运而生,数据开始被有意识地积累、存储和分析,消费者洞察也朝着精细化方向发展。然而,消费心理与行为极为复杂,由于多种因素共同影响广告效果,以往广告研究构建的抽象模型和设定的消费者变量,既不足以推断复杂的因果关系,也无法模拟复杂营销环境下广告面临的宏观问题。

"基于小数据的定量与实证研究,可以洞察细微却不能通达宏观,可以检测已知却不能发现未知,可以检测经验却不能预测未来,其局限性在于用'小数据'来证明'逻辑',即用简单的数量关系来解释复杂的消费现象。"①

(二)大数据技术的突破

"大数据"(Big Data),又称巨量数据、海量数据,具备大规模、分布式、多样性、时效性等特性。大数据的计算与分析依托超大规模、超大时空跨度的数据,以及全新呈现的相关性,增强了科学研究的洞察力与预测力,填补了有限经验材料与无限宏大的理论论证之间的差距。

大数据技术为消费者洞察提供了全新的数据基础、思路与方法,从数据采集与存储,到数据挖掘与分析,再到研究发现,均可由机器独立完成或通过人机协同实现。如表3-1所示,消费者数据呈现出"样本—数据库—大数据"的发展进程,以及从单维到多元、从结构化到非结构化、从静态到动态、从干预到自然、从片面到全面的转变特征。大数据能够构建基于消费者信息全貌的认知、情感、态度、行为画像,实现对消费者心理和行为全面、实时、清晰且精准的洞察。在此基础上,形成人群定向、大规模创意生产、个性化推荐、智能分发等计算广告应用技术体系,以解决情境、用户与广告的最优匹配问题。

表3-1　大数据和小数据的区别

对比	小数据	大数据
哲学基础	同质性:发掘事物内在统一性	异质性:获得事物的整体数据,既包括事物的共性数据,又包括事物的个性数据
采集方式	数据的采集、存储、传输和处理中大量依赖人力资源;只能采用人类能识别的文字、图片以及视频等结构化数据	计算机等各类数据设备成为数据采集、存储、传输和处理的主体;数据来源更加广泛,包括结构化数据和非结构化数据(如cookies)

① 曾琼.大数据驱动下广告学研究范式的转换[J].湖南师范大学社会科学学报, 2021, 50(1):142-149.

续表

对比	小数据	大数据
调查方式	抽样调查,具有"代表性"的局部样本	全样本调查技术
时效性	静态性数据,难以反映实时性动态	动态性数据,全程追踪,可获取实时数据
数据类型	出于特定的调查目的而收集单维数据	对调查对象进行全方位记录的多维数据
逻辑起点	基于规模性而产生的研究工具	基于长尾性而产生的研究工具
研究基础	以因果关系作为基本的研究目的	以复杂性科学为理论基础,为复杂性科学提供研究工具

二、消费者数据的来源与类型

(一)消费者数据的来源

互联网、移动媒体和智能终端的出现为消费者数据提供了丰富的来源。消费者的生活轨迹遍布各类网络应用,消费者的每一种在线行为都为数字广告留存了宝贵的数据资源。

数字化时代,"消费者旅程"围绕消费者购买决策的全流程,由消费者在不同时间、不同场景留下的各类数据构成,例如,人口数据、需求数据、社交数据、接触点数据、交易数据等。当营销触点越来越分散,包括广告、内容、活动、微信、微博、电商平台、线下渠道等,重新审视数据来源,理解消费者留下信息时所处的情境、阶段、心理状态以及他们期望达成的目的就显得尤为必要。如图 3-1 所示,秒针营销科学院发布的"2023 中国数字营销生态图"中,"数据与运营工具"版块收录了涉及第一方业务相关数据、第二方业务相关数据、第三方业务相关数据、数据分析、数据安全、第三方工具、AI 营销等领域的主流数字营销公司。这些公司具备数据领域多维度服务能力,能够提供可用且合规的消费者数据,实现了投前制订策略与内容、投中数据监测与优化、投后效果验证与管理的全链路赋能。其中,消费者数据主要有以下三种来源。

1.第一方数据

第一方数据是广告主的自有数据,是广告主收集的第一手资料。它通常是指在广告主自有平台上产生且广告主自身可控的数据,一般包括购买商品的消费

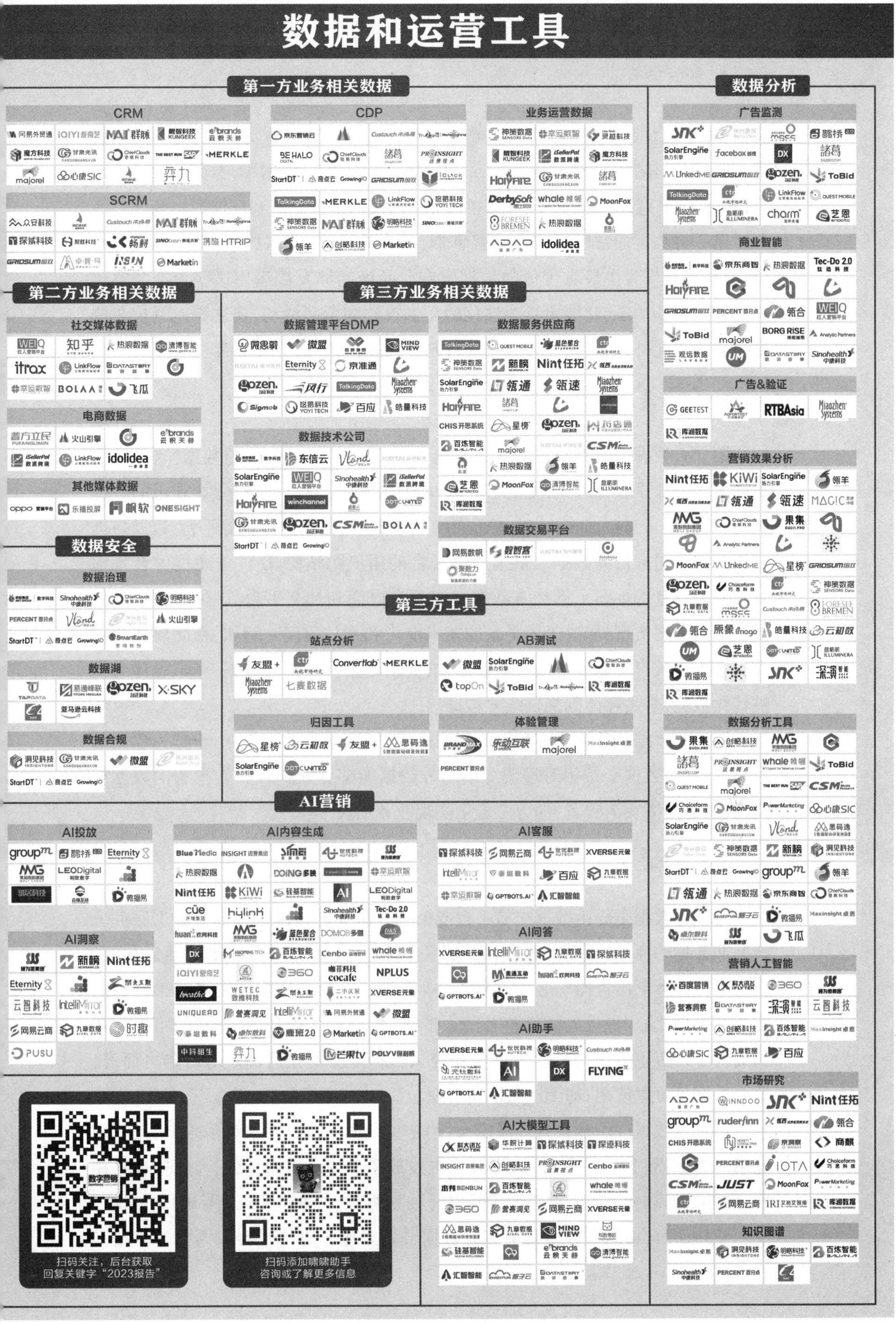

图 3-1　2023 中国数字营销生态图

者数据,通过企业网站、应用程序、产品本身等产生的互动行为数据,客户关系管理(Customer Relationship Management,CRM)数据,客户数据平台(Customer Data Platform,CDP)数据,线下门店收集的数据,以及消费者调查和反馈数据等。

第一方数据通常由广告主直接掌握,具有质量高、获取成本低、隐私风险小的特点,堪称广告主最具价值的数据资产。品牌能够直接运用这些数据洞察用户需求与市场动态,开展更具个性化的广告投放和营销活动,建立深入且持久的用户关系。此外,基于第一方数据进行趋势预测,结果也更为可靠。

2.第二方数据

第二方数据一般是与广告主存在合作关系的平台或公司的数据,这些数据虽产生于外部平台,但广告主能够获取并使用,例如,百度的观星盘、腾讯的数据管理平台(Data Management Platform,DMP)、阿里巴巴的达摩盘等平台,以及各类广告营销公司提供的数据。依据外部平台的用户隐私协议,广告主能够合规地收集到消费者的数据。第二方数据主要源自电商和社交平台,广告主从这些平台获取的数据类型,取决于该平台的技术能力和开放程度。例如,社交媒体会向广告主提供其自有账号下的粉丝数据,电商平台会提供销售数据,资讯媒体会提供转化数据,垂类媒体则提供线索数据等。

第二方数据具备第一方数据的诸多优势,如数据质量较高、用于行为预测的可靠性较强、数据交易相对透明。第二方数据能够有效扩大广告投放的数据规模,吸引更多潜在消费者,助力广告主实现业务增长。

3.第三方数据

第三方数据主要由数据交易平台或第三方服务公司提供。部分数据服务公司并非数据的原始采集者,而是以数据整合者的角色将整合后的数据重新包装,作为第三方数据出售给广告主。例如,数据管理平台支持多方匿名脱敏数据的收集和管理,为广告投放提供整合的人群包;数据技术服务商、独立的第三方数据交易平台等也可作为直接为广告主提供数据服务的供应商。对广告主而言,这些数据虽可以使用,却无法获取所有权。

第三方数据广泛存在且规模庞大,广告主可根据特定需求灵活采购,用于补充第一方数据、扩大受众群体、提升广告投放精准度。然而,第三方数据也存在明显缺陷,如数据原始来源不明确且并非独家所有,竞争对手也能够购买使用。

总体而言,第二方数据和第三方数据分别来源于媒体平台和第三方数据平台，均属于外部数据，数据所有权往往不完全归广告主，甚至与广告主无关；而第一方数据则是广告主的内部数据。在数字广告发展历程中，第二方数据曾是主要的数据应用来源，但如今，随着企业数字化转型的持续推进，第一方数据的重要性日益凸显，越来越多的广告主开始构建自己的数据平台。

（二）消费者数据的类型

1.按属性划分

消费者的网络足迹遍布多个媒体平台，留下的数据类型丰富多样。这些数据按照属性可分为以下三类：

（1）人口统计学数据

指年龄、性别、教育程度、职业、收入、婚姻状况等方面的个人数据。这类数据能够反映消费者的基本情况，有助于广告主初步了解消费者。

（2）行为数据

涉及浏览历史、媒体习惯、品牌偏好、消费行为、实时场景等方面的信息。这些数据可以反映消费者的购买行为模式及倾向，通过分析这些数据，广告主能够了解消费者过去及当下的购买行为，进而推断和预测消费者未来的偏好与行为。

（3）态度数据

包括消费者对某个产品或品牌的认知、情感、信任度、行为倾向、价值观与生活方式等。这类数据通常可以反映消费者的心理状态。传统上，研究者通常通过调研、访谈、投射等方法来获取以上信息，这些方法反映了消费者购买决策的原因和动机，能帮助广告主更好地了解消费者对自身品牌及竞品的认知与态度。如今，也有研究者转而采用一些神经生物学的方式，如利用眼动仪、脑电波检测仪、情感计算技术等来研究消费者的注意力水平、记忆力激活和情感投入等指标。

2.按时态划分

在消费者数据中，有些数据固定不变或在一定时间内保持稳定，有些则是实时变化的。按照时态，可将消费者数据分为以下两类：

（1）静态数据

静态数据是消费者相对稳定的信息，如人口属性、商业属性、消费意向等，如图 3-2 所示。

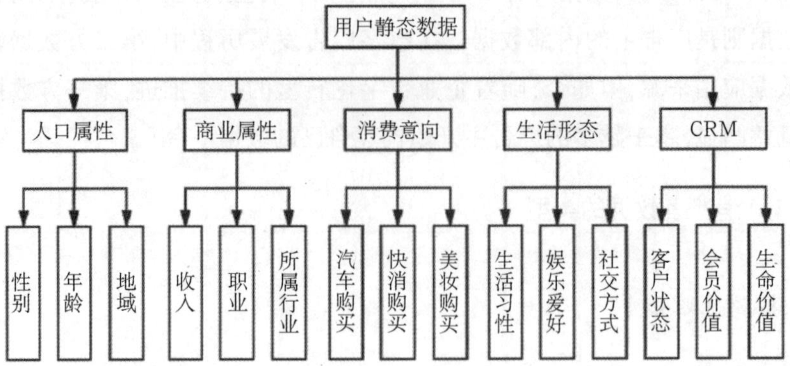

图 3-2 静态数据

(2)动态数据

动态数据是消费者不断变化的行为信息,更多地聚焦于用户在互联网上的实时行为,比如点击某一条广告、在线浏览某品牌的网页、下单购买某件商品、注册成为品牌新会员等行为的访问时长、访问频次等,如图 3-3 所示。

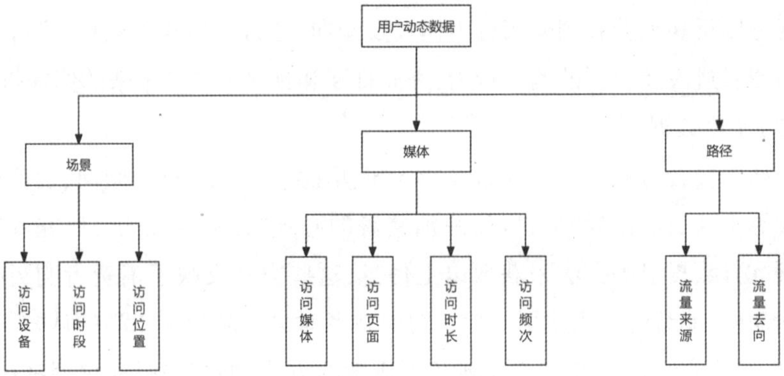

图 3-3 动态数据

(三)数字化消费者旅程的改变

1.触点数字化

随着数字技术的持续发展,消费者的信息获取途径越发多样化、便利化,其媒体使用习惯和购买方式也更趋数字化。消费者通常通过数字广告、搜索引擎、社交媒体、电商平台、小程序等各类数字化触点获取广告及商品信息。

2.多渠道交互

随着媒体的碎片化与媒体渠道的一体化发展,消费者的数字化生活在不同媒体平台间穿梭。他们在不同渠道进行交互、购物,并能根据自身需求自由切换,例如,App、直播间、微信群、电商平台、线下门店、智能终端等,这些渠道使他们更易于获取信息、与品牌互动,以及进行购买和体验。

3.社交影响力

社交媒体的普及让消费者在购物过程中更加关注他人的经验以及社交媒体上的意见,消费者从中获取参考和建议,在比较和评估中降低购物风险;同时,消费者也更倾向于在购买后进行评价和反馈。

4.个性化需求

相较之前,如今消费者越发注重个性化需求和购物体验,更愿意投入更多的时间和金钱来获取独特的产品和服务。与之对应,广告和营销也需要更加注重创造与众不同的用户体验。

5.参与度提高

消费者与品牌之间沟通的媒体多样且畅通,消费者更乐意参与到产品的创造和设计过程中。因此,广告需要更加注重引导消费者参与,实现广告内容和品牌价值的共创。

(四)消费者旅程的阶段

消费者行为学通常将消费者购买决策过程分为几个阶段。如经典的 AIDA 法则,AIDA 由引起注意(Attention)、激发兴趣(Interest)、唤起欲望(Desire)和促使行动(Action)的首字母组成。随着媒体环境的变迁,该法则演化为 AIDMA、AISAS、SICAS 等经典模型。在以用户为中心的时代,诞生了典型的"AARRR"增长模型,该模型从获取(Acquisition)、激活(Activation)、留存(Retention)、付费(Revenue)、推荐(Refer)五个环节入手,驱动用户行为并实现增长。5A 消费者旅程基础模型将消费者的购物过程描述为五个阶段:认知(Aware)、吸引(Appeal)、询问(Ask)、行动(Act)、倡导(Advocate),这一模型能更好地还原用户与品牌间关系流转的全过程。

一些互联网公司也逐渐探索出了适合自身平台的消费者旅程模型。阿里巴巴的AIPL模型描述了消费者从对品牌产生认知到对品牌产生信任感和忠诚度的行为过程，包含认知(Awareness)、兴趣(Interest)、购买(Purchase)和忠诚(Loyalty)四个阶段；爱奇艺构建的AACAR模型呈现了从曝光到认知建立再到转化的完整路径，包括注意(Attention)、联想(Association)、共鸣(Consensus)、购买(Action)、口碑(Reputation)五个环节；腾讯广告提出的CIT模型，即理解(Cognition)、触达与影响(Interest)及转化与运营(Transaction)，旨在为企业的全链路数字化营销提供全面技术支撑，连接用户与商业，驱动全链路的用户增长。

以上均为经典的消费者旅程模型。在不同媒体环境下以及不同消费者群体中，消费者旅程既存在一定差异，又有相通之处。数字化消费者旅程聚焦数字环境中消费者购买行为发生的全过程，通常被划分为以下几个阶段：

1.感知和关注

消费者通过社交媒体、广告、内容营销、门店等多种渠道获取商品或广告信息，进而产生关注和意识。

2.考虑和评估

消费者开始思考、回忆，或者通过媒体寻找更多信息，比较不同品牌和产品，进而开始评估哪种产品最符合自身需求和预算。

3.决策和购买

消费者做出最终购买决定，选择支付方式和购买渠道下单购买产品，经过物流和配送服务后，收到产品。

4.体验和使用

消费者开始使用所购买的产品并体验相关服务，评估产品质量和价值，查看实际产品的外观、质量和服务是否符合自己的心理预期。

5.反馈和分享

消费者可在社交媒体上分享体验和意见，与其他人或品牌方交流，对品牌和产品进行评价并提出建议。

(五)消费者旅程地图

我们通常使用消费者旅程地图(Consumer Journey Map)来对不同行业、品类或不同产品的消费者旅程进行描述和分析。[①] 图3-4为比较详尽的旅游业消费者旅程地图,这类地图不仅需要收集所有相关的消费者数据,还需要洞察消费者旅程中用户的需求、痛点、机会点、情绪变化以及关键行为等。

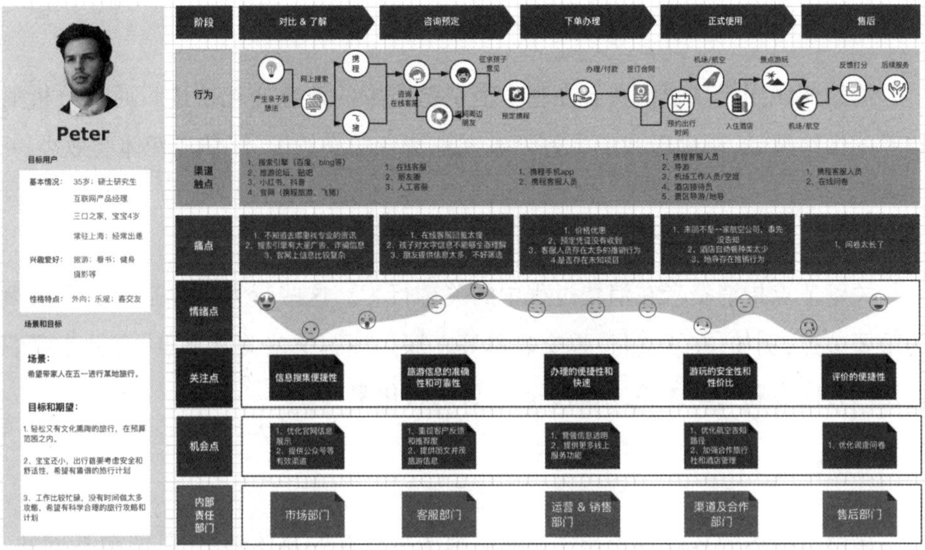

图3-4　旅游业消费者旅程地图

当下,数字触点无处不在,消费者时刻处于媒体在线和数字连接状态。如何在消费者进行媒体多任务处理时选准触点,并发挥触点之间的协同作用;如何在泛在的媒体情境下找到品牌传播的关键时机;[②]如何调动消费者情绪创造满意的体验……更需要营销人员深入思考。消费者旅程地图一般包含以下元素:

1.消费者角色

在消费者旅程地图中,首要任务是明确典型的用户画像。针对不同类型的消费者,广告主需要详细描述他们的需求、期望和痛点,有助于广告精准满足各

---

① 一次露营有感,浅谈构建客户旅程的重要性与方法论[EB/OL].(2022-06-13)[2024-05-30].https://www.sohu.com/a/556779036_121400497.

② 于婷婷,李昀晞.基于消费者旅程的数字营销时代品牌接触点传播研究(下)[J].国际品牌观察,2021(16):33-35.

类消费者的个性化需求。

2.时间线

时间线是对消费者旅程的整个过程进行排序的一种方式,能帮助我们理解消费者从接触广告到购买产品过程中的经历。时间线既可以以时间为单位划分,也可以按照消费者的行为来划分,比如浏览行为、购买行为、复购行为等。

3.情绪曲线

情绪曲线用于刻画消费者在整个消费链路中的情感变化轨迹。通过分析消费者的情绪波动,有助于我们更好地掌握消费者的满意度,评估消费体验效果。

4.关键节点

关键节点指消费者在消费过程中的关键行为。这些行为通常是消费者决策的重要节点,例如,在线支付、提交表单等。深入理解这些关键节点,有助于我们优化广告内容和互动体验,从而提高广告的转化率。

5.接触点

接触点描述的是消费者与广告或品牌产生交互的具体环境,可能包括网站、客户端、公众号、直播间等不同的平台和环境。理解消费者的媒体场景,能帮助我们更精准地选择广告媒体,提升不同场景下的广告效果。

第二节　消费者数据的采集

数字广告要实现高效运营,需要构建基于大数据、全样本、跨平台的数据感知能力,并运用自动化、智能化手段采集和获取数据。

面向不同场景,消费者数据感知可分为“硬感知”“软感知”和“智能感知”。“硬感知”主要借助设备或装置收集数据,收集对象是以物理实体为载体的数据、信息、事件、流程等。“软感知”则是通过软件或各类技术收集数据,其收集对象存在于数字世界。① “智能感知”主要是在“硬感知”和“软感知”的基础上叠加各类人工智能技术,用以实现消费者数据自动采集、存储和处理的整体解决方案,如图 3-5 所示。

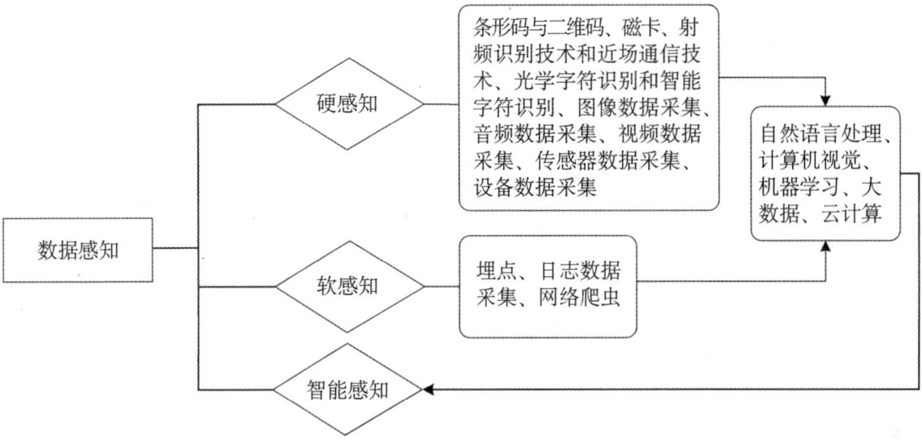

图 3-5 数据感知和采集方式

一、消费者数据的“硬感知”

基于物理世界的“硬感知”以数据采集为核心,它是将物理对象映射到数字世界的主要通道,也是构建数据感知能力的关键。在数字化时代,实体企业的生产流程、实体产品、仓储物流、门店服务等环节,都需要通过“硬感知”实现数据的感知与采集,从而持续提升运营效率和消费者体验。例如,借助光线和温度传感器自动调节门店窗帘和灯光;通过实物管理系统感知并上报消费者在门店体验过程中的行为,以优化商品陈列和营销体验;利用视频监控感知客流与热区,进而管理门店各区域的人流密度和停留时间等。基于当前技术,“硬感知”主要分为以下几类方式,每种感知方式都有其独特的特点和应用场景。

(一)条形码与二维码

条形码是将宽度不等的多个黑条和空白按一定编码规则排列,用以表达一组信息的图形标识符。二维码是用某种特定的几何图形按一定规律在平面上分布的黑白相间的图形,用于记录数据或符号信息。

---

① 华为数据管理部.详解华为 12 种数据采集技术及应用实践[EB/OL].(2021-11-11)[2024-05-30].https://mp.weixin.qq.com/s/3nRUnFbWyScEFmVshqQ1DQ.

（二）磁卡

磁卡是一种卡片状的磁性记录介质，利用磁性载体记录字符与数字信息，用于保存身份信息。

（三）射频识别技术和近场通信技术

射频识别技术（Radio Frequency Identification）是一种非接触式的自动识别技术，利用无线射频方式对记录媒体（电子标签或射频卡）进行读写，从而达到识别目标和数据交换的目的。在射频识别技术的基础上发展出了近场通信技术（Near Field Communication，NFC）。射频识别技术多应用于生产、物流、跟踪、资产管理等领域，而近场通信技术则应用在门禁、公交、手机支付等场景。

（四）光学字符识别和智能字符识别

光学字符识别（OCR）是指借助电子设备（如扫描仪或数码相机）检查纸上打印的字符，通过检测暗、亮模式确定其形状，并将其翻译成计算机文字的过程。智能字符识别（ICR）植入了计算机深度学习技术，采用语义推理和语义分析，依据字符上下文的信息，结合语义知识库，对未识别部分的字符进行信息补全。

（五）图像数据采集

图像数据采集是指利用计算机对图像进行采集、处理、分析和理解，以识别不同模式的目标和对象，是深度学习算法的一种实践应用。图像采集的对象可以是指纹、虹膜、面部、掌纹、图片、商品等。

（六）音频数据采集

语音识别技术也被称为自动语音识别，可将人类语音中的词汇内容转换为计算机可读的输入，如二进制编码、字符序列或文本文件。音频获取途径有下载音频、麦克风录制、MP3 录音、录制计算机声音、从光盘（CD）中获取音频等。

（七）视频数据采集

视频是动态的数据，内容随时间而变化，声音与运动图像同步。通常视频信息体积较大，集成了影像、声音、文本等多种信息。视频的获取方式包括网络下载、摄像机拍摄、各类视频素材、屏幕录制等。

（八）传感器数据采集

传感器是能感受规定的被测量，并按照一定规律（数学函数法则）转换成可用信号的器件或装置，用于满足信息的采集、传输、处理、存储、显示、记录等要求，通常由敏感元件和转换元件组成，是实现自动检测和自动控制的首要环节。

（九）设备数据采集

设备数据是对工业机器设备产生数据的统称，对应全产品生命周期的设备状态，是物联网中的信息。在机器中有很多具有特定功能的元器件（如阀门、开关、压力计、摄像头等），这些元器件接受工业设备和系统的命令开、关或上报数据，设备和系统能够采集、存储、加工、传输数据。

二、消费者数据的“软感知”

对于已存在于数字世界中的分散、异构信息，可借助“软感知”能力加以利用。目前，“软感知”主要分为三类：

（一）埋点

埋点是数据采集领域尤其是用户行为数据采集领域的术语，指的是针对特定用户行为或事件进行捕获的相关技术。埋点的技术实质是监听软件应用运行过程中的事件，当需要关注的事件发生时进行判断和捕获。埋点的主要作用是能够帮助相关人员打通固有信息墙，为了解用户交互行为、扩宽用户信息和前移运营机会提供数据支撑。

埋点技术在当前主要有以下几类，可基于业务需求匹配使用。代码埋点是目前比较主流的埋点方式，业务人员根据自己的统计需求选择需要埋点的区域及埋点方式，形成详细的埋点方案，由技术人员手工将这些统计代码添加在想要获取数据的统计点上。可视化埋点通过可视化页面设定埋点区域和事件 ID，从而在用户操作时记录操作行为。全埋点是在软件开发工具包（SDK）部署时做统一的埋点，将 App 或应用程序的操作尽量多地采集下来。

（二）日志数据采集

日志数据收集指实时收集服务器、应用程序、网络设备等生成的日志记录，此过程的目的是识别运行错误、配置错误、入侵尝试、策略违反或安全问题。

在业务管理中,基于IT系统建设和运作产生的日志内容,可将日志分为三类。操作日志指系统用户使用系统过程中的一系列操作记录,此日志有利于备查及提供相关安全审计的资料。运行日志用于记录网元设备或应用程序在运行过程中的状况和信息,包括异常的状态、动作、关键事件等。安全日志则用于记录在设备侧发生的安全事件,如登录、权限等。

(三) 网络爬虫

网络爬虫(Web Crawler)又称网页蜘蛛、网络机器人,是按照一定规则自动抓取网页信息的程序或者脚本。Python、Java、PHP、C#、Go等语言都可以实现爬虫,特别是Python在配置爬虫方面具有便捷性。

1.爬取市场数据流程

第一,定义爬取目标。例如,若要了解某个行业的竞争态势和市场份额,可将相关企业的官方网站或媒体网站设为目标,爬取公司信息、产品信息、消费者信息、竞品信息等内容。

第二,使用Requests库发送超文本传输协议(Hypertext Transfer Protocol,HTTP)请求。通过构造合适的HTTP请求头和参数,能够模拟浏览器的访问行为,进而获取网页的超文本标记语言(Hypertext Markup Language,HTML)内容。

第三,使用BeautifulSoup解析HTML。BeautifulSoup是Python的一个HTML解析库,可便捷地提取网页中的各类标签和内容。

第四,保存与分析数据。将爬取到的数据保存至本地文件或数据库,以便后续分析使用。

第五,数据可视化与挖掘。对爬取的数据进行分析挖掘,并以图表形式直观展示结果。借此能更好地发现数据中的规律与趋势,为消费者洞察提供参考,辅助决策。

2.了解消费者需求

第一,爬取评论和评分数据。消费者的评论和评分是反映产品和服务质量的重要指标。网络爬虫可爬取商品或服务页面上的评论和评分信息,开展情感分析与挖掘,进而了解消费者的需求和偏好。

第二,分析社交媒体数据。微博、微信、知乎等社交媒体平台是消费者表达意见和需求的重要渠道。网络爬虫可通过爬取这些平台上的相关内容,分析消费者的讨论热点、关注点和态度倾向，为产品改进和营销策略制订提供有力支撑。

通过合理设定爬取目标、选择合适的爬取工具与库，能够高效获取市场和消费者数据，为产品改进、营销策略制订和广告投放提供有力支持。需要注意的是，在进行数据爬取时，需遵守相关法规和道德伦理。

三、智能数据采集系统

依托智能数据采集系统，叠加或融合上文提及的“硬感知”或“软感知”技术，可实现对消费者数据的“智能感知”。

（一）智能数据采集系统的定义

智能数据采集系统是一种具备智能化、自动化的数据采集工具。它往往在“硬感知”或“软感知”的基础上，运用人工智能技术群中的自然语言处理、计算机视觉、机器学习、大数据、云计算等技术，从多种数据源中自动抽取、转换和加载数据，并具备数据清洗、数据验证、数据整合等功能，极大地提高了数据采集的效率和质量。

（二）智能数据采集系统的技术原理

智能数据采集系统通常通过传感器、摄像头等设备以及智能识别技术采集数据，将模拟信号转化为数字信号。系统一般支持多种协议和接口，以保障不同设备数据采集的稳定性，通常采用分布式架构，能够处理海量数据。同时，借助机器学习和自然语言处理等技术，可以提升数据采集的准确性和效率。在数据存储方面，采用数据库、云存储、区块链等技术；在安全层面，采取数据加密和脱敏等措施，确保数据安全可靠。

（三）智能数据采集系统的数据解决方案

与人工智能、云计算和大数据技术结合，智能数据采集系统能提供更加全面的数据解决方案。

1.数据预处理

数据预处理包括数据清洗和校准、数据转换与标准化、数据缺失值处理、数据特征提取等。

2.数据存储与管理

数据存储与管理包括数据存储与加密、数据备份与恢复、数据索引与查询、数据治理与合规等。

3.智能化数据分析

(1)智能化数据分析的功能

随着大数据时代的到来,智能化数据分析已成为消费者数据挖掘的重要手段。通过智能化数据分析,用户能够更深入地了解市场需求、消费者行为和业务运营情况,进而制订更精准的营销策略,为广告决策提供更准确的数据支持。智能化数据分析的主要功能有:第一,数据挖掘,通过机器学习算法对大量数据进行深度挖掘,发现数据背后的规律和趋势;第二,预测分析,利用历史数据,通过统计学和机器学习方法对趋势进行预测和分析;第三,异常检测,通过智能化算法自动检测数据中的异常值和异常行为,提高数据质量。

(2)智能化数据分析的应用

通过智能化数据分析技术的应用,用户能够精准了解市场需求,制订更精准的广告策略,提升企业的竞争力。智能化数据分析的主要应用场景有:第一,个性化推荐,通过分析消费者的历史行为数据,为消费者提供个性化的广告和产品推荐;第二,智能风控与预测,通过智能化数据分析自动识别潜在的广告风险,预测广告效果,增强广告传播的控制能力;第三,智能运营与优化,通过分析用户和广告数据,优化广告界面和用户运营策略,提升广告效果。

第三节　基于大数据的消费者分析与洞察

前期的数据收集为进一步的消费者分析和洞察提供了可靠的基础,不少媒体平台、数字营销公司以及数据服务公司开始开发和运用基于大数据的消费者洞察工具,来整合并分析与品牌的营销触点有过交互的消费者数据。

一、基于大数据的用户画像

(一)用户画像的概念

用户画像,是大数据技术的重要应用之一,从海量数据中提取并描述用户需求、偏好和兴趣的用户模型,其目标是在多维度上构建针对用户的描述性标签属性。Alan Cooper 最早提出用户画像是"建立在一系列真实数据上的目标用户模型"①,也有学者提出用户画像是"收集与分析用户的社会属性、生活习惯、消费行为等数据,并通过标签化全面抽象出用户的信息全貌"②。

(二)用户画像在数字广告中的应用价值

用户画像作为实现智能信息推荐的关键性技术范式与工具,因其在用户细分与定向,挖掘并判断用户需求、喜好、消费行为等方面的独特优势,目前已经普遍应用于广告营销领域,对数字广告的精准性和有效性发挥着重要作用。

用户画像需要依据大数据计算,通过各类标签还原消费者的特质与行为轨迹;同时,还需将用户置于具体情境中,串联这些特质表现,如此一来,营销战略既能做到精准定位,又能有效融入消费者的生活场景。用户画像的形成过程,就是整合碎片化的海量用户数据,还原出最真实的用户形象而非基于经验预判所认知的用户。

(三)用户画像在数字广告中的运用

1.建立基于大数据的用户信息系统

首先,可利用大数据收集用户在各类平台的痕迹与数据,获取数据的方式包括自建数据管理平台、购买服务,或借用合作公司的数据管理平台。调查和数据公司掌握丰富的市场和用户数据;广告与媒体公司拥有广告、媒体及效果数据;阿里巴巴等电商平台存有用户的浏览和交易行为数据;腾讯持有社交数据;百度具备需求和意向行为数据;快递与物流公司掌握用户住址等线下数据;电信运营

---

① COOPER A.交互设计之路:让高科技产品回归人性:第 2 版[M].DING C,译.北京:电子工业出版社,2006:116.

② 牛温佳,刘吉强,石川,等.用户网络行为画像:大数据中的用户网络行为画像分析与内容推荐应用[M]. 北京:电子工业出版社,2016:3.

商拥有电子设备搜索数据和地理位置数据等。若能将这些线上线下数据打通整合,构建完整的用户信息系统,将为建立完备、高效的用户画像奠定基础。

其次,可依托大数据基础上的数据管理平台构建用户画像系统。用户画像包括定量和定性两种方式,是对现实世界中用户的数学建模,即把用户信息标签化,每个标签都是描述和认知用户的一个维度。企业通过收集与分析用户的人口与社会属性、时空场景、生活形态、媒体习惯、兴趣爱好、消费意向与行为等主要信息数据,能够全面抽象出用户的信息全貌。通过数据的分布分析、指标分析、下钻分析、关联分析、交叉分析、竞争网络分析、语义分析、趋势分析,并建立算法模型等方式,立体化、多角度解读并预测用户对广告的需求、态度和行为,挖掘用户与广告及信息之间的直接或潜在关联,为广告的精准传播及个性化推送提供科学、全面的信息支撑。

2.基于用户画像的数字广告运作

用户画像系统建立后,基于用户画像的数字广告首先能使用户洞察和广告定向更为准确。用户洞察可依据用户画像的数据及标签展开分析,旨在挖掘最合适的用户触点,精准洞察用户心理与需求,从而指导广告策略的制订。用户定向分为新用户定向和老用户定向。新用户定向主要通过设置基础定向条件[地区、设备、客户端、基于移动位置服务(LBS)等],人群标签定向(设置社会属性、兴趣爱好、购买倾向、短期行为及其他自定义用户群体),相似人群扩展和获取搜索词用户等方式实现;老用户定向则是针对老用户进行唤醒和召回的二次营销。

此外,用户画像系统还能在数字广告的各个环节发挥作用。如图 3-6 所示,用户画像系统既能单独支持数字广告运作中的不同环节,包括用户设定与洞察、广告创意生产、广告精准投放、广告效果优化,又能提升广告各环节之间的运作效率。[①] 例如,百度基于用户行为数据和多维度研究工具帮助宝洁进行用户画像分析,挖掘出用户地域分布、兴趣爱好、媒体接触点等背后的隐藏信息,从根本上改变了宝洁了解消费者的方式,进而影响了宝洁的线上线下媒体投放规划及营销策略。同时,基于 AI 闭环的智能广告运作会对用户画像系统进行实时更新,这是一个基于数据智能的优化和迭代过程。

① 韩文静.基于用户画像的数字广告智能传播[J].青年记者,2019(18):76-77.

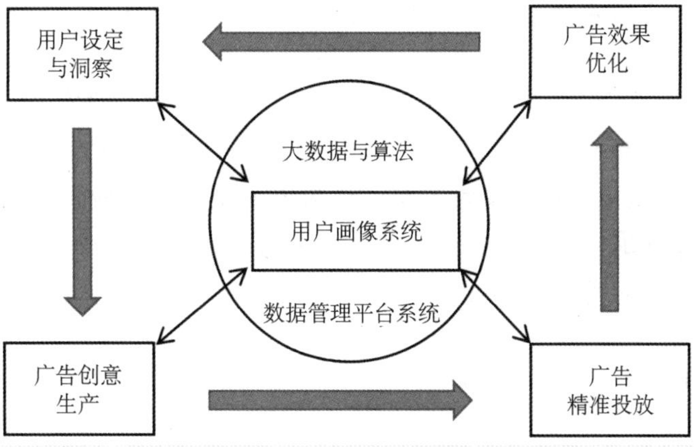

图 3-6　基于用户画像的数字广告运作

随着物联网时代的到来,数据正以指数级的速度和规模产生并累积。丰富的数据来源为获取更清晰的全样本用户画像提供了可能,但这些非同源数据的异构性和不确定性也给用户画像技术带来了不小的挑战。

二、基于大数据的消费者洞察

(一)消费者洞察方法的变化

消费者洞察指通过运用各种调研技术和分析方法,对消费群体在认知、态度、动机、选择、决策、购买、使用等阶段的心理和行为进行研究,内容包括目标用户画像、核心需求和场景、媒体接触习惯、消费渠道习惯、影响决策因素等。

传统的消费者洞察方法主要有两类:一是以大样本研究对象开展量化问卷调查,用以描述基本人口统计学特征和消费者行为方式;二是以小样本研究对象进行情感、态度、行为等深层次维度的挖掘。

使用大数据技术开展的消费者洞察,能够凭借覆盖全样本的多平台多场景数据实现无时限取样,并进行多角度、立体化的用户行为和态度分析。大数据技术驱动的用户洞察不仅可以真实全面地还原消费者面貌,而且使用成本更低。[①]

① 姚曦,李斐飞.精准·互动:数字传播时代广告公司业务模式的重构[J].新闻大学,2017(1):116-124,152.

（二）基于大数据的消费者洞察方法

1.词频分析

词频统计(word count)是对语篇或语料库中某一语词或短语出现频数进行统计的过程或结果。该方法可用于分析消费者生成或关注内容的文本，进而提炼出消费者关注的热点和关键词。

2.聚类分析

通过聚类算法细分消费者群体，将具有相似特征和行为的消费者归为一类，以便更好地了解不同类型消费者的需求和偏好，从而制订更具针对性的营销策略。

3.关联规则

通过分析消费者购买商品之间的关联规则，发现不同商品之间的相关性，为企业提供商品组合和推荐方面的参考，从而提高销售业绩和客户满意度。

4.时间序列

通过分析消费者购买行为的时间序列，预测未来一段时间内的销售趋势以及消费者需求变化，为企业的销售计划和库存管理提供依据。

5.决策树

通过构建决策树来预测消费者的购买决策，帮助企业确定更为精准的目标营销策略，提升营销效果。

6.情感分析

情感分析又称意见挖掘、倾向性分析，是对带有情感色彩的主观性文本进行分析、处理、归纳和推理的过程。例如，消费者对品牌、事件、产品的评论信息中，往往蕴含着消费者正面、负面或中立的情感倾向，对其进行情感分析有助于广告商了解消费者对产品或品牌的看法。

7.RFM 分析

RFM 分析用于对用户进行分类并判断每类细分用户的价值，它通过客户的最近购买时间(Recency)、购买金额(Monetary Value)和购买频率(Frequency)这三个关键指标展开分析,进而有针对性地制订广告策略。

8.U&A 模型

U&A 研究(Usage and Attitude Research)即消费者使用习惯和态度研究,是一种相当成熟的消费者研究模型,能够准确测量出被测产品的市场状况、目标消费者状况、竞争对手状况,有效地剖析消费者特征和消费者行为。

9.KANO 模型

KANO 模型将消费者需求分为基本型、期望型、兴奋型、无差异型和逆向型,特别强调从中区分出消费者做选择时的基本因素、绩效因素和奖励因素。

10.用户追踪工具

除上述方法外,一些互联网平台、App、第三方数据服务公司等还提供用户追踪工具和网站分析工具,如百度统计、Google Analytics 等,用于分析用户习惯和行为事件,包括热力图、点击分析、停留时长、行为路径、漏斗模型等指标数据。

(三)基于大数据的智能洞察模型

智能洞察指利用人工智能技术,深入挖掘用户社会化网络数据,并运用智能算法对用户进行特征提取、兴趣建模、情感分析等操作,从而实现精准的用户需求分析和预测,更高效、更精准地指导品牌传播活动。[①]

1.基于社会网络分析的 NKP 模型

社会网络分析应用于消费者洞察的基本流程为:运用人工智能挖掘消费者的网络数据,基于 ID 分析消费者的社会关系网络,通过中心性分析以可视化形式呈现关键意见领袖,最终精准勾勒关键意见领袖的数字画像,并评估、动态追踪其网络生活方式,如图 3-7 所示。

针对关键意见领袖开展广告内容创作与投放,充分发挥其作用,是应用消费者洞察 NKP 模型的重要途径。[②] NKP 模型的典型应用场景包含社交媒体、虚拟

① 段淳林,宋成.用户需求、算法推荐与场景匹配:智能广告的理论逻辑与实践思考[J].现代传播(中国传媒大学学报),2020,42(8):119-128.

② 秦雪冰.消费者洞察的 NKP 模型:社会网络分析在智能广告中的应用[J].当代传播,2020(3):77-80.

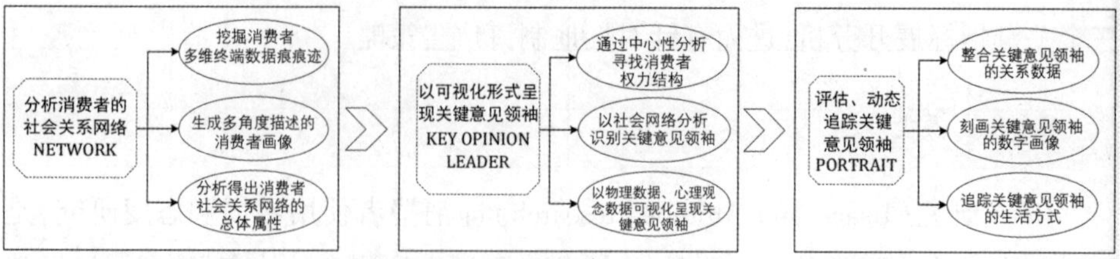

图 3-7 消费者洞察 NKP 模型

社区、购物分享平台等用户之间关联紧密、交流频繁、互动活跃且影响显著的网络平台。

2.基于智能洞察的 DNP 模型

如图 3-8 所示,基于智能洞察的 DNP 模型主要包括深入挖掘消费者全样本数据、分析梳理多端数据用户行为脉络、追踪动态路径清晰锁定目标用户等部分。首先,从广泛的互联网环境中挖掘所需分析的用户全样本数据,依据社会科学视角与用户行为研究方向,将收集到的数据归类为物理属性数据、行为关系数据和心理观念数据。其次,对全面且深入的各项数据进行多渠道归因分析,从社会网络分析法的角度出发,利用人工智能算法、模型等处理分析出用户的网络生活方式,并借助社会网络分析描绘用户的社会网络。最后,基于网络分析结果,综合考量用户忠诚因素,将用户分类并呈现清晰的用户画像,运算出用户当下最有可能需要的商品或广告,对用户未来的行为进行模拟与预测。

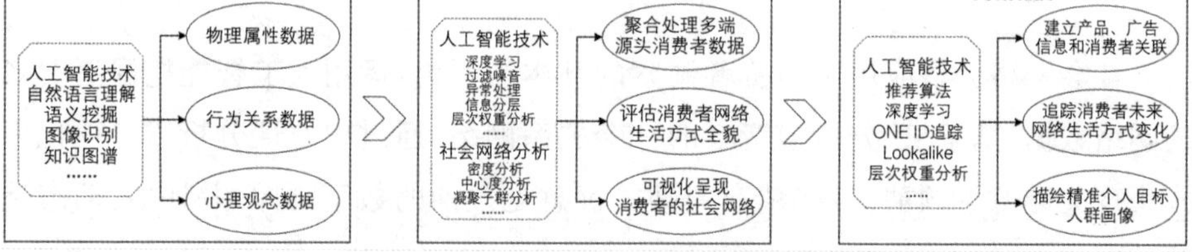

图 3-8 基于智能洞察的 DNP 模型

3.基于不同数据平台的消费者洞察

广告公司、互联网平台和企业都逐渐意识到数据洞察的重要性,纷纷运用新兴的数据管理工具或数据管理平台来管理消费者数据,辅助企业数字化运营。在这类专门的消费者数据平台上,企业通过数据清洗、厘清不同 ID 之间的映射关系、多元标签录入等流程,尝试打通同一个人的相关数据,构建目标人群画像,为更精准、个性化的用户沟通提供技术支持,进而实现更高效的数字营销。

(1)企业的客户数据平台

企业的客户数据平台,是指企业借助该平台收集、统一存储和管理来自多渠道的消费者数据,构建统一的 One ID,让数据产生价值,反哺业务系统。企业不断积累数据资产,能够更持续、准确地判断消费者需求,设计更优质的消费体验,为引导“消费者旅程”创造条件。客户数据平台的主要功能包括:企业内、外平台与系统消费者数据全域采集与治理;通过实时关联多端用户信息打造 One ID;构建用户标签和画像系统;整合与分析用户个人及行为数据;提供个性化内容推荐;实现自动化触达客户等,如图 3-9 所示。

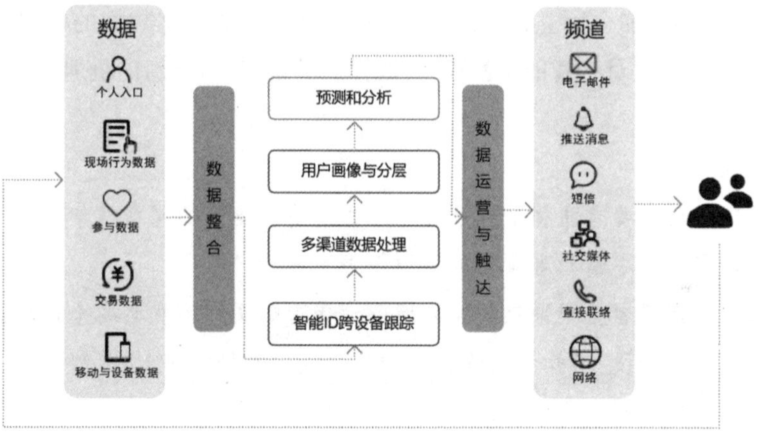

图 3-9　客户数据平台示意图

(2)广告或媒体集团的消费者数据平台

群邑作为全球最大广告集团 WPP 旗下的媒体投资管理集团,在全球范围内推出的 PLATFORM 是一个平台化的闭环消费者数据工具,其核心 DMP 版块 Insights 是以消费者为中心的洞察工具。它将所有跨平台、跨设备的信息整合,形成单一用户识别标识,打破数据孤岛,获取全面的消费者数据,包括丰富的人群统计、技术使用情况、行为洞察、购买历史和位置数据等,从而满足了广告主在全营销环境下的数据洞察和受众激活需求,实现了千人千面。

阿里妈妈达摩盘是基于阿里电商场景打造的数据管理平台，作为阿里妈妈精细化消费者运营定向中台为商家提供海量标签，支持商家自由组合，快速有效地圈定目标人群；同时为商家提供精细化人群画像洞察功能，联动多渠道进行投放，并提供人群投放的后链路追踪，助力商家开展全链路消费者运营。

(3)数据服务公司的消费者数据平台

一些数据服务公司也开发出了消费者数据平台或工具，助力企业开展消费者洞察。例如，智子观测是一款用户体验洞察和管理产品，通过整合与分析消费者全渠道体验反馈数据，应用于电商评价分析、客服会话分析、口碑舆情分析、企业私域运营分析等多个场景，借助大数据、AI、知识图谱等挖掘用户需求、关注点、痛点、顾虑、场景、购买决策因素等，实现智能用户洞察和体验管理。

数据爆炸在一定程度上为数字广告带来了前所未有的机遇，使广告能够主动创造出更具针对性、匹配度更高的营销内容，丰富品牌与消费者的互动形式，甚至改写“消费者旅程”。随着 IoT 技术的不断成熟，必然会进一步拓展用户触点，使用户洞察更加全面立体。5G 技术能够提升非结构化数据的实时性采集、传输、处理能力，这对于智能洞察而言，既是新的挑战，也是新的机遇。

▶本章小结

1. 数字时代消费者旅程是开展数字广告消费者洞察的基本框架，消费者数据是数字广告中消费者洞察的关键资源。
2. 数字化消费者旅程聚焦数字环境中消费者购买行为发生的全过程，通常划分为以下阶段：感知和关注、考虑和评估、决策和购买、体验和使用、反馈和分享。在不同阶段，存在不同的媒体触点、情绪变化、用户行为，并会产生不同的消费者数据。
3. 消费者数据包含个人数据、行为数据、态度数据等维度，也可分为静态数据和动态数据。消费者数据来源分为第一方数据、第二方数据和第三方数据，数据采集方式包括面向物理世界的“硬感知”、面向数字内容的“软感知”，以及融合人工智能技术的“智能感知”。
4. 基于大数据的消费者洞察能够覆盖全样本的多平台多场景数据，进行无时限取样，多角度、立体化分析用户行为和态度。智能洞察是指利用人工智能技术工具，深入挖掘用户社会化网络数据，并运用智能算法对用户进行特征提取、兴趣建模、情感分析等，实现精准的用户需求分析和预测，从而更精准、更高效地指导品牌传播活动。

▶关键术语

1.消费者旅程:消费者购买产品或服务前、中、后的全过程。

2.消费者洞察:通过对消费者心理及行为的研究,发现消费者真实的需求与喜好,找寻最能解释消费者购买行为的深层因素。

3.用户画像:从海量数据中提取并描述用户需求、偏好和兴趣的用户模型,通过标签化全面抽象出用户的信息全貌。

▶思考与研讨题

1.消费者数据采集有哪些工具?尝试用数据采集工具采集一定的消费者数据。

2.如何将不同媒体来源的同一个人的相关数据整合打通?

3.用户画像和消费者洞察之间有哪些联系?

4.传统的消费者洞察和基于大数据的消费者洞察有什么区别?

5.你还知道哪些智能洞察工具或者平台呢?请查阅相关网址和案例。

▶延伸阅读

1.八爪鱼采集器:https://www.bazhuayu.com。

2.CSDN.【Python 入门系列】第十二篇:Python 网络爬虫和数据抓取[EB/OL].(2023-07-05)[2024-05-31].https://blog.csdn.net/qq_38628970/article/details/131556113.

3.五节舆情监测系统.DMP 和 CDP 的区别:数据管理平台与客户数据平台的对比[EB/OL].(2023-07-14)[2024-05-31].https://baijiahao.baidu.com/s?id=17713786747442631 50&wfr=spider&for=pc.

4.速查报告库.2024 版中国数字营销生态图解读报告-中国商务广告协会&虎啸[EB/OL].(2024-12-04)[2024-12-27].https://baijiahao.baidu.com/s? id=1817465131083860722&wfr=spider&for=pc.

5.智子观测:智能用户洞察和体验管理[EB/OL].[2024-03-27].https://mp.weixin.qq.com/s/HF4guxlbQok-Ookek6017g.

第四章　数字广告策划

▶章节大纲

1.数字广告策划的特征与作用；
2.数字广告策划的核心内容；
3.数字广告策划的工作流程；
4.数字广告策划的未来。

▶章节内容

本章在界定数字广告策划概念的基础上，分析了数字广告策划的特征、作用、核心内容与工作流程，并对其未来进行展望。在特征分析方面，既涵盖策划系统性这一共性表征，也包含技术性、数据性、动态调适性这些个性表征。对作用的分析，着重强调数字广告策划在资源统筹及广告运作环节管理中发挥的效力。接着，用“五大要素、四大匹配、三大策略”概括数字广告策划的核心内容。随后，将数字广告策划的工作流程归纳为五个步骤，并特别指出，第四步“创意内容扩展”和第五步“传播与投放计划制订”是为论述方便而做的人为划分，在实际策划运作中二者实为同步进行。最后，探讨了数字广告策划的三种趋势：广告策略制订的人机协同、广告内容生产的人机协同、策划方案撰写的人机协同。

第一节　数字广告策划的特征与作用

“数字广告策划”的概念由传统的“广告策划”概念发展而来，本书将其定义为：数字广告策划是一个全面的过程，旨在设计、执行和管理在线广告活动，以推广产品或服务。这个过程涉及目标设定、用户识别、渠道选择、创意开发、预算分配、绩效跟踪与优化等。在数字广告时代,技术成为广告的“装置”与特色,这种技术的嵌入既需要策划的统领,也为策划提供了更多可能。

一、数字广告策划的特征

相较于传统广告策划,数字广告策划的重要特征体现为技术支撑、数据驱动,以及由此带来的投放的动态调适。同时,数字广告策划具备所有策划的共性特征——系统性。

(一)系统性

数字广告策划展现出较强的策划目标指向性和策划主题服务性。数字广告策划既可以看作一个全面的过程,也可以视为一种系统化的方法。唯有全面、系统,才能发挥其统领广告全局的作用,实现其策略性甚至战略性。

(二)技术性

技术性是数字广告的首要特征,也是数字广告策划的重要特征。大数据技术、人工智能技术等成为数字广告策划中关键的技术配置。对于数字广告策划而言,大数据技术主要存在于广告“后台的后台”,策划者通常看到的是数据采集、基础架构等之上的“应用层”。以“用户画像及应用项目”为例,它包含底层数据源采集与存储、画像标签模型建构、数据模型应用三个层级,[①]策划者接触最多的是“数据模型应用”这一层级。人工智能技术对数字广告策划的影响也日益显著,从用户洞察、内容生产到传播,各环节都在朝着“人机协同”的方向发展,甚至在投放领域能够完全实现“自动化”,在过去高度依赖人力的创意领域也正从传统的“创意人中心”模式向“人机协同”模式转变[②]。

(三)数据性

从广告与数据的关系看,数字广告已历经三个阶段:从极少数据反馈的手工作坊式互联网广告阶段,到数据体量膨胀的社交广告阶段,再到拥有海量大数据

---

① 赵宏田.用户画像:方法论与工程化解决方案[M].北京:机械工业出版社,2019:235.

② 顾明毅,李海容.创意可以被计算吗?人工智能推进广告创新[J].现代传播(中国传媒大学学报),2022,44(11):144-152.

的程序化购买阶段。[①] 数据获取技术的突破,推动了广告的跃迁式发展。数据使用贯穿于数字广告策划的全过程,传统广告运作领域的艺术“高地”(创意、文案、制作)而今也被数据“收编”。

(四)动态调适性

动态调适是数字广告策划实施与传统广告策划实施的最大不同之处。传统广告策划一旦进入实施阶段便很难更改,而数字广告策划却能够依据传播效果的即时反馈做出调整。动态调适的对象包含人群包、创意素材、投放时间、投放频率、投放资金额度等。当然,这种调适应在总体的策划框架内进行,是规定性基础上的灵活性。

二、数字广告策划的作用

20 世纪 60 年代,产品竞争激烈、媒体多元、促销手段多样、消费者分化等现象交织共现,促使广告策划从广告界的自发实践模式发展成为重要的行业概念(20 世纪 60 年代,英国 BMB 广告公司创始人斯坦利 · 波利坦在广告领域率先使用了“广告策划”这一概念)。进入数字广告时代,技术催生了广告运作的变革,策划的作用同样不容小觑,主要体现在以下几个方面:

(一)广告目标建立

广告目标需要回答两个问题:一是产品或品牌现在处于什么位置;二是产品或品牌未来要走向何方。策划的核心就是探寻从现状通往目标的路径。在流量经济、网红经济的刺激下,部分广告主易陷入短视陷阱,一味追求短期销量,被动追逐流量或盲目跟风网红,缺乏清晰的广告目标。因此,确立清晰的广告目标是数字广告策划的首要步骤。确立长远的目标,有助于广告主穿越网络和流量的迷雾,迈向更远的未来。

(二)目标用户定位

在数字时代,用户行为数据变得空前丰富且可追踪,这些数据是界定用户群体的重要依据。策划的重要环节之一,是策划者借助大数据识别目标用户,结合自身知识及市场经验,总结提炼目标用户群体的特征,甚至对其定位进行“命名”

---

① 段淳林,杨恒.数据、模型与决策:计算广告的发展与流变[J].新闻大学,2018(1):128-136,154.

(如“某某族”“某某青年”)。精准定位目标用户对于提高用户参与度和转化率至关重要。

(三)资源分配

资源除了包括传统广告涉及的预算、时间、人员资源外,还包括人群包资源(自有或租用)、创意素材资源等。从某种程度上说,策划就是一种资源分配活动,有效的广告策划必然依赖合理的资源分配。从早期的媒体排期软件,到如今各类网络营销平台为广告主、广告公司提供的建站服务,资源分配越来越呈现出技术性和工具性的特点。

(四)传播多样性与一致性

无论是传统广告时代还是数字广告时代,媒体的持续多样化都要求广告主的传播遵循“一个声音”原则,借助多样化的媒体传递一致的信息。数字广告涉及社交媒体、搜索引擎、电子邮件等多种传播渠道。策划有助于广告主在多渠道间进行有效整合传播,确保广告信息的一致性和互补性,从而提升广告的覆盖率和影响力。

(五)绩效评估

与传统广告相比,数字广告的显著优势在于效果的可追踪性和可评估性。绩效评估分为两类:一是即时评估,与广告投放、优化同步进行;二是事后评估,在策划实施结束后对整个广告运动进行评估。策划有助于建立关键绩效指标(KPI)和评估标准,为即时评估和事后评估提供依据。

(六)风险管理

在网络社会,广告主面临市场、传播等多方面的风险。数字广告策划的首要任务是全面分析宏观和微观环境,发现机会,识别威胁。策划有助于识别潜在风险和挑战,提前制订应急计划。

可见,策划对数字广告运作至关重要,它提供了一种结构化方法,有利于协调团队、提升效率,进而提升整体活动绩效。

第二节　数字广告策划的核心内容

数字广告策划是一项较为复杂的思维活动,涉及诸多要素及环节。在此,我们将要素概括为产品、用户、诉求、表现、网络五个,并以用户为中心,探讨要素之间的匹配关系,进而论述数字广告策划涉及的核心策略。

一、数字广告策划的要素及其匹配

要素指构成事物的必要因素,要素并非孤立存在,只有在与其他要素产生关联时才能彰显其价值。

(一)数字广告策划的要素

1.产品

产品是指提供给市场以满足人们需要和需求的任何东西,包括有形产品、服务、体验、事件、资产、组织、信息和创意。[①] 消费者会依据产品特征和质量、服务组合和质量以及价格这三个基本标准判断市场供应品的吸引力。因此,数字广告策划者必须认真考量将产品的属性、利益和质量定位在何种水平。

2.用户

在传统广告时代,广告的目标群体有两个称呼:从营销视角称为“消费者”,从传播视角称为“受众”。在数字广告时代,用户具有三重身份:

其一,产品用户,即消费者;

其二,广告受众,即广告信息的接收者,是传播的客体;

其三,广告传播者,即媒体内容的生产者、转发者,是传播的主体。

前两个身份包含了传统广告时代消费者(营销视角)和受众(传播视角)的特点,而传播者身份是数字时代所独有的。用户是消费者、受众(传播客体)、传播者(传播主体)三重身份的集合,如图 4-1 所示。

---

① 科特勒,凯勒.营销管理[M].13 版·中国版.卢泰宏,高辉,译.北京:中国人民大学出版社,2009:264.

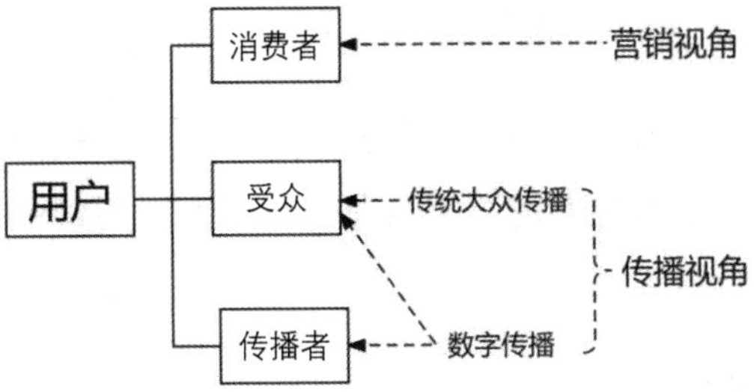

图 4-1　数字广告时代用户多重身份

3.网络

这里的网络主要指数字广告的投放空间,即互联网空间。互联网自诞生起,经历了以门户网站为代表的 Web 1.0 时代和以社交媒体为代表的 Web 2.0 时代,现已全面渗透到人们的生活、学习和工作中。众多广告主也纷纷跟随大众的网络足迹,将广告从线下拓展到线上,进而把线上视为广告传播的主要阵地。

4.诉求

广告诉求是指商品或服务在广告中所强调的、企图劝服或打动广告对象的传达重点。尽管互联网打破了传统大众媒体的时空限制,媒体资源的供给趋于无限,但由于受众的注意力有限,对品牌信息的认知容量也有限,诉求仍需突出重点,要能够体现产品定位和消费者需求的交集。

5.表现

广告表现是指运用各种传播手段和传播技巧向目标消费者传达既定的广告主题。在数字时代,人人都拥有"话筒",人人都能成为传播主体,这打破了传统的"广告主传递信息、受众接收信息"的单向传播格局,呈现出"广告主对用户传播""用户对广告主传播""用户内部传播"的多重传播格局。广告表现通常肩负多重使命:

一是提高用户对广告诉求的接纳度;

二是促进用户对广告传播的信息生产式反馈(如话题参与、评论);

三是激发用户"二次传播"的热情。

病毒广告的创作就体现了广告表现的多重使命,它通过故事性、趣味性的内容提高用户的接纳度,并激发用户评论的兴趣和转发的热情。

（二）数字广告策划的要素匹配

前文分析了数字广告策划的五大要素——产品、用户、网络、诉求、表现。接下来我们探讨这五个要素之间的匹配情况。在这五大要素中，用户是核心，策划者需要围绕用户做到以下四个匹配：

1.产品与用户的匹配

产品与用户的匹配包括功能、价值、情感、地位、形象、场景等方面的匹配。

功能匹配指产品能满足消费者的功能需求。价值匹配指产品的价值与消费者需求的价值一致。情感匹配指产品能调动用户的情感，引发情感共鸣。地位匹配指产品的档次与用户身份、地位相匹配。形象匹配指产品形象能够满足用户自我形象的表达，例如，潮酷形象的人和传统形象的人可能会选择不同的品牌。场景匹配主要指用户在某一场景会自动联想到某一产品，即产生场景联想。

2.诉求与用户的匹配

策划具有集中性和阶段性特点，这决定了广告主与用户的沟通必须具有主题性、聚焦性，否则便是无的放矢。因此，策划者在完成产品与用户的诸多匹配后，仍需提炼诉求，找到最能打动用户、实现广告目标的信息内容。

3.表现与用户的匹配

表现涉及内容的创制，即如何表达广告诉求。20 世纪 50 年代初，威廉·伯恩巴克提出“实施重心说”，认为广告“怎么说”极为重要。大卫·奥格威主张用 A/B 测试选出最符合目标群体的表现方式。一直以来，检验创意表现和用户匹配度的方法主要有两种：一是策划者的经验判断；二是受众的反馈。在传统广告时代，策划者的经验判断占据主导地位，而受众反馈的检验方式因数据获取难度大，难以广泛采用。进入数字广告时代，表现和用户的匹配可借助程序化创意实现。

4.网络与用户的匹配

网络与用户的匹配从宏观到微观可分为以下三个层面：

（1）网络平台与用户的匹配。即广告投放的平台需与用户使用的网络平台一致。媒体化生存具象化为平台化生存或 App 化生存，每个用户都有相对固定的 App 群。广告若要获得可见性，必须进入目标用户的 App。

（2）网络平台内容与用户的匹配。用户不仅是平台的使用者，更是某些内容细分市场的信息消费者。他们借助“关注”标签锁定内容，同时也圈定了自己的关注范围。在此情况下，广告要提高可见性，就必须关注用户在平台上的内容消费习惯，进入其内容空间。

（3）网络平台广告载具与用户的匹配。即在用户关注的内容空间中，选取具体的内容作为广告载具进行传播。例如，信息流广告就是找到用户关注的相关内容，进而依附这些内容进行广告传播。

二、数字广告策划的核心策略

围绕上述五大要素和四个匹配，数字广告策划需要把握以下三大策略：

（一）诉求策略

诉求策略包含三方面内容：广告诉求对象策略、广告诉求重点策略、广告诉求方法策略。

1.广告诉求对象策略

广告在界定诉求对象时通常需考虑三个要素：广告主的目标用户群体、产品定位所针对的消费者，以及产品购买的实际决策者。广告主的目标用户群体并不完全等同于企业的广告目标群体，有时，企业会根据产品定位或销售重点，针对企业用户中的特定身份群体或特定年龄段群体开展广告运作。

2.广告诉求重点策略

广告在界定诉求重点时，要明确广告无法传达所有信息，且广告策划要有特定目标，不能期望通过一次广告运动达成企业所有的广告目标。界定广告诉求重点应综合考虑广告目标、产品定位和广告目标群体的需求。

3.广告诉求方法策略

广告本质上是一种具有说服目的的沟通行为。所谓说服，是指通过向接收者传递特定诉求，引导其态度和行为趋向于说服者预定的方向，其作用于接收者的情感、认知、行为倾向性三个层面。常用的说服方式包括理性诉求、感性诉求及情理结合诉求，理性诉求指通过真实、准确、公正地传达广告企业、产品、服务的客观情况，使受众经过概念、判断、推理等思维过程，理智地做出决定。感性诉求针对受众的情感动机，通过表现与广告企业、产品、服务相关的情绪与情感因素传达广告信息，冲击受众的情绪与情感，激发其购买产品或服务的欲望和行为。情理结合诉求指在广告诉求中，既采用理性诉求传达客观信息，又运用感性诉求引发受众情感，结合二者优势，以达到最佳说服效果。

（二）表现策略

表现是对诉求的落实。表现策略包括表现方式策略和表现元素策略。

1.表现方式策略

表现方式策略即如何呈现广告内容，这方面可以参考一些创意模型，例如：雅各布·戈德堡等对200个获奖广告进行分析后发现，89%的作品来自以下六个创意模型①：

（1）图形类比模型：将某个象征性符号融入广告产品。

（2）极端情境模型：设定一种情境，使产品的某一卖点重要性达到超乎寻常的程度。

（3）后果呈现模型：向用户展示使用产品可能产生的极端后果（甚至包括负面后果）。

（4）跨界竞争模型：将广告产品与非同类产品进行对比，突出产品优势。

（5）维度转换模型：对产品进行时间或空间上的转换，例如，将其复制、分解，或置于未来、过去等情境。

（6）互动体验模型：让用户根据广告描述完成某个行动，或想象完成该行动的情境。

上述六个模型只是对200个获奖广告的归纳，创意模型并不局限于此。策划者可根据实际需求开发新的创意模型。

2.表现元素策略

表现元素服务于表现方式，是表现方式的具象体现。表现元素包括文案元素和视觉元素。设置表现元素时需考虑横向、纵向两个维度：横向上，在同一时间段内要保证素材的丰富性，特别是面对异质性用户（如风格、爱好不同）时，要

① GOLDENBERG J, et al. The fundamental templates of quality ads[J]. Marketing science, 1999(3): 333-351.

确保素材能充分覆盖不同类型的用户;纵向上,要关注不同传播阶段(如预热、引爆等阶段)素材的表达倾向。

(三)投放策略

1.投放时间策略

数字广告策划的实施具有时间规定性,即明确规定何时开始、何时结束,期间一般历经预热、造势、引爆、共创、热销五个阶段,这要求投放策略与时间阶段规划相契合。此外,在每个阶段均需研究具体的投放时间点。

2.投放人群策略

设定投放的人群参数,包括性别、年龄、地域、消费习惯等。同时,提供人群包的备选方案,以便在广告实施过程中进行优化。

3.投放素材策略

主要考虑素材如何与时间、人群匹配。随着生成式人工智能(如 ChatGPT)的发展,广告投放有望进入高度个性化时期。依据广告主提供的关键词、产品定位和目标受众,生成式人工智能可以生成多个版本的广告创意,并通过测试和比较,找出最为适配的个性化广告内容。①

4.投放费用策略

制订预热、引爆等各阶段的投放费用分配计划。同时,鉴于数字广告投放的动态调适性,确定每个阶段投放费用调整的原则和方式。

第三节　数字广告策划的工作流程

数字广告策划“以互联网环境为背景,以产品为核心,以用户为中心”②开展

---

① 姜智彬,周杨.阶段型颠覆式创新:生成式人工智能对广告产业的影响研究[J].编辑之友,2023(11):59-66.

② 郑龙伟,刘境奇.数字广告:新媒体广告创意、策划、执行与数字整合营销[M].北京:人民邮电出版社,2019.

工作。数字广告策划流程分为以下五个步骤:

一、确立广告目标

数字广告策划目标主要涵盖传播目标和销售目标。

传播目标通常包括关注量、转发量、评论量等具有数字互动特色的指标。互动是数字广告的重要特征和指向,数字广告需要调动消费者参与深度互动。所谓“深度互动”,是以信息在传授双方间平等、自由流通为基础,从采集到反馈层面更加注重由肢体至心理的“接触—覆盖—植入”,在保证信息量不受损的情况下,充分发挥信息的沟通力,满足人在虚拟实践中实现“亲自参与快乐”的心理需要,实现由“意识沉浸”到“知觉沉浸”的交互式体验。①

销售目标通常包括转化率等具有即时交易特征的指标。一些营销产品被用于减少“用户了解广告信息”与“用户点击购买”之间的中间环节,例如,阿里妈妈“Uni Desk”覆盖的用户在抖音上看到广告,点击行动号召提示符后可直接进入购买页面,中间省去了落地页环节。如果说传统营销是“长路营销”,从制造商到消费者需要长长的链条,从用户了解信息到购买产品需要复杂的环节,那么现在的营销则越来越强调“短路”营销,即缩短制造商到消费者、了解信息到购买产品的环节。

在数字营销时代,传播目标和销售目标往往相互交织,只是某些具体策划活动可能有所侧重。例如,品牌传播策划可能更注重传播目标,节庆促销策划可能更注重销售目标。

广告目标确定以后,接下来就要考虑如何以成本更低、更巧妙的方式实现目标。这种实现离不开谋略、策略的确立,离不开各种手段和措施的运用。

以毛玠版“隆中对”为例,毛玠给出了“天下分崩,国主迁移,生民废业,饥馑流亡,公家无经岁之储,百姓无安固之志,难以持久”的国家形势分析,以及“袁绍、刘表,虽士民众强,皆无经远之虑,未有树基建本者也”的竞争对手分析,并基于“兵义者胜,守位以财”的判断,向曹操提出了“奉天子以令不臣,修耕植,畜军资”的总体发展战略。②

---

① 姚曦,郭晓譞.逻辑与本质:技术赋能的未来广告[J].现代传播(中国传媒大学学报),2022,44(6):122-131.

② 陈寿,撰,裴松之,注.三国志[M].北京:中华书局,2006:228.

二、市场分析

市场分析包括行业分析、产品分析、竞争对手分析、用户分析等。这里以产品分析、用户分析为例展开说明。

(一)产品分析

产品在营销4P(产品、价格、渠道、促销)中位居首位,是企业市场运作的根基。产品的分析与研判是市场分析的重要环节。

1.产品分析的内容

产品分为有形产品和无形产品。针对不同类别的产品,分析内容有所差异。总体而言,产品分析内容包含产品的产地、性能、成分、包装、价格、销售渠道、竞争状况等。

2.产品分析的方法

(1)体验法

对于策划者而言,将自己视作用户,通过体验产品了解并获取对产品的真实感受,是认识产品的重要途径之一。

(2)数据分析法

通过调研或收集二手资料,获取产品的相关数据。在数据分析的基础上,借助图表总结产品功能,列出产品功能清单。

(二)用户分析

在互联网诞生之前,学者们用"消费者本位"形容买方的重要性;互联网诞生之后,流量、转化、留存等问题的探讨,都离不开一个关键词——用户。用户分析是市场分析中最重要且最复杂的环节。

1.用户分析内容

(1)人口特征

人口特征包括性别、年龄、教育程度、职业、收入、住房状况、民族、家庭规模与结构等。

(2)消费观念与行为

消费观念与行为包含两方面内容:其一,价值观和生活态度。价值观涉及范围广泛,此处主要研究与广告所宣传的产品、品牌主张的价值观相关联的内容。其二,消费行为。研究消费者的购买和使用习惯,以及他们对品牌的认知与评价。

(3)媒体行为

分析消费者的媒体接触情况,包括媒体接触时机、媒体接触程度等。在媒体化社会,生活场景与媒体场域交错,人们既是“生活者”,又是媒体使用者,这使得用户生活研究和用户媒体使用研究存在一定的重合性。

2.用户分析方法

(1)大数据洞察

利用大数据能够获取部分人口数据、消费行为数据和媒体行为数据。关于大数据洞察的内容,可参考本书第三章“数字广告的消费者洞察”部分。

(2)小样本调研

大数据洞察优势显著,但这并不意味着它能完全取代传统的小样本调研。原因有两点:其一,电商平台(包括社交电商平台)的大数据研究各自为政,跨平台数据整合尚未实现。一些品牌商在做出重大决策时,仍会依赖专业的数据公司,“通过行业分析和抽样调查的方法,进行数据分析”①;其二,对于人性、心理、需求、偏好的研究属于更深层次的洞察,目前的大数据洞察还难以胜任,需要借助传统的访谈法、观察法等作为补充。

市场分析的关键在于发现市场机会,为诉求和主题的提炼提供决策支持。

三、诉求与主题提炼

诉求是产品卖点,也是用户购买产品后所能获得的利益点。诉求体现了产品优势和用户需求的交集。

在诉求提炼的基础上,还需进行策划主题的提炼。数字广告策划运作与一般数字广告运作的区别在于其策略性、主题性、阶段性、运动性。它要在某一时段内开展一场主题鲜明的广告运动,最好能引爆市场或产生一定的轰动效应。主题就是对诉求的策略性呈现,需要考虑新颖性、话题性和互动性。

---

① 周宏明,袁啸云.小数据战略:新零售时代如何重构用户关系[M].北京:中国经济出版社,2019:65.

四、创意表现扩展

如果说上一步是做减法（提炼核心诉求点，并形成策划主题），那么本步骤就是一个做加法的过程，其目的是从多层面、多角度传达诉求、传递主题。

（一）创意表现扩展需考虑的因素

1.诉求和主题

数字广告策划是一种事前谋划，具有一定的规定性，这种规定性高度体现在对诉求和主题的一以贯之。创意表现的构思应在诉求和主题框架下开展。

2.媒体技术

媒体技术是数字广告技术性的重要体现，创意表现扩展离不开媒体技术的利用。例如，一些性格测试公众号的推广就利用了二维码技术，用户只要扫描二维码就可以参与性格测试，并可将带有二维码的测试结果发到社交媒体进行分享，用户因此成为公众号的免费推广者。

3.传播和投放阶段

一场主题鲜明的数字广告运动，通常会经历预热、引爆、造势、共创、热销五个阶段，每个阶段的创意表现该如何做，需要在策划期内进行规划。

（二）创意表现扩展的内容

1.创意模型扩展

前文列举了六种创意模型（即图形类比模型、极端情境模型等），策划者可以选择其中的一个或几个，也可以根据当前的消费文化、用户心理、产品特性、广告运动特点进行模型的开发和扩展。

2.文案扩展

在创意模型的框架下进行多样化文案创作，建立文案资源库。文案的生成有两种途径：其一，人工创作。依靠文案人员的个人才华，这是传统广告普遍采用的方法；其二，人机协同创作。由人给出文案关键词（如内容要点、风格要点等),智能系统自动产出长短不一的文案。例如,京东的"莎士比亚"AI 智能文案系统,既能生成短句文案,也能生成完整的文案段落。

3.视觉设计扩展

就背景、图片等进行多样化呈现,建立视觉资源库。与文案生成相似,视觉设计也存在人工和人机协同两种途径。近年来,AI 绘画的出现为人机协同带来了更多的想象空间与可能性。文案扩展、视觉设计扩展与程序化创意紧密相关,有关程序化创意的内容,详见本书第五章"数字广告的程序化创意"。

五、传播与投放计划制订

在本步骤中,策划者需要完成两方面的计划制订:一是传播阶段计划;二是投放计划。传播阶段计划即考虑如何对策划实施期进行阶段划分,并设计每个阶段的传播重点。传播阶段通常包括预热、引爆、共创、造势、收尾几个阶段(在传播收尾阶段,销售进入热销期或平稳期)。投放计划是指为完成传播各阶段任务、实现广告目标所进行的投放安排。按投放策略构成,投放计划可分为时间计划、人群计划、素材计划、费用计划;按投放流量来源则可分为公域投放计划和私域投放计划。公域投放计划涉及与公域流量运营方的合作事宜,私域投放计划涉及广告主内部的配合事宜。

在以上五个步骤中,步骤四和步骤五往往同步进行,即在创意内容扩展中考虑投放计划,在传播与投放计划制订中考虑创意内容的扩展。数字广告策划的工作流程如图 4-2 所示。

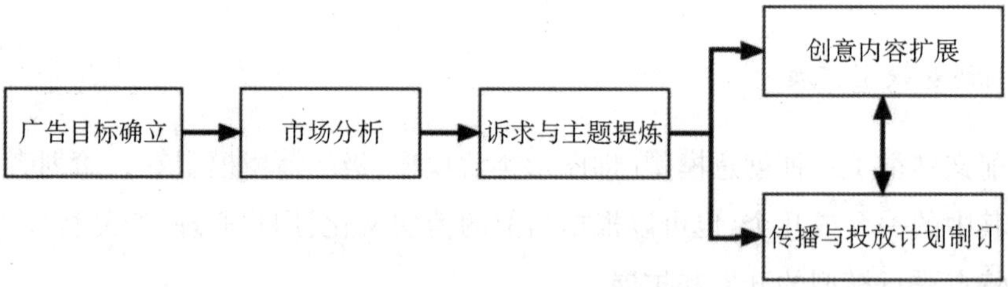

图 4-2 数字广告策划的工作流程

第四节　数字广告策划的未来

技术是数字广告的本质性特征。随着技术尤其是人工智能技术的发展，数字广告策划在策略制订、广告内容生产甚至广告策划方案撰写方面将呈现出越来越强的人机协同趋势。

一、广告策略制订的人机协同

本章第二节提到，广告策略包含诉求策略、表现策略和投放策略。策略制订的前提是用户洞察，而用户洞察的前提是充分掌握用户信息。目前，数字广告策划所涉及的用户数据抓取主要是行为数据抓取，且多为偏结构化的交易行为数据、浏览数据。随着大数据技术、人工智能技术的发展，基于大数据的用户洞察将不再局限于简单的浏览和交易数据分析，而是能够对用户浏览或发布的多模态信息（如图片、声音等）进行抓取与分析，以此洞悉用户心理，为广告策略制订提供充分的心理学依据。然而，这也可能引发更加严峻的用户隐私泄露问题及广告伦理问题。

二、广告内容生产的人机协同

程序化创意实现了广告内容的智能生产。生成式人工智能的出现将对广告创意生产绩效产生巨大影响。生成式人工智能技术借助机器学习和深度神经网络等技术，能够推动广告文本、图片、音频、视频等各种形式的内容生产迈向高质量发展。① 随着人工智能的进一步发展，广告智能化内容生产将实现生产主体的"三人合一"（自然人、机器人、虚拟数字人）、智能一体化运作和广告内容交互的深度化服务。②

三、策划方案撰写的人机协同

目前的生成式人工智能大模型能够按照指令生成策划方案。例如，向"文心一言"下达"为某某文具生成数字广告策划案，广告对象是大一新生，时间是新生

---

① 姜智彬，周杨.阶段型颠覆式创新：生成式人工智能对广告产业的影响研究［J］.编辑之友，2023（11）：59-66.

② 谭辉煌.广告智能化内容生产：核心领域、时代困境与发展趋势［J］.编辑之友，2024（3）：89-95.

开学季”的指令，文心一言会根据广告背景与目标（背景分析、广告目标），目标受众分析（年龄层、兴趣特点、媒体习惯），广告策略（内容创意、渠道布局、技术应用），执行与评估（执行计划、效果评估、优化调整）等方面的信息自动生成策划方案。

当前大模型生成的策划方案虽然结构较为完整，但内容相对单薄，与人工撰写的方案相比在创新性和创意性方面仍存在差距。随着人工智能的进一步发展，大模型在策划方案生成方面将发挥更大作用，利用大模型辅助撰写策划方案有望成为策划者的一种工作方式。学会运用大模型、学会给出恰当的指令词，或许会成为广告策划者的必备技能。不过，这也会引发商业计划书的原创性及知识产权方面的问题。

▶本章小结

1.数字广告策划的特征包括系统性、技术性、数据性、动态调适性。

2.策划对数字广告运作至关重要，它提供了一种结构化的方法。

3.产品、用户、网络、诉求、表现是数字广告策划的五大要素，策划需完成这些要素的四个匹配：产品与用户的匹配、诉求与用户的匹配、表现与用户的匹配、网络与用户的匹配。

4.数字广告策划的核心策略包括诉求策略、表现策略和投放策略。

5.数字广告策划的工作流程包括确立广告目标、市场分析、诉求与主题提炼、创意表现扩展、传播与投放计划制订。其中，第四步和第五步常同步进行。

6.数字广告策划的未来体现为策划行为的深度人机协同，包括广告策略制订的人机协同、广告内容生产的人机协同、策划方案撰写的人机协同。

▶关键术语

1.数字广告策划：是一个全面的过程，旨在设计、执行和管理在线广告活动，以推广产品或服务。这个过程涉及目标设定、用户识别、渠道选择、创意开发、预算分配、绩效跟踪与优化等。

2.广告诉求：商品或服务在广告中所强调的、企图劝服或打动广告对象的传达重点。

3.广告表现：运用各种传播手段和传播技巧向目标消费者传达既定的广告主题。

▶思考与研讨题

1.广告为什么需要策划？

2.数字广告投放的动态调适性对数字广告策划提出了什么要求？

3.数字广告策划与传统广告策划有何异同？

4.数字广告策划人需要具备什么样的素质或能力？

▶延伸阅读

1.科特勒，凯勒.营销管理：13版·中国版.[M].卢泰宏，高辉，译.北京：中国人民大学出版社，2009.

2.颜景毅.广告策划教育的高级化：基于广告实践演进和广告研究深化的双重视角[J].青年记者，2017(24).

3.周宏明，袁啸云.小数据战略：新零售时代如何重构用户关系[M].北京：中国经济出版社，2019.

4.郑龙伟，刘境奇.数字广告：新媒体广告创意、策划、执行与数字整合营销[M].北京：人民邮电出版社，2019.

5.姚曦，郭晓譞.逻辑与本质：技术赋能的未来广告[J].现代传播(中国传媒大学学报)，2022，44(6).

6.姜智彬，周杨.阶段型颠覆式创新：生成式人工智能对广告产业的影响研究[J].编辑之友，2023(11).

第五章 数字广告的程序化创意

▶**章节大纲**

1.程序化创意的兴起与技术赋能；

2.程序化创意的发展现状；

3.程序化创意目前存在的主要缺陷与基本发展趋向。

▶**章节内容**

程序化创意极大地改变了传统广告创意的生产机制与生产方式，是数字广告学研究的重要内容。本章将按照程序化创意的兴起、发展现状、目前存在的主要缺陷以及基本发展趋向的思路进行阐述。

第一节 程序化创意的兴起与技术赋能

一、程序化创意的定义

程序化创意的概念在业界与学界的定义有着异曲同工之处，但目前均局限于技术的具体操作流程，尚未展开深层次探究。业界从各自行业背景出发，将程序化创意视为一种技术和工具，是由数据和算法驱动，通过对广告创意内容进行智能制作和优化，进而整合互联网创意产业上下游的技术；是创意工具箱，核心在于用快速迭代创意取代“大创意”；还是能帮助广告主提升创意制作效率、优化创意内容质量、实现广告最大价值的智能创意工具。学界的定义则更具学术性和明确性，将程序化创意定义为基于数据动态生成海量智能化创意的过程。这一过程基于特定的程序化创意平台，通过大数据与创意程序化算法实现。程序化创意系统能够向设计师推荐相关设计素材（如图标、模板、图片、颜色和广告语等），自动生成满足不同消费需求的多版本创意，对不同广告创意进行实时投放筛选，并依据创意效果进行动态优化。[①] 随着研究的深入，程序化创意的概念逐渐突破纯理论范畴，在实践层面实现突破。例如，筷子科技等技术服务商的产品落地，使程序化创意技术对现有内容生产的冲击逐渐清晰。在程序化创意技术实际操作的基础上，韩霜对程序化创意技术的现状及其阶段性价值进行了整体研究，并对程序化创意的未来发展方向做出判断。程序化创意技术属于创意传播管理理论的一部分，需要从现实层面解决程序化创意技术的渗透路径和渗透阻力问题。[②] 基于以上研究，有学者指出，程序化创意是运用智能算法，基于大数据对广告尺寸、大小、色彩等广告要素进行自动化匹配，通过广告要素的动态组合，实现广告创意与用户的场景和需求个性化精准匹配的创意生产机制。

二、程序化创意的兴起

在智能时代，作为基础设施的物联网、构成生产要素的大数据、推进智能进化的机器学习、优化资源匹配的智能算法，共同构建了智能网络、智能媒体、智能传播的新景观。智能广告在智能传播的环境中应运而生，广告创意的生产、组合、匹配以及效果优化也朝着智能化方向发展。作为广告产业链核心环节的创意生产，在智能时代遭遇了前所未有的挑战。[③]

（一）海量创意动态组合受限

广告创意包含信息、文案、LOGO、背景、活动等多种创意元素。传统广告创意只是将这些要素通过“头脑风暴”、设计和筛选后单一地呈现给受众，内容和形式预先固定，在大规模创意生产需求下，创意元素无法实现快速组合。因此，仅依靠广告人的经验创意难以满足海量广告创意的需求。智能传播时代，大数据和智能技术重塑了全球广告业，程序化广告生态体系初步形成，消费者洞察、广告创意生产范式和媒体购买方式都被彻底改变。[④] 尤其是数字化广告的出现使广告生产的内容和流程更为复杂，涉及网络平台、色彩搭配、广告尺寸与广告位置等多种要素，智能广告能够自动化生成和快速重组这些元素，并高效精准地传

---

① 黄琦翔，鞠宏磊.大数据时代广告创意的新趋势[J].浙江传媒学院学报，2016，23(2)：54-57.

② 韩霜.程序化创意的现状和发展路径分析[J].广告大观（理论版），2017(3)：77-87.

③ 段淳林，任静.智能广告的程序化创意及其 RECM 模式研究[J].新闻大学，2020(2)：17-31，119-120.

④ 王佳炜，杨艳.移动互联网时代程序化广告的全景匹配[J].当代传播，2016(1)：92-95.

达给受众。

（二）多元场景的精准匹配面临挑战

移动互联网和新型支付方式的兴起，催生了社交、生活、购物、娱乐等多元消费场景，用户的消费选择更加多元化。在有限的注意力下，用户对广告内容的要求也更高，广告必须更加精准且富有创意性，才能迅速激发用户的购买欲望。广告内容的投放也不再是单一投放，而是要随着不同场景的变化实现创意的精准触达。在大数据和推荐算法的作用下，智能广告能够依据时间、场景和用户需求的变化实现创意内容的精准匹配和个性化展示，千人千面的创意呈现成为可能。基于大数据的精准广告要求与之运行速度、规律、标准相匹配的“创意”环节，[①]传统千人一面的广告创意在智能创意时代面临挑战，多元场景的精准匹配成为难题。

（三）动态创意内容的实时监测遇到困难

广告主的广告需求复杂多样，既追求短期直接的品牌销量提升，又追求长远的品牌形象提升，是品牌广告和效果广告的统一。品牌广告的目的是吸引用户关注、提高用户对品牌的认知度和树立品牌形象，其衡量指标包括品牌知名度、美誉度、忠诚度等。效果广告则属于结果导向型广告，以追求短期效益最大化为直接目标，通过精准的用户定向实现销售增长与利润提升，漏出率、转化率、复购率、投资回报率等为常见衡量指标。传统广告创意的效果监测是事后监测，无法对创意效果进行动态监测和反馈。广告主一般从广告代理公司或委托第三方调查公司获取广告效果数据，缺乏即时的效果反馈与灵活的应对措施，广告效果具有延迟性、间接性、累积性，[②]全流量时代的智能广告创意追求“品效合一”的效果可测量性，通过数据建模与用户验证，保证创意决策的精准化。

三、程序化创意的技术赋能

随着科技的进步和互联网3.0时代的到来，人工智能技术涌现并迅速在社会发展。人工智能专家尼格尼维斯基将人工智能定义为机器具有“学习和理解事

---

① 黄琦翔，鞠宏磊.大数据时代广告创意的新趋势[J].浙江传媒学院学报，2016，23(2)：54-57.

② 张辉锋，金韶.投放精准及理念转型：大数据时代互联网广告的传播逻辑重构[J].当代传播，2013(6)：41-43.

物、处理问题并做出决策的能力”①。人工智能技术凭借机器的便利性与高效性取代人工，使生产由机器决策，通过机器指令指导任务，完成对任务的操作。这让生产过程变得灵活、快捷，实现了规模化和个性化生产。

（一）技术赋能下的程序化创意核心要素

1.大数据分析与挖掘

大数据是程序化创意的基石。通过收集并分析用户在互联网上的浏览记录、搜索历史、社交互动、购买行为等多源数据，能够构建出精准的用户画像。这些画像不仅可以揭示用户的兴趣偏好、消费习惯，还能反映其潜在需求和心理状态。基于这些洞察，程序化创意系统能够生成更贴合用户需求的广告内容，实现个性化推送。

2.人工智能与机器学习

人工智能与机器学习技术的应用赋予了程序化创意系统自我学习和优化的能力。AI算法能够分析大量广告素材的表现数据，识别出哪些元素（如颜色、字体、图像、文案等）更能吸引用户注意，提升点击率或转化率。通过不断迭代优化，系统能自动调整广告创意，以适应不同用户群体和场景的需求，实现广告效果的持续提升。

3.实时竞价与动态创意

在程序化广告交易平台中，实时竞价（RTB）技术让广告主能够依据每个广告展示机会的具体情境（如用户特征、页面内容、时间地点等），实时决定出价并投放最合适的广告。同时，动态创意技术允许广告内容根据实时数据动态调整，比如根据天气变化、体育赛事结果等实时信息生成与之相关的广告内容，增强广告的时效性和吸引力。

---

① 尼格尼维斯基.人工智能：智能系统指南[M].顾力栩，沈晋惠，译.北京：机械工业出版社，2007：20.

(二)技术赋能下的程序化创意优势

1.提升广告精准度与个性化

程序化创意通过大数据分析和AI算法实现广告内容的精准匹配与个性化推送,不仅能提高广告的曝光率和点击率,还能增强用户的参与感和满意度,促进品牌与消费者之间的深度互动。

2.提高广告效率与投资回报率

相较于传统广告制作流程,程序化创意大幅缩短了广告创意的生成周期,降低了制作成本。同时,通过实时竞价和动态优化,广告主能够更精准地控制广告预算,将有限的资源投入最有价值的广告展示机会上,从而提高广告的整体效率和投资回报率。

3.拓宽广告创意边界

程序化创意打破了传统广告创意的局限,使广告内容不再受限于固定的模型和形式。通过算法生成的创意组合,可以创造出无限多样的广告形式,满足不同用户群体的审美偏好和审美需求,为广告行业带来前所未有的创新活力。

智能技术的智能性、机器性和定制性促使广告创意在其推动下形成智能生产、表现与投放的特征,进而塑造了程序化创意。程序化创意与智能技术相伴相生,并随着智能技术的革新得以进一步发展。

第二节　程序化创意的发展现状

一、程序化创意代表工具

(一)阿里鹿班系统,图片智能生成领域的代表

鹿班(AI Graphics)智能设计平台具备智能生成、创作助手、智能排版、设计拓展等功能模块,可助力企业快速、批量、自动化地进行图片设计。在智能生成方面,一键生成功能使小白用户也能轻松、快速地生成所需海报,只需输入

LOGO、风格、行业等信息，就能快速获得理想成果。在智能拓展方面，设计生成后，鹿班款智能设计平台能根据用户要求，自动修改图片尺寸并进行排版，节省设计师在细节上投入的时间成本。在创作助手方面，设计师可创建个人主题，输入自己创作的系列作品以训练机器，使其成为系统新的效果风格。

（二）京东“莎士比亚”系统，文案智能创作领域的代表

目前，京东“莎士比亚”2.0系统在长文案写作方面取得了显著进展。当下，“莎士比亚”系统能够依据商家需求，用户仅需输入“连衣裙”“雪纺”“高跟鞋”等与商品相关的几个关键词，点击生成按钮，便可生成多个与之匹配的文案描述。“莎士比亚”系统采用的主要算法，是根据用户输入的主题词自动扩展主题词，自动筛选出最优的候选主题词序列方案和自适应学习方案。利用大量数据训练seq2seq模型后，经过不断优化和迭代，得到最终符合任务要求的模型。对于此次迭代所实现的段落描写，系统基于大规模集成机器学习技术，结合语义理解、篇章分析、近义词匹配、情感分析等自然语言处理技术，能够自动生成切题、通顺且有感染力的文案。与端对端纯粹依靠数据生成文案的方式相比，该方法的优势在于融合了数据和语言学知识，生成的文案具有可读性，且能准确匹配输入信息，真正做到言之有物、打动读者。①

（三）商汤科技的TetrasMobile Video，视频智能生产领域的代表

该工具基于深度学习算法，从视觉、文本、声音多维度进行视频理解，提取视频特征，可应用于相册管理、智能搜索和视频个性化推荐等领域；同时，它还提供视频智能编辑工具，能依据视频特征进行二次创作，输出高质量、高清晰度且有风格的视频内容，贯穿视频制作、编辑处理、视频审核、视频传输、智能分发、视频消费各个环节。

二、程序化创意代表公司

筷子科技是程序化创意领域的业界代表公司。从2020年10月起，筷子科技的服务模式从原来的程序化创意系统软件服务，逐步转变为全链路智能创意生产及协作管理平台。

---

① 京东莎士比亚AI智能文案2.0上线 实现整段文案写作打破AI行业瓶颈[EB/OL].(2018-07-25)[2024-03-20].https://baijiahao.baidu.com/s? id=1606938774776352234&wfr=spider&for=pc.

在数据层面,筷子科技的数据沉淀一方面源于与众多流量平台的紧密合作,通过 API 接口实现数据互通,从而掌握创意内容的实时效果数据;另一方面则来源于各个行业客户的服务数据积累,涵盖 20 多个经营大类和 100 多个细分小类。①

在技术层面,筷子科技已积累了 120 多项平台技术。其中,基于数据与 AI 的内容解构技术与内容标签体系,构成了筷子科技智能化创意服务的两大技术核心。所谓内容解构,就是将图片、音频和视频等不同创意形态的内容进行数据化处理,再依靠 AI 和算法进行拆解、归类。以创意生产环节为例构建内容标签体系,筷子科技将其分为脚本和素材两大标签类型。其中,脚本标签体系内又包含行业类目的一级标签、客单价等投放目标的二级标签、口播展示或场景剧情等内容形式的三级标签。首先,筷子科技通过 AI 识别技术实现对内容素材的拆分与重组,将原本的一条素材裂变为多条不同规格、不同片段组合的广告内容,以满足广告主对海量创意内容的需求。筷子科技的技术核心在于对内容的解构,而内容解构的精细化程度也决定了内容素材拆分与重组裂变的数量。

其次,基于内容解构技术与标签体系,筷子科技会检测当前创意内容的素材重复率并预估效果,从而在广告投放前保证内容的"质量"。在素材重复率检测方面,筷子科技会在内容裂变后,依据素材的重复性与质量进行内容筛选,确保裂变内容的可用性。在效果预测方面,筷子科技提供了效果预测工具,其原理是将内容解构的数据标签与平台反馈的实际效果数据进行二次关联,进而分析洞察哪些视频或创意内容构成会有更高的数据表现。基于此,广告主上传创意素材并进行智能拆分时,平台便会给出初步的预判和评估。

最后,筷子科技基于对创意内容"量"与"质"的追求,将这一思维和能力集成到创意生产工具中,进一步提高了创意制作效率。例如,在与联合利华的合作中,筷子科技在多产品线的情况下,1 小时内就能快速生成多样化创意,并推送给不同人群。

① 王苑丞,周丹.筷子科技 SaaS 自助创意系统有效性研究:基于个人用户的视角[J].中国广告,2023(5):80-85.

第三节　程序化创意目前存在的主要缺陷与基本发展趋向

一、程序化创意目前存在的主要缺陷

（一）基于产品本身而非消费者调查与分析

计算技术应用于广告程序化创意所取得的成就的确堪称辉煌，令人振奋，但是局限同样存在。机器每秒能完成 8 000 张海报的设计，能生成上千条文案，其生产效率的确非人工所能比拟，但其内容生产方式并无本质上的改变，与传统广告内容生产方式相比，其差别只在于机器智能取代了人工智慧。

进一步讲，这种海报设计与文案创作，似乎还只是设计元素与产品元素的一种智能组合，重在设计与产品的对接，并没有将目标消费者定向纳入设计的计算范畴与框架，也就是说，还只是一种基于广告产品的内容生产，而不是针对目标消费者的内容生产，更不是针对目标消费者个性化、定制化的内容生产，因此，它并不能支持"一对一"高度个性化、精准化的投放与匹配。更为重要的是，目前这种程序化创意基本上处于一种探索与实验阶段，还没有被嵌入广告业务流程与产业链条之中。

尽管有一些互联网公司与科技公司着手进行着将其嵌入广告业务运作整体流程的尝试，但却一直未能进入大规模的商用阶段，由此造成了广告产业程序化创意的"断链"与广告业务运作程序化内容生产的"缺环"，成为计算技术在实践应用中的一个严重缺陷。①

目前的广告智能化内容生产基于产品本身而非消费者调查。我们知道，传统的广告创意过程离不开前期的市场调查，尤其是消费者调查。广告创意人员要想获得一个被市场认可的好创意，既要了解产品本身，更要深入洞察消费者。智能技术目前在广告内容生产中的应用主要还是从产品本身出发，比如产品的形状、颜色、重量、款式、尺寸等。智能技术要做的主要事情就是根据这些参数进行自动化搭配和组合，从而生成若干个创意成品。这个过程虽然速度很快，成品

---

① 曾琼，马源.计算技术对广告产业发展的嵌入：基于技术可供性的视角[J].现代传播(中国传媒大学学报)，2022(7)：128-136.

也不会重样,但这里面缺乏一些很重要的参考因素,即消费者的兴趣、偏好和意愿等。很显然,这样的创意成品是一种单向度的内容生产,很难保证能够获得消费者的认可甚至喜爱。

(二) 基于元素的重新组合而非创意迸发

程序化创意能够在减少重复性劳动、降低人力成本、实现规模化产出、创意资产管理等方面发挥巨大作用,但在一定程度上来说,它还停留在运用人工智能对已有素材进行分析、总结和重组这一层面。筷子科技就明确表示“不做创意的生产者”,因为他们认识到,尽管有 AI 这种自动化决策系统的存在,但它无法替代创意迸发时的那种灵感。当缺少这种创意的灵魂之后,即使经过优化的程序化内容组合也常常会给人千人一面的感觉,减少了意外收获带来的惊喜。程序化创意能够给消费者带来“对,这就是我要的!”的体验,但却很难带来“哇,还有这个!”的乐趣。①

程序化创意生产在智能收集素材后会进行素材的智能组合,即系统将已有的素材提取出来进行自动组合,生成创意。程序化创意不会像传统广告创意那样对素材进行全面考察,而是将系统储备的成熟素材直接进行组合,素材是否合理和规范会在程序化创意系统中得到验证。程序化创意系统会根据输入的产品参数以及利用大数据技术采集到的消费者数据准确地组合素材,让素材借助智能技术优势得到合理搭配,元素重新组合可实现匹配不同环境的多样化内容投放。②

二、程序化创意的基本发展趋向

(一) 基于消费者综合智能的程序化创意

目前的广告智能化内容主要基于广告素材的智能化分解、重组和分发,对于消费者层面的考量还远远不够。无论是何种形式的广告素材,从文字、声音、图片到视频,目前各大平台和公司的广告智能化内容生产都是基于素材本身的智能化操作,也就是使用算法对素材库中的素材进行拆分、打标签、重新组合、生成成品、测试筛选然后投放出去。也就是说,在这一过程中各大平台和公司对于消

---

① 安琪,刘庆振.计算广告时代,程序化创意的机遇与难题(二)[J].国际品牌观察,2021(4):26-27.

② 赵越.数字媒体时代信息流广告的程序化创意研究[D].太原:山西大学,2022.

费者的关注和考量基本缺失。我们知道,衡量一个创意是否是好创意,一定不能缺少消费者的认可,一个不被消费者认可的创意很难获得市场效益。因此,广告智能化内容生产一定要打破仅仅基于产品本身的限制,向基于消费者综合数据的智能化生产转变,具体而言,可从以下两方面入手。

其一是广告智能化内容生产要基于消费者消费全流程数据的采集与分析。在消费者调查与分析阶段就要通过大数据的收集与分析锁定目标消费者,这就为广告智能化内容生产指明了方向。接下来就要重点关注消费行为特征。日本电通公司提出的消费者行为模型(AISAS)总结了互联网时代消费者的基本行为步骤。如果按照这一流程,就需要实时采集和分析消费者的个人数据、搜索行为数据、购买心理和购买行为数据等,然后根据这些数据适时地产出广告并进行个性化投放,并且在投放得到反馈之后要快速地进行内容调整和优化,以满足消费者的需求。

其二是广告智能化内容生产要基于消费者多维数据的采集与分析。大数据时代,网络就像镜子一样映射着消费者的一切,广告智能化内容生产要想发挥效果,就不得不全方位采集和分析消费者的多维数据。消费者多维数据主要包括消费者自身数据、消费者行为数据、消费者情感数据和消费者心理数据等。消费者自身数据主要包括消费者的年龄、性别、职业、学历、收入、家庭状况等,掌握这些基础数据有利于锁定目标消费者。消费行为数据包括消费者的搜索行为数据、购买行为数据、社交行为数据等,掌握了这些数据,就意味着对消费者的了解更深入了一步,消费者画像就更具体了,广告智能化内容生产也就更具针对性。消费者情感数据可以使用情感分析技术对消费者在社交媒体上的文本和信息进行挖掘分析获得,这有利于帮助广告智能化内容生产投其所好和规避消费者的情感禁忌。消费者心理数据的获得可以借助可穿戴设备和虚拟现实技术乃至未来的元宇宙技术。消费者在虚拟现实环境下的体验心理将直接反馈到后台,促使广告创意生产的实时调整与优化。因此,广告智能化内容生产不仅需要消费者的数据,而且需要的是全方位、立体化的多维数据。通过综合使用而不是孤立使用这些数据可以辅助、指引和优化广告的智能化内容生产。

(二)从组合走向真正的创意

程序化创意的本质仍是广告元素的解构与重新组合,一般而言很难有较大创新。在生成式 AI 快速发展的背景下,程序化创意将走向真正的创意。首先,AI 工具当前已嵌入不同领域,实现了内容的智能化自动生成。对于 ChatGPT 而言,当前作为主体自动生成内容主要有两条路径:其一,ChatGPT 以聊天机器人形态回应用户的内容生成需求,个体在与 AI 的交互过程中输入指令并不断调整,直到生成内容符合预期,目前 ChatGPT 已被广泛应用于新闻写作、广告文案等内容生产,其最新版本 GPT-4.1 已能根据指令模仿不同名人风格写出具有说服力的脱口秀段子,人工智能在创意内容生成质量上的水准大幅提高。其二,作为协作者实现组合创新,探索多模态交互,ChatGPT 可以和多种模态 AI 工具进行组合式创新,在 AIGC 领域,图片、声音、视频、3D 模型等都有相对成熟的 AI 生成工具,将 ChatGPT 与其他模态 AI 工具组合,使其成为其他 AI 模型与用户之间的沟通桥梁,允许用户通过聊天模式交互实现文生图、文生视频等功能,可以令内容生产极大丰富,成为内容工业化的重要引擎。例如,微软推出的 Visual ChatGPT 将 ChatGPT 与 VFM(视觉基础模型,Visual Foundation Models)相结合,把视觉模型信息注入 ChatGPT,使用户能够与 ChatGPT 以语言和图像的形式交互,实现在对话系统中理解并生成图片。ChatGPT 与其他 AI 工具组合完善后的跨模态生成内容模型,将打破不同形态内容生产之间的边界,实现更加多元化的创意生产。①

总之,基于消费者综合数据的智能化内容生产,将极大地克服目前基于产品自身的广告创意生产的局限性,推动广告智能化内容生产朝着更加科学化和个性化的方向发展。

▶本章小结

1.作为广告产业链中核心环节的创意生产,在智能时代面临着海量创意动态组合受限、多元场景精准匹配遭遇挑战、动态创意内容实时监测困难等问题,程序化广告应运而生。

2.程序化创意依托一定的程序化创意平台,借助大数据与创意程序化算法,其系统能够向设计师推荐相关设计素材,进而自动生成适配不同消费需求的多版本创意,并且能够对不同的广告创意进行实时投放筛选,依据这些创意的效果实施动态优化。

3.程序化创意的基本发展趋势是从组合迈向真正的创意、基于消费者综合数据的程序化创意。

---

① 陈鹏,付真.生成式 AI 嵌入创意产业内容生产的应用与风险:以 ChatGPT 为例[J].海河传媒,2023(3):12-17.

▶关键术语

1.程序化创意:程序化创意是运用智能算法,基于大数据对广告尺寸、大小、色彩等广告要素进行自动化匹配,通过广告要素的动态组合,实现广告创意与用户的场景和需求个性化精准匹配的创意生产机制。

2.消费者多维数据:主要包括消费者自身数据、消费者行为数据、消费者情感数据和消费者心理数据等。消费者自身数据主要包括消费者的年龄、性别、职业、学历、收入、家庭状况等,掌握这些基础数据有助于锁定目标消费者。

▶思考与研讨题

1.什么是程序化创意?

2.技术赋能下程序化创意有哪些优势?

3.程序化创意目前存在的主要缺陷有哪些?

4.程序化创意的基本发展趋向如何?

▶延伸阅读

1.韩霜.程序化创意的现状和发展路径分析[J].广告大观(理论版),2017(3).

2.程序化创意.https://baike.baidu.com/item/%E7%A8%8B%E5%BA%8F%E5%8C%96%E5%88%9B%E6%84%8F/16498669? fr=ge_ala.

第六章　数字广告的程序化交易与投放

▶章节大纲

1.程序化广告交易的兴起；

2.程序化广告从交易自动化走向投放精准化；

3.程序化广告交易平台及技术应用；

4.程序化广告交易与投放的智能一体化运作。

▶章节内容

本章介绍了数字广告的程序化交易。广告媒体资源的传统购买方式类似于期货市场，具有合约化交易的性质，广告交易双方并非在买卖发生的初期就进行实货交收，而是共同约定在未来的某一时间交收广告时段或者版面，结算方式则采用事先约定的价格进行。在传统的广告媒体购买交易中，广告公司与广告主需要事先商定选择哪些媒体，包括购买的具体事宜，如位置、时段、版面等，主要依赖人力完成，然后根据预算制订媒体排期。这种传统的合约化媒体购买方式流程较为烦琐，广告投放也较为固定，需要消耗较多人力。基于数据驱动的程序化交易的兴起，使得广告公司逐渐丧失了其在媒体交易业务中的优势，尤其是当广告主自建程序化交易平台或者直接与媒体端对接时，广告交易方式被彻底颠覆。

第一节　程序化广告交易的兴起

大数据、云计算、人工智能、物联网等技术的发展，催生了数字经济时代，也带来了全新的商业模式与产业形态。大数据背景下的广告产业正在发生巨大的变革与重塑，大数据技术和人工智能技术为广告交易提供了新的可能性。程序化广告可以实现广告投放的“千人千面”，精准度成为广告行业衡量投放效果的重要指标。

一、程序化交易的初始定义

技术影响媒体,媒体影响营销。各种新技术元素正高速融入我们当下的营销日常工作中,重构着上下游的合作关系和方式。程序化广告(Programmatic Advertising)的出现,利用大数据技术实现了整个数字广告的自动化。具体而言,除了允许广告主按照已定义好的用户划分来购买,还要进一步为广告主提供自行选择流量和在每次展示商品时独立出价的功能。这样的功能必然要求在进行商品展示时询价、出价和竞价,由此产生了以实时竞价(Real Time Bidding,RTB)为核心的程序化交易市场。

程序化交易是一种将交易策略交由计算机进行处理、判断并执行的交易方式。该交易方式最初源自20世纪70年代美国的股票交易组合,也有人将其称为"篮子交易"。纽约股票交易所(NYSE)曾对程序化交易下过定义,认为只要同时交易的股票总数在1个以上,并且交易额度超100万美元,就可以称其为程序化交易。芝加哥商业交易所(CME)将自动交易系统(ATS)定义为一种以自动或半自动方式生成并发送指令到芝加哥商业交易所电子交易平台(Globex)的电子系统或计算机软件。程序化交易通常与算法交易、高频交易等相关概念进行联系对比,指依托计算机技术,按既定程序高速、大规模自动执行的交易。但由于程序化交易所应用的领域较广,目前程序化交易的定义尚未达成一致。

二、广告程序化交易的兴起与初始形态

随着大数据、智能算法技术的不断发展,程序化交易逐渐渗透到数字广告领域,对数字广告的交易模式产生了新的影响。与传统广告交易方式不同,广告的程序化交易通过编写程序建立规则和模型,在对数据进行分析的基础上,依靠机器算法自动进行广告购买、投放并实时优化,"人力"在广告投放中的作用明显减弱。

(一)传统广告交易的弊端

传统广告交易由于其自身的局限性存在诸多弊端,最常见的有交易费用高、信息不对称、滥用垄断或支配性市场地位等。这一系列问题会导致交易过程推进滞缓,甚至迫使交易最终走向终结,不利于广告产业的发展。

1.交易费用高

在广告交易过程中，事前交易费用包括媒体的调查、广告主与广告公司及广告媒体之间的谈判协商等；事后交易费用包括广告播出的监测、争议或纠纷的解决费用等。因此，传统广告交易过程中容易增加交易费用：一方面，高昂的广告费用让卖家面临营销成本增加、投入产出比不断下降的问题；另一方面，广告效果时好时坏，难以保持稳定的销售增长。总而言之，传统广告交易过程中通常需要较高的投入，如电视广告、报纸广告等需要购买媒体资源，这就明显增加了广告交易费用。

2.信息不对称

信息不对称理论是指在市场经济活动中，各类人员对有关信息的了解存在差异，掌握信息比较充分的人员往往处于相对有利的地位，而信息贫乏的人员则处于比较不利的地位。传统广告市场中存在严重的信息不对称情况，具体表现为媒体对发行量或收视率的虚报与瞒报。例如，广告主在某一频道投放广告时，会根据节目收视率预估受众人群数量，但由于缺乏权威且具有公信力的第三方媒体监测机构，经常出现发行量、收视率造假的消息，从而导致广告主错误预估广告到达率，影响广告的实际传播效果。在传统交易市场中，广告媒体起着非常关键的作用，而传统广告媒体的绝对统治地位是导致信息不对称的主要原因。

3.垄断程度高

传统广告主要运用大众媒体进行广告投放，包括报纸、广播、电视等。传统大众媒体具有单向性、反馈差、互动性差等缺点，这些缺点造成了广告市场中巨大的不平等。在传统广告交易市场中，一直存在“强媒体、弱公司”的市场格局。由于媒体资源稀缺，广告媒体处于垄断地位，尤其是一些强势媒体表现更为突出。这种市场竞争状况导致媒体在广告交易中处于主导地位，有时会单方面抬高交易价格，甚至强制要求交易发生，造成滥用垄断或支配性市场地位的现象。一旦这种局面形成，就会造成广告市场中的不平等，从而损害广告产业的健康发展。

（二）数字广告的程序化交易

大数据分析技术和人工智能技术共同构成了数字广告程序化的核心支撑技

术，用以实现程序化交易的自动化与精准化。在程序化交易中，广告需求方可以通过以实时竞价为核心的程序化购买平台实现透明化的广告竞价投放交易，基于对用户触媒习惯、浏览记录、兴趣偏好、设备位置等多维度的标签分组，进行自动化的窄群投放。互联网媒体平台将广告资源位进行整合，提供给广告主，以实时竞价的方式完成广告资源的程序化购买。如北京字节跳动科技有限公司旗下的抖音平台采用的就是这种方式，抖音通过 DOU+工具实现个性化定向投放，通过选择投放对象的性别、年龄、地区、兴趣标签等，提升视频的观看、点赞、评论和互动效果。

程序化交易可以根据在线动态的消费者反馈数据，实时调整广告投放的媒体组合、定向人群、竞争出价，使广告资源得到合理分配和使用，在有限预算内让广告能够获得更多的展示机会，让更多优质目标受众接收广告，从而提升广告投放效率和智能化效果。程序化交易能根据受众的媒体接触数据进行广告投放，实现广告与受众的多屏互动，在电脑、手机、iPad 等不同终端与不同数据库之间进行对接，做到广告投放的无缝衔接。

（三）广告程序化交易的初始形态

程序化广告交易的出现旨在突破传统广告交易的各种弊端，提高广告交易的效率与精准性。程序化广告交易提升了广告买卖效率，可以有效降低人群采买成本。程序化广告交易的初始形态主要有以下四种：

1.实时竞价交易模式

实时竞价（Real Time Bidding，RTB）是最早的程序化投放模式。当受众用户访问一个媒体网站/App 时，广告主会在需求方平台（Demand Side Platform，DSP）后台设置出价和定向条件，以此来购买该用户的展示机会。ADX 广告交易平台会根据预先设定好的底价，从需求方平台的实时竞价引擎所涉及的全网投放的广告主中筛选出整体转化和收益都较高的广告主投放计划参与竞价。广告主出价后，ADX 广告交易平台会在多家需求方平台中找出全网出价最高的需求方平台，用第二出价的需求方平台的千人展示成本（Cost Per Mile，CPM）价格之上加一分钱的价格扣除出价最高需求方平台的预充值。

实时竞价交易模式对于媒体方是友好的。媒体拥有的流量，无论面对何种类型的群体，都能吸引有需求的广告主参与广告投放的竞价。然而，这种模式也存在一定弊端：资源位不确定、价格不确定，且流量来源多、种类复杂。其中很多虚假流量和低俗流量,对品牌广告主的品牌安全构成巨大威胁。因此,这种投放模式对于大多数品牌广告主而言并不友好。但对于预算有限、以效果为目标的广告主来说,RTB 模式准入门槛较低,资源丰富且灵活性很强,对其具有很大的吸引力。

2.程序化直接购买交易模式

程序化直接购买交易模式(Programmatic Direct Buy,PDB)是程序化交易中最受广告主欢迎的模式。广告主普遍更适应有保障的传统模式购买,事先与媒体确定好位置和价格后进行投放。与传统包段不同的是程序化直接购买交易模式支持受众定向,允许将适当的品牌投递给适当的用户。对广告主而言,程序化购买保障了投放效果,在帮助广告主覆盖尽可能多的目标用户的同时降低了购买成本,提升了广告主与用户的触达效果,是大型广告主的首选。

3.优先交易购买模式

优先交易购买模式(Preferred Deals,PD)指媒体与广告主提前协商,在约定价格、广告展示位置和投放时间等条件下,当符合条件的广告展示机会出现时,广告主享有优先购买权,可优先获取这些广告资源进行投放。这种购买模式并不保证展示量级,广告主也无须向媒体承诺播放量。优先交易购买采用保价不保量模式,广告主能够自主挑选流量。与此同时,媒体方会把程序化直接购买交易模式中非重点时段的剩余流量进行打包,归入优先交易购买模式的流量池中。该模式的资源大多是大型媒体的自有资源,媒体质量有保障,且无须竞价。如此一来,能有效满足交易双方的灵活性需求。

4.私有市场交易模式

私有市场交易(Private Market Place,PMP)中所有的广告位都是私有的,且已被广告主预定。私有市场交易模式将传统的私有交易市场与程序化交易市场结合起来,让用户看到最适合他们的广告,从而达到最佳的投放效果。与程序化直接购买交易模式不同的是,私有市场交易模式更具优先性和私人化。私有市场交易模式相当于买断资源,无须与其他广告主共享资源位。

三、程序化广告交易的演进

从 1995 年美国第一个在线广告联盟(Ad Network,ADN)DoubleClick 成立,

到2002年中国第一个在线广告联盟百度联盟成立；从2005年美国第一个ADX RightMedia成立，到2011年中国第一个ADX阿里妈妈Tanx成立；从2010年国外程序化交易平台ADX大批量并购期，到2014—2015年中国程序化广告需求方平台进入并购潮和上市潮，程序化广告的交易模式演进如下：

（一）传统合约广告交易

合约交易是指交易双方根据约定，在未来某一特定时间和地点，以特定价格买卖规定数量商品的行为。合约交易是在现货远期合约交易基础上发展起来的一种新型交易方式。现货交易是实实在在地进行商品交易；而合约交易是以某种商品为标的物的标准化合约交易。标准化合约是指其标的资产（基础资产）的交易价格、交易时间、资产特征、交易方式等都是事先标准化的，标准化合约的条款都是事先规定好的，具有普遍性和统一性。

传统合约广告交易模式本质上是一种担保式的广告投放模式，可以保障广告投放量与投放总金额，投放量未完成则有补偿方案，根据千人展示成本计费。传统合约交易是在大型媒体垄断流量的市场背景下出现的广告交易模式，彼时碎片化流量市场尚未被开拓，因此可将流量完整打包签订合约，这种模式本质上与线下广告交易与投放并无差异。

（二）定向+合约广告交易

定向+合约广告交易模式针对不同用户标签投放不同广告，根据每千次展示成本计费。供给方为了拆分流量与提高收入，会将整包流量切分成不同受众群体，并因此形成针对不同受众群体投放广告的定向模式。受众定向（Audience Targeting）技术将受众进行标签化，将广告投放变为分众式投放，广告变为实时响应，页面根据前端要求改变内容合约交易。在广告位有限的情况下，同一个广告展示位如果通过合约交易，就浪费了很多本来可以卖得更贵的流量。

（三）定向+竞价广告交易

竞价交易取代合约交易，不再保证投放量与合约总价，仅采取“价高者得”原则实现利益最大化。实际上，竞价广告最早产生于搜索广告（Search Ad），搜索引擎的变现模式为付费搜索（Paid Search），这也是根据用户兴趣内容的定向广告。这一广告交易模式后来被应用于浏览页面的关键词投放，即关键词广告或上下文广告（Contextual Ad）。谷歌推广并使关键词广告成为互联网广告的主要形式。

定向+竞价广告交易模式存在无法自主交易且不透明的缺点,竞价逻辑、结果、投放方式均由平台自主决定,买卖双方无法得知交易细节,也无法选择交易对象,只能通过广告网络进行托管。广告网络类似于传统广告代理商,本质是中间商,负责批量运作广告位资源。许多流量小、无法自行变现的媒体需要聚合流量平台对接广告主。然而广告网络只能根据第三方数据提供标签,仅作为流量聚合与代理交易平台,无法满足广告主对定制化标签的精准投放需求。

(四)实时竞价广告交易

由于传统竞价模式过于依赖广告网络,导致收入与营利存在不确定性,因此产生了实时竞价模式。该模式使交易过程透明化,同时满足广告主对定制化标签的需求。实时竞价的出现推动广告网络向广告交易平台(Ad Exchange)演化。通过实时竞价获取候选广告位,并根据出价完成投放决策,整个过程公开透明且能自主决策。与此同时,这种广告交易模式还能促进数据流通,进而改善或加工出特定标签,使互联网广告投放更加精准。

(五)程序化广告交易

广告投放从人工询价和购买逐渐演变为程序化交易,由机器操作代替人工,并以实时竞价交易模式为核心,发展出广告交易平台、需求方平台、供给方平台(Supply Side Platform,SSP)、数据管理平台等,构建起完整的程序化交易体系。其中,需求方平台主要负责目标用户标签化,结合数据来源与广告主需求定制标签,并选取 ADX 广告交易平台上符合自身标签的流量。供给方平台根据不同收益对比,准确预估不同广告产品的有效千人展示成本,以收益最大化为原则进行动态分配。数据管理平台为网站或 App 提供定向受众功能,协助加工定制化标签,广告主可通过数据管理平台与广告渠道进行数据对接。

第二节 程序化广告从交易自动化走向投放精准化

在传统广告信息传播过程中,传播者虽然会尽可能地对过程进行把控,但仍会不可避免地造成信息流失,很难精确地统计出到底谁看了我们的广告,并且传统媒体的单向线性传播特性也使得广告传播效果难以准确测量。数字广告的程序化交易模式的出现,使得传统的营销方式从“媒体销售”转变为“目标人群销售”。由于计算技术的嵌入,程序化广告交易进一步由自动化走向投放的精准化,这对数字广告的发展具有重要的意义。

一、程序化广告交易的自动化

以计算机网络为代表的数字技术迅猛发展,技术勃兴颠覆了原有的媒体生态版图,也驱动广告营销整体转向,迈入了计算广告时代。2021 年全球广告行业市场规模高达 6 825 亿美元,其中数字广告占 3 557 亿美元,占比 52.9%。《2022 中国广告主营销趋势调查》报告表明,短视频/直播广告已成为中国广告主的核心投放方式,元宇宙成为赋能数字广告体验的新驱动力。随着数据、算法、人工智能技术等关键要素的不断迭代更新,“自动化”成为大势所趋,也是互联网广告不断升级、进化的必然产物和题中之义。

自动化充分反映了数据智能技术对广告行业的全面渗透,对提高广告投放效率具有重要价值。一方面,从媒体平台的角度来看,自动化投放建立在对媒体资源控制力的基础上,在数据和推荐机制的助力下优化媒体资源配置,在投放过程中能够自动完成投放策略的调整,有效提升广告投放效果和效率。另一方面,对广告主来讲,自动化投放将人员从烦琐复杂的广告投放操作中解放出来,在用户精准匹配、投放效率提升和节约成本等方面均可以满足广告主的投放需求。

自动化交易依靠机器自动执行,不需要广告主或广告公司当面与数家媒体逐一商定投放位置、投放时间、投放内容等。相较于传统的人力购买方式,程序化购买一切都是自动化的、可以瞬时完成的,并且投放效果可以做到实时反馈。交易双方事先按照刊例来约定好核算方式,计算好费用,然后通过数据分析对广告主需要的目标人群进行精准定位,筛选出相关的属性维度,运用精准广告系统,在某一个或某几个网站选择相应的频道、广告位置,统一进行展示。当目标人群对于广告的点击关注达到约定数量时,一次广告投放结束。此时,时间已经不再是计量广告投放的标准,有可能一天之内,通过精准广告就能达到广告主投放广告的预期关注度。这种改变是前所未有的,尽管广告投放时间缩短了,但是整体广告投放效果却比之前更加精确,更能满足广告主的需求。

二、程序化广告投放的精准化

大数据的出现使广告传播环境发生了翻天覆地的变化,从媒体策略的制订、实施到投放后的评估,大数据技术彻底改变了广告媒体的投放方式。基于数据驱动的广告投放技术可以实现广告情境、用户与广告信息的精准匹配。

（一）用户需求的匹配

有过网上购物经历的消费者一般会有这样的体验：在淘宝、京东等购物网站上购买物品后，其行为痕迹会被记录下来，并以数据的形式保存在后台。平台通过对这些数据的挖掘分析，就可以推测出用户的现实需求。于是，当用户再次打开网页时，这些“私人定制”的个性化广告内容就会出现在眼前，广告栏里不断出现用户购买过的相关用品的广告及其可能感兴趣的物品、购买过该商品的消费者还购买了哪些物品等信息。这实际上就是大数据在广告信息传播方面的一个简单应用。在大数据时代，人们对某件事情的关注程度、态度、喜好等都可以通过数据分析获知，这样广告主就可以进行一对一的精准传播，实现广告与用户需求的匹配，从而有效地降低广告预算，提高广告传播的效果。

（二）消费场景的匹配

消费者数据中有相当一部分是行为数据，包括客户的移动数据、网络行为数据、App 使用数据、最常登录哪个网站的邮箱，甚至能发现客户经常在什么时间段看哪些节目、通过什么终端来观看等。这些都可以帮助我们了解客户在信息渠道和购买渠道上的分布情况，有助于我们选择最有效的传播策略。很多企业的广告传播活动会不自觉地将多数精力放在如何让广告内容抓人眼球上，广告创作被无数次地返工，一字一句地反复斟酌，相比之下，对于消费场景却缺乏关注。这也许与以前技术条件受限有关，我们无法获得消费场景的相关数据，所以只能笼统地看覆盖率、到达率，大致分析消费者的即时消费状态。但是在大数据背景下，位置服务（LBS）开始兴起，我们可以明确知道每一位受众的现实消费情况。知道了消费者在信息渠道和购买渠道上的分布，我们的广告投放才能真正做到有的放矢，尽可能减少资源浪费。同时，由于我们通过数据分析也能了解消费者的消费时间与地点分布情况，因此，我们的投放时机选择会更加精确，做到“对的时间、对的地点与对的人”。

（三）广告内容的匹配

在广告传播过程中，渠道选择固然重要，它是内容获得价值最大化的前提，但内容的匹配性也举足轻重。广告内容只对具体的消费者发生作用，因为消费者的兴趣喜好、语言风格、着装风格等都是以个性化的方式呈现的，借助消费者数据分析，广告主能够深度洞察其心理层面的价值观倾向、动机等，只有清楚地了解了消费者心里的想法,才能优化传播内容,引起消费者的共鸣。

大数据支持下的广告投放改变了传统广告投放模式,采用的是针对高度匹配的消费者进行一对一投放的方式。过去,消费者更多以整体形象出现,而在大数据时代,消费者的特征更加细分。以电商中常用的个性化推荐为例,企业能掌握到每一个用户浏览过什么商品,停留了多久,曾经购买过什么商品。因此,通过用户画像能知道每个用户属于哪种消费类型,其可能产生的相关需求是什么,便可以根据他们的购买记录和浏览记录推送更为精准的个性化推荐。例如,用户 A 购买了缝纫机,商家可向其推送服装布艺手工教程等上游商品以及布料、辅料等下游商品,或推荐各种压脚等相关商品;而客户 B 购买了香薰精油,那么商家便会向其推荐香薰灯以及其他香薰精油。另外一种推荐是在用户画像的基础上发现相关性关系。例如,商家发现很多买了 A 商品的人同时也买了 B 商品,尽管 A、B 商品之间既不是上下关系也不是左右关系,而商家也不明白为什么,但由于发现了这种相关性,商家可以试着将 B 商品推荐给买了 A 商品的人。所以,当我们在亚马逊网站浏览某款商品的时候,商品信息下方会出现“浏览此商品的顾客也同时浏览”以及“经常一起购买的商品”的推荐功能,而在淘宝上,当我们完成一次商品购买行为,会出现“购买了此商品的顾客也购买了……”这样的推荐。

第三节 程序化广告交易平台及技术应用

程序化广告交易已经成为当前广告交易的主流,腾讯、百度等较大的互联网公司都有自己的程序化广告交易平台。一般来讲,程序化广告交易平台主要由需求方平台、供应方平台、数据管理平台、广告交易平台和采购交易平台(Trading Desk)组成。程序化广告交易平台中的技术运用主要包括大数据技术、算法技术、实时竞价技术、人群定向技术等。

一、程序化广告交易平台及其组成

市场交易是市场主体之间自愿进行的互利互惠行为。基于数据驱动的程序化购买兴起,使得广告公司逐渐丧失其在媒体购买业务中的优势,尤其是当广告主自建程序化购买平台或直接与媒体端对接时,广告购买方式彻底被颠覆。在新的广告交易市场中,程序化交易平台扮演着连接广告需求方和供应方的关键角色。它整合各方资源,通过自动化流程和先进技术手段实现广告交易的高效运作。需求方平台(DSP)作为广告主进行广告投放的操作平台,能够根据广告主的目标受众定位和投放策略,从广告交易平台中筛选合适的广告展示机会并进行实时竞价。供应方平台(SSP)则帮助媒体将其广告资源进行整合和管理,将这些资源提供给广告交易平台,以便与需求方进行交易。数据管理平台(DMP)负责收集、整理和分析各类数据,包括消费者的行为数据、兴趣偏好数据等,为需求方平台和供应方平台提供数据支持,使广告投放更加精准。广告交易平台(ADX)是整个程序化交易的核心枢纽,它连接着需求方平台和供应方平台,通过实时竞价等机制,实现广告资源的高效分配。采购交易平台(Trading Desk)则为广告主或代理商提供一个集中管理和执行程序化广告采购的平台,帮助他们更好地协调和优化广告投放策略。

(一)主要的程序化广告交易平台

1.阿里汇川

阿里汇川平台是阿里巴巴移动事业群依托阿里集团的大数据优势以及UC庞大且高价值的用户群体。阿里汇川平台拥有海量的媒体流量,广告主可通过阿里汇川平台在UC浏览器、PP助手等平台投放广告,进行产品推广。阿里汇川平台聚合了UC浏览数据、神马搜索数据以及阿里用户行为大数据,可为每一次展现精准匹配,高效利用广告资源。该平台能够实现流量预估,便于广告主结合流量预估及自身业务需求调整优化定向条件,平衡投放精准度和用户覆盖量。广告主可以根据受众分析,调整优化定向设置,提升投放效果。平台采用灵活的方式获取账户的各类数据报表,简化操作,极大地节约了人力成本,其实时数据报表支持数据每分钟更新,且分钟级数据总量与小时级/天级数据总量保持一致。平台的汇川创意工具是基于阿里巴巴程序化广告交易背景提供的综合创意服务,秉持“新能源、新技术、新营销”的工具理念,帮助广告主管理广告创意素材相关事务,丰富广告素材类型、提高广告投放效率、助力提升投放效果。

2.百度聚屏

百度聚屏是百度的数字屏幕程序化广告投放平台。消费者碎片化、跳跃式的行为决定了品牌需要尽可能把握消费者的生活时刻,进行跨媒体传播,让品牌信息在不同类型媒体之间交叉传播、形成整合互动。百度聚屏聚合线下多类屏幕,利用百度平台优势、数据能力、AI能力,触达消费者多场景生活时刻,实现线下广告的整合化、精准化、程序化投放。百度聚屏可实现广告自动化投放，具备场景化、精准化、灵活化、可视化特点，让线下广告投放更加智能高效。相比资源分散的传统投放方式，百度聚屏可供选择的资源类型覆盖多个场景，能够便捷完成多类资源的跨屏互动。百度聚屏拥有多维度数据，支持线上一站式投放，便捷高效。

3.新浪

新浪程序化广告有三大产品：轩辕、龙渊、扶翼。首先是千人千面的新浪轩辕广告，企业通过新浪程序化广告平台的强大矩阵及多样化的广告，曝光品牌，展现产品，锁定目标用户，达到最佳宣传效果。其次是高效触达的新浪龙渊广告，龙渊基于新浪海量用户群，整合新浪门户、手浪、微博黄金资源，对目标人群在精准定向的基础上进行高效触达，是实现品效合一的智能优化广告平台。最后是高效转化的新浪扶翼，扶翼依托新浪双平台多终端海量资源，通过对新浪网、新浪微博、移动客户端的数据进行多维度挖掘，为广告主提供精准定向和创意优化双维度服务的自助竞价广告平台。

4.浩邑

浩邑是以数据洞察机会、以技术驱动营销的广告程序化交易平台，助力品牌广告主和效果广告主实现整体营销目标。其核心业务有三大板块：一是基于精准营销的广告投放平台，服务于品牌广告主和效果广告主；二是基于优质品牌媒体流量池的广告交易平台；三是基于人工智能的数据管理与数据画像服务，为广告营销效果评估提供全方位数据支持。平台通过匹配品牌方需求、人群多维度画像和最优广告投放场景，实现一站式智能化场景营销。目前浩邑的主要合作伙伴包括阿迪达斯、戴尔、凯迪拉克、德芙、肯德基、海尔等。

（二）程序化广告交易平台的组成

程序化购买已经形成基本稳定的产业链，包括需求方平台、供应方平台，以及连接二者的广告交易平台，另外还有为程序化购买提供数据支持的数据管理平台。

1.需求方平台

需求方平台是服务于广告主投放和管理广告的平台，主要为广告主服务，帮助广告主完成广告传播。接入需求方平台的广告主可以设置广告的目标受众、投放地域、广告出价等需求信息。广告主一旦设定好具体需求信息,剩余流程可交由需求方平台完成。需求方平台代表广告主在广告交易平台上寻找符合要求的媒体资源,实现广告投放"找对人"。由于程序化购买具有显著优势,很多广告主纷纷采用这种新颖的广告投放方式,例如,全球最大的日化企业宝洁公司宣布将75%的广告预算通过程序化购买形式进行投放,美国运通公司更是提出将广告预算全部投入程序化购买广告交易。目前市场上的需求方平台通常由独立第三方建立,因为需求方平台代表广告主的利益,需帮助广告主实现利益最大化。需求方平台有自己的数据中心,其中多数是广告主的第一方数据,如重定向广告用户在广告主产品内访问行为的埋点数据,以及广告投放数据(可理解为第二方数据)。通过这些有效数据,可让DSP在每次竞价时判断用户是否匹配该广告价值,例如,电商广告的主要用户是女性,若能获取性别标签,精准投放效率会更高。①

2.供应方平台

供应方平台是服务于媒体投放和管理广告的平台,服务于广告位拥有方,帮助媒体提供流量销售、信息推送和实时效果分析等服务。供应方平台是媒体和广告交易平台的桥梁,帮助媒体管理广告位,实现媒体利益最大化。与需求方平台代表广告主的利益相对应,供应方平台代表了媒体的利益:需求方平台帮助广告主与广告交易平台对接,供应方平台则帮助媒体与广告交易平台对接;需求方平台帮助广告主进行流量采买,供应方平台则帮助媒体管理广告位、售卖流量。媒体可以在供应方平台上管理自己的广告位,控制广告的展现,如展示时间、展示频次等。供应方平台作为媒体资源的代表,帮助媒体销售广告资源,它可以对媒体广告位置进行分级管理,设置展示优先级,对于高品质的媒体资源及媒体的最佳广告位,可以寻找优质广告主投放;同时,对于一些闲散的剩余流量,也可以对接其他广告主的需求,提高媒体广告收益。

需要注意的是,在国内,通常由媒体或广告交易平台自行搭建供应方平台,几乎没有独立的第三方供应方平台。媒体搭建自己的供应方平台主要是方便内部流量和广告位的管理,因为媒体通常采用将自己的优质流量单独售卖的方式,

---

① DSP/SSP/ADX 如何运作[EB/OL].(2020-01-30)[2024-03-20].https://www.jianshu.com/p/69a9db9ea2d5.

把内部长尾流量接入广告交易平台。而广告交易平台搭建自己的供应方平台主要是方便直接与各个媒体对接,减少中间环节。

3.数据管理平台

数据管理平台在程序化购买广告产业链中不直接参与广告买卖双方的交易,但其作用不可或缺。数据管理平台主要通过全方位整合各方数据,进行深度建模和人群细分,并对人群实施标签化,构建自动化人群策略,让广告买卖各方能够将策略应用于互动营销环境中,形成基于人群的广告投放,进而获得更高效率的转化效果。在现有数据处理技术条件下,数据管理平台的数据采集主要依靠消费者互联网浏览时的 Cookie 信息完成,数据来源形式仍较为单一。随着大数据技术的发展,数据挖掘与分析能力将进一步提升,数据管理平台的作用也会愈发突出。数据管理平台对于程序化购买意义重大,无论是需求方平台还是供应方平台,均离不开数据管理平台的支持。只有通过对受众数据的收集与分析,才能实现广告的精准投放。

4.广告交易平台

广告交易平台是连接需求方平台与供应方平台、促使广告交易发生的平台。无论是需求方平台还是供应方平台,要想发挥其功能,都必须通过广告交易平台建立业务关系。广告交易平台联系着卖方和买方,是一个庞大的广告交易市场,可将数家媒体与数家广告主、广告公司连接在一起。广告交易平台售卖的并非传统意义上的广告位,而是访问这个广告位的具体受众,平台根据受众特征向其投放广告,真正做到千人千面,实现人群定向投放。目前比较熟知的 ADX 有 Google Ad Manager(DFP)、Smaato、百度的 DES、阿里妈妈的 Tanx ADX 和腾讯 Tencent ADX。

二、程序化广告交易平台的技术应用

程序化广告交易平台的运作离不开相应的技术支持,大数据、计算技术与人工智能技术作为社会通用技术体系,为社会各行各业提供底层技术保障,在此基础上,程序化广告交易平台形成了包括用户与流量及其价值预测、人群定向与算法推荐、基于实时竞价的智能交易等技术体系。

（一）用户与流量及其价值预测技术

程序化购买是一种基于数据驱动的广告投放模式，依赖于大数据技术的支持。程序化交易利用大数据技术，根据互联网用户的浏览轨迹与行为数据，分析并判断消费者的需求，进而投放与其需求相匹配的产品或服务广告。在程序化交易中，广告能够针对广告位置背后的受众实现个性化投放，即在同一个广告位置上，不同受众能看到不同的广告信息。程序化交易完成了从传统的交易广告位到交易目标受众的转变，极大降低了人力成本和时间成本，提高了广告投放效率，使广告投放更加精准。在此过程中，数据无疑极为重要，大数据的核心预测功能在程序化广告交易中发挥着巨大作用，能够有效预测用户与流量价值，成为程序化广告交易平台正常运行的基础技术。

（二）人群定向与算法推荐技术

人群定向技术，即通过对用户行为数据的深入分析，找出潜在目标客群的共同行为特征，选择适当的媒体将广告投放给具有共同行为特征的受众。这种技术实际上是借助大数据生成的用户数据，找出潜在目标客群的共同行为特征，再选择适当的媒体将广告投放给这些目标受众。人群定向技术主要是为了满足广告主向目标用户投放广告的需求，即通过现有用户的行为找出未来潜在的目标人群，并选择适当的媒体将广告投放给这些目标人群。

算法推荐技术与人群定向技术紧密相关，其基于大数据分析，运用特定算法对用户行为、兴趣等数据进行处理和分析，从而精准地向用户推荐符合其需求和兴趣的广告内容。在程序化广告交易平台中，算法推荐技术根据用户的浏览历史、搜索记录、购买行为等多维度数据构建用户画像，分析用户的兴趣偏好和潜在需求，然后将合适的广告推送给目标用户。例如，当一个用户频繁浏览运动装备相关的网页时，算法推荐技术会识别出该用户对运动产品的兴趣，进而向其推荐各类运动品牌的广告、运动赛事的推广信息等。通过算法推荐技术，广告投放更加精准高效，能够提高广告的点击率和转化率，为广告主带来更好的投放效果。①

程序化广告通过基于人群定向实现信息的精准推送，大幅提高广告传播的精准度。精准度的提升意味着更贴近广告的目标人群，向这些目标人群投放广

① 周孟，朱福喜.基于邻居选取策略的人群定向算法[J].计算机研究与发展，2017，54(7)：1465-1476.

告，可以避免广告主将资金花费在非目标用户上，从而减少不必要的成本浪费。那么精准度究竟依靠什么？答案是智能算法技术。算法（Algorithm）是指对解题方案准确而完整的描述，是一系列解决问题的清晰指令，代表着用系统的方法描述解决问题的策略机制。也就是说，算法能够针对一定规范的输入，在有限时间内获得所要求的输出。如果一个算法有缺陷或不适合某个问题，执行该算法将无法解决问题。不同算法可能用不同的时间、空间或效率完成同样任务，一个算法的优劣可通过空间复杂度与时间复杂度衡量。

程序化交易通过大数据技术分析消费者需求、描绘消费者画像，此时需要使用算法技术把消费者需求和广告联系起来。通过消费者画像，算法可将用户画像和广告信息进行匹配，根据不同消费者特征推送不同广告内容，从而实现广告信息的精准推送，让广告信息只出现在潜在消费者（对的人）面前，进而提升广告传播效果。这就是算法技术在程序化广告交易中的具体应用，因此算法技术也是程序化交易平台的技术体系之一。

（三）基于实时竞价的智能交易技术

实时竞价是一种利用第三方技术在数以百万计的网站上针对每一个用户的展示行为进行评估及出价的竞价技术。实时竞价与大量购买投放频次不同，它规避了无效的受众到达，针对有价值的用户进行购买。它的核心是需求方平台，对于媒体来说，实时竞价可以带来更多的广告销量，实现销售过程自动化并减少各项费用支出。而对于广告商和代理公司来说，最直接的好处就是提高效果与投资回报率。实时竞价技术助力广告投放购买实现自动化，因此实时竞价技术是程序化广告平台的一项重要技术应用。

实时竞价技术在广告购买中的应用过程可以概括为：网络需求方平台、代理平台收到各广告主对目标受众投放广告的要求，然后根据网络各种浏览记录，筛选出与投放要求一致的潜在受众，广告代理商再根据用户数据、广告位信息计算展示价值并反馈价格，出价最高的广告主即获得在该广告位为该受众投放广告的机会。① 这就是实时竞价技术在程序化广告中的运用，助力程序化广告精准化运行。

---

① 李亦宁.大数据时代广告业的机遇与挑战[J].新闻界，2016(18)：40-44.

第四节 程序化广告交易与投放的智能一体化运作

在传统的广告交易活动中，交易的各个环节都是由人力来推进的，广告的运作绝大部分依靠人为因素推动。但是在数字广告程序化交易中，由于环境发生了巨大变化，人力在其中的作用越来越小，广告交易的整体运作已由以人力为主转换为以机器为主。

一、程序化交易是数字广告运作的基本技术框架

随着媒体环境的变化，受众注意力不断呈现碎片化趋势，消费者不再只关注某一个屏幕，而是在 PC 端、移动端甚至更多屏幕之间随时切换。对于广告传播活动而言，受众媒体接触行为的变化，必然带动广告媒体选择及投放形式的创新。传统广告投放主要针对单一媒体的内容传递，尽管在媒体选择上也采用不同媒体组合，但组合并不等同于融合，不同媒体之间存在显著差异。

传统广告交易主要依靠人力完成，即便广告主依据媒体分析及评估，制订了较为科学合理的广告媒体策略并制订了详细的广告投放计划，仍难以准确触达目标受众。传统广告投放不仅费时费力，也无法保证投放效果。由于每种媒体都有局限性，为获得尽可能高的覆盖率和理想传播效果，通常采取多种媒体形式组合，以增强广告到达率和提高接触频次。媒体投放排期涉及媒体计划的实施，具体包括广告刊播的时间、单位（时段、版面）、频次等。媒体播出监测主要是落实监督媒体投放计划，并根据情况及时调整。播出效果反馈包括广告到达率、受众反应等信息反馈。在传统广告信息传播过程中，尽管广告主尽可能进行了过程把控，但仍无法避免造成信息流失。

20 世纪 90 年代初以来，我国进入以数字技术为主导的数字时代，数字广告开始演进发展。数字技术时代之后，我国又进入了一个被称为大数据计算技术的技术时代。以大数据计算技术为主导的时代通用技术体系为数字广告的演进提供了更多更具革命性意义的行动可能。数字广告的典型表现形式之一便是“程序化交易”，借助大数据和智能算法，广告主能够对用户行为进行可视化和多点观测，同时借助数据模型和用户画像分析用户数据，从而实时优化广告投放策略，自动实现针对受众的定向广告投放与交易。受众与广告的连接是以大数据共享为核心驱动力，以智能计算为基础构建的用户需求深度挖掘、实时感应、最

优匹配的新型广告服务体系。程序化广告交易为数字广告插上了腾飞的翅膀。一方面,投放资金门槛的降低让更多企业具备成为广告主的资格;另一方面,投放技术门槛的提升让那些不具备强大技术实力的企业在投放时面临重重困难。如何将技术赋能给广告主和服务商,成为平台方亟待解决的问题。例如,阿里巴巴旗下的营销平台阿里妈妈通过搜索营销、展示营销、佣金推广以及实时竞价等模式,依托大数据实现精准投放和优化方案,帮助全网客户实现高效率的网络推广。其中的产品智钻是向全网精准流量实时竞价的展示推广平台,支持按展现收费和按点击收费。它提供的精准定向、创意策略、效果监测、数据分析等一站式全网推广投放解决方案,可帮助客户实现更高效、更精准的数字营销。

二、从消费者洞察到智能投放的广告业务智能一体化运作

程序化广告交易进一步整合了广告业务架构,以消费者洞察为起点,到程序化创意,再到程序化投放,实现了智能一体化运作。当消费者进入媒体(网站或各类 App)浏览时,打开网页的瞬间,程序化广告的运作已完成。这中间包含许多工序:用户将信息传给供应方平台,供应方平台迅速将信息发给需求方平台,需求方平台做出竞价选择,最后通过竞价结果将广告返回给用户。看似过程复杂,实际耗时极短,一切不到 1 秒即可完成,完全依靠机器智能化实现。

程序化广告交易是通过各个平台之间的相互配合、整个系统一体化运作的结果。但这个运作过程极为短暂,这也是用户进入一个媒体后马上会收到一些广告推送的原因,即程序化广告交易的结果。传统广告运作存在诸多劣势,如不同媒体间用户重合度高、无法实现跨媒体频控、大媒体单价高、中小媒体覆盖范围小、报告间隔长、难以防止作弊、按广告位采购导致商务成本高且采买效率低等。而程序化广告交易的智能化运作可实现跨媒体控制投放,整合大、中、小媒体进行媒体计划并找到最优组合,能实时查看投放表现、通过多维度报告支持深入分析洞察,同时可按人购买,最大化目标受众覆盖效率,有效提升广告投放效果。

三、广告业务运行与市场交易的智能一体化

在大数据及其技术的推动下,广告购买正在告别传统的合约化购买方式,借助技术实现程序化自动完成广告购买。程序化购买的业务运作模式解决了合约化购买中的资源浪费问题,精准个性化的广告传播提高了广告活动的效果,通过即时反馈,广告主与消费者实现动态互动。程序化交易是与传统人力交易方式

相对的广告交易方式,主要通过广告交易平台完成。在程序化交易模式运行的过程中几乎无须人力参与,广告主仅需设定一些参数,机器即可自动执行,无论是投放形式还是预算分配均更加灵活,不仅提升了广告投放效率,还降低了人力交易成本。随着 2012 年 4 月谷歌的 DoubleClick 进军中国,这种先进的广告投放方式立即引起了广告业的广泛关注,国内涌现出大量提供程序化交易服务的广告交易平台。

程序化交易使得广告投放既快又准,机器操作替代了传统的人工操作,让整个广告投放过程大大加速,广告投放进入读秒时代。在传统广告模式下,广告创意是广告传播活动的重要环节,广告传播的效果也建立在内容具有创意的基础之上。随着数字传播技术与社会化媒体的兴起,传播环境发生重大变革已是广告业发展的不争事实,广告的内容与形式都在发生变化。在程序化交易中,技术的作用越来越显著,成为广告传播活动创新发展的重要外在驱动力量。与此同时,广告创意作为广告传播活动的核心作用并未减弱,有创意的广告内容对于程序化交易仍然必不可少。否则,程序化交易的精准推送只会让受众不堪其扰。程序化交易实质上是一种由广告内容生产和市场交易共同驱动的智能一体化运作。

▶本章小结

1.程序化交易通常与算法交易、高频交易等相关概念进行联系对比,指依托计算机技术,按既定程序高速、大规模自动执行的交易。随着数字技术的出现,基于自动化与智能化的程序化广告交易模式开始出现。程序化广告交易可以实现广告投放的“千人千面”,精准成为广告行业衡量投放效果的一大指标。

2.从传统广告市场发展到数字广告市场,核心因素是技术的发展,而技术的发展也促成了数字广告程序化交易的形成。数字广告投放逐渐摆脱人力束缚,依赖计算机实现自动化交易,在大数据与人工智能技术的加持下,逐步走向智能化与精准化。

3.程序化广告交易平台由需求方平台、供应方平台、数据管理平台、广告交易平台和采购交易平台组成。程序化广告交易需要技术支持,常用的技术包括大数据技术、算法技术、实时竞价技术与人群定向技术。

▶关键术语

1.程序化交易:程序化交易是一种将交易策略交给计算机进行处理、判断并执行的交易方式。

2.实时竞价:实时竞价是一种利用第三方技术在数以百万计的网站上针对每一个用户展示行为进行评估以及出价的竞价技术。

3.需求方平台:需求方平台是服务于广告主投放和管理广告的平台,主要为广告主服务,帮助广告主进行广告传播。

4.供应方平台:供应方平台是服务于媒体投放和管理广告的平台,服务于广告位拥有方,帮助媒体提供流量销售、信息推送和实时效果分析等服务。

5.广告交易平台:广告交易平台联系着卖方和买方,是一个庞大的广告交易市场,可以将数家媒体与数家广告主、广告公司连接在一起。

▶思考与研讨题

1.程序化交易相比传统广告交易有何优势?

2.程序化广告交易应如何实现自动化运作?

3.程序化广告交易平台主要由什么组成?

4.简述程序化广告交易的智能化运作模式。

▶延伸阅读

1.马二伟.智能时代广告业务运作模式的解构与重构[J].郑州大学学报(哲学社会科学版),2022,55(3).

2.刘庆振,赵磊.计算广告学:智能媒体时代的广告研究新思维[M].北京:人民日报出版社,2016.

第七章　数字广告的效果监测及其优化

▶章节大纲

1.基于大数据建模的效果预测；

2.基于终端接收行为数据的效果监测；

3.基于实时数据的效果动态优化。

▶章节内容

随着数字媒体的快速发展，广告效果预测、监测与优化成为广告运作中的重要环节。如何准确预测广告效果，实时调整广告策略，提高广告投入产出比，成为广告主、代理商和平台迫切需要解决的问题。在本章中，我们先后讨论了：基于大数据分析的效果预测模型建构方式，以及两种主要的点击率和转化率预测模型；数字广告效果监测的主体、发展阶段、监测内容和具体指标体系；基于实时数据的效果动态优化，这部分主要讨论了效果优化策略、日常维护、广告账户实时优化技巧，以及腾讯和巨量引擎的两个广告效果优化案例。

第一节　基于大数据建模的效果预测

大数据分析对于数字广告的重要价值，很大程度上体现在广告效果预测上。通过对海量数据的收集、存储、处理和分析，我们能够了解不同用户群体及广告内容特征等多种因素之间的关联，衡量和预测不同匹配结果的投放效果，为广告投放提供精确且有价值的目标选择。大数据分析可基于机器学习对历史数据进行训练和建模，对广告的目标人群、创意元素、表现方式、时机场景等复杂因素进行测试和预测，以提高广告点击率或转化率，实现广告效果的最优化。这样的预测结果有助于广告主更好地制订广告投放策略,优化广告素材和投放对象与时机,进而提升整体营销效能。

一、基于大数据的广告效果预测模型构建

大数据时代的广告效果预测,是通过对广告特征、用户特征、平台特征及其他复杂特征的分析,找到与广告效果指标高度相关的因素,并建立数据模型,从而实现对新广告效果的预测和诊断,是数字广告研究的重要分支。对广告投放数据进行深入分析,能够挖掘出潜在规律和趋势,为广告主提供更精准的效果预测,提高投放效率。具体而言,广告效果预测模型的构建过程如下:

数据收集与预处理:收集广告投放数据,包括广告类型、投放时间、投放平台、广告内容、目标受众等信息,同时收集广告效果数据,如点击率、转化率、销售额、用户行为数据等。对收集到的数据进行清洗、去重、标准化等预处理操作,以确保数据的质量和准确性。

特征工程:从广告投放数据中提取相关特征,如广告类型、投放时间、投放平台、广告内容等;从广告效果数据中提取点击率、转化率、销售额等特征;从用户特征中抽取出人口统计特征、兴趣特征、行为特征等。结合业务背景和数据分析,选取与广告效果相关的特征,并构建其他可能的特征。

模型选择与训练:选择适合的机器学习或深度学习模型,如逻辑回归、支持向量机、决策树、随机森林、神经网络等。将预处理后的数据分为训练集和测试集,训练集用于模型训练,测试集用于评估模型性能。调整模型参数,如迭代次数、隐藏层大小、正则化强度等,以优化模型性能。

模型评估与优化:使用测试集评估模型性能,计算准确率、召回率、F1 得分等评估指标。根据评估结果对模型进行优化,如添加更多特征、调整模型参数、采用集成学习等方法,重复进行模型训练和评估,直至达到满意的性能指标。

模型部署与监控:将训练好的模型部署到生产环境中,用于预测新的广告效果。监控模型的实时性能,如预测结果的准确性、稳定性等,并根据监控结果对模型进行持续优化和调整,以保证模型的准确性和稳定性。

以上是大数据广告效果预测模型的基本构建流程。在实际应用中,还需考虑数据的实时性、模型的更新和维护等问题。这种基于大数据的预测模型采用机器学习方法,通过分析提取出的相应因素的影响关系训练模型,并用于预测新的广告投放效果,可精确到大致投放的点击数和转化率,从而更精准地预测广告效果,还能追踪当前广告效果并与预测值进行比较。

未来,在人工智能技术的加持下,数据量将更加丰富,算力与算法将更加强大,广告效果预测模型的价值也将越来越高。各类广告和互联网公司需要实现平台广告价值最大化,广告投放商也需要实现广告效果最优化,广告效果预测正好满足这种双向需求。

二、大数据广告效果预测模型

广告投放预测模型是根据广告历史数据和当前数据情况,采用数据统计与方法,预测广告投放的效果和趋势。通过广告投放预测模型,可以提前规划广告投放策略,避免投放人群效果不理想、时间不当或投放渠道不合理。常用的广告投放预测模型主要有:

(一)时间序列模型

时间序列模型是指根据历史数据建立一个关于时间的数学模型,通过预测模型,可以根据历史数据的趋势和周期性,预测未来一段时间的广告曝光量和点击率等。

(二)人工神经网络模型

人工神经网络模型是一种通过模拟人脑中的生物神经元运作来实现复杂的非线性功能预测的方法。通过此模型,我们可以在预测未来广告投放效果的同时,根据不同的因素进行多维度分析和决策。

(三)灰色模型

灰色模型是一种特殊的时间序列模型,它可以结合快速增长的因素和缓慢增长的因素对未来趋势进行预测。通过灰色模型,我们可以更加准确地预测未来广告投放效果和销售业绩。

广告投放数据分析及预测模型在广告运作过程中具有非常重要的地位和作用。当然,对于广告策略调整,也需要随时把握市场需求变化,结合市场情况和其他因素进行综合考虑。

三、大数据广告效果指标预测类型与实践

在各类广告平台上,我们可以基于大数据对各种常见的广告效果指标进行预测,ECPM(Expected Cost Per mile)即千人展示期望的广告收入,ECPM = 预估

点击率(ECTR)×预估转化率(ECVR)×目标转化出价(OCPC)×1 000,是平台和广告主都会关注的效果指标。预估曝光量、预估点击率、预估投资回报率是大数据广告效果指标的主要预测对象。

(一)点击率预估模型

广告预估点击率(pCTR,Predicted Click-Through Rate)模型用于预测用户看到广告后发生点击行为的概率。它是计算广告、推荐系统等领域的关键组件,直接影响广告排序、出价及收益优化。对于广告平台而言,帮助广告主找到精准的目标用户是其核心价值之一,而广告点击率预估是达成这一目标的关键方法。点击率预估的目的是为用户挑选最有可能点击的广告,从逻辑上说,用户点击欲望越强,越可能是目标用户。

通常,该模型需要考虑以下因素:广告特征,包括广告的质量、历史点击率、人气等;用户对广告特征的喜好,作为广告和用户相关联的特征;环境特征,包括搜索时间、搜索地点和广告展现位置等。点击率预估功能一般通过机器学习实现,如图 7-1 所示。

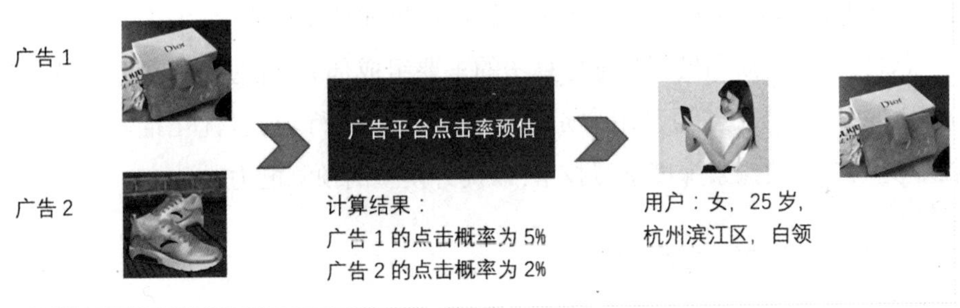

图 7-1　点击率预估案例

点击率预估模块根据用户特征、广告特征和环境特征等,计算出广告库中符合广告主定向条件的所有广告的点击概率,挑选出预估点击率最大的广告返回给用户。在以上例子①中,由于广告 1 的 pCTR 为 5%,大于广告 2 的 2%,所以返回广告 1 给用户。

广告主考虑的是回报率(Return On Investment,ROI),而媒体方则希望其收入最大化。沿用刚才的例子,广告平台若按照有效千人展示成本排序,则会返回

---

① 将能学.广告点击率预估概述(CRT 预估)[EB/OL].(2019-08-15)[2024-03-20].https://mp.weixin.qq.com/s/qjnIP23a4NY5rXMtL-sgsg.

广告 2 给用户，以实现收入最大化。从公式（有效千人展示成本＝预估点击率×价格）可知，有效千人展示成本由预估点击率和价格两个因素决定，这里仅讨论点击率预估，它是广告平台最核心的工作之一。

表 7-1　　两个广告的效果预测指标对比

	广告 1	广告 2
预估点击率	5%	2%
价格	10 元	50 元
单次点击成本	5%×10＝0.5 元	2%×50＝1 元
千人展示成本	0.5×1 000＝500	1×1 000＝1 000 元

（二）转化率预估模型

广告预估转化率（pCVR，Predicted Conversion Rate）模型是用于预测用户点击广告后完成转化行为（如购买、注册、下载等）概率的机器学习模型。其核心目标是通过历史数据、学习用户、广告及上下文特征与转化行为的关联关系，输出 0 到 1 之间的概率值，辅助广告系统进行智能出价和排序优化。

总之，转化率预测模型是推荐算法的重要组成部分，通过分析用户行为和市场环境等多维度数据，预测用户是否会进行购买等行为，以优化推荐效果。同时，业界也在持续探索深度学习技术，以提升模型的预测能力。

（三）人工智能广告效果预测

随着智能时代的到来，广告效果预测也快速智能化。通过利用人工智能及机器学习技术预测数字内容在媒体环境中的表现，广告创意测试速度与规模能够更好地满足数字营销活动的精细化预测需求，进一步提升广告效果预测的效率和准确性。

例如凯度 Marketplace 平台的人工智能预测广告效果工具（Link AI for Digital）基于凯度 Link 庞大的全球数据库，拥有全球最大的营销内容诊断中心，积累了 270 000 多支广告、超 4 000 万次人工交互与创新技术匹配，最快能在 1 小时内获得研究结果，能够帮助客户预测其在不同市场、不同品类、不同品牌的数字广告表现效果。在效果预测方面，已能实现反复多次测试、多场景测试、筛选最优广告内容、实时优化提高 ROI、归纳数字营销模式等功能。

第二节　基于终端接收行为数据的效果监测

一、数字广告效果监测的发展

（一）广告效果监测的主体

1.传统咨询机构：以索福瑞和尼尔森为代表

传统咨询机构在传统媒体监测领域深耕多年，拥有一套以“收视率”为核心的完整监测体系，在这一领域占据主导地位。互联网兴起后，这些咨询机构开始积极布局新媒体监测，寻求数字化转型。目前，这类机构的监测范围主要包括大屏和中屏（PC 端），正在尝试监测小屏（移动端），但总体来说，监测指标仍以传统的收视率、到达率为主。

2.大数据监测公司：以 Doubleclick、秒针系统为代表

以 Doubleclick、秒针系统为代表的大数据监测公司，大多在互联网第一次爆发式增长后成立，它们率先发力社交监测、视频监测、电商监测等新领域，在新媒体监测行业建立起竞争壁垒。随后，它们积极涉足移动监测、程序化购买广告监测、智能电视 OTT 监测，逐渐构建出完整的跨屏监测生态闭环。

3.移动大数据监测公司：以 TalkingData、Flurry、友盟为代表

以 TalkingData、Flurry、友盟为代表的伴随移动化浪潮成长起来的监测公司，其核心业务是移动大数据监测，也开始向综合性监测平台转型。

4.第三方监测公司：以 Admaster 为代表

以 Admaster 为代表的第三方监测公司，作为广告主第一方、媒体第二方之外的依托自有数据的管理平台，提供的服务通常包括用户洞察、受众管理及营销应用。[①] 具体来说，用户洞察指的是消费者画像及转化链路分析，受众管理指的是用户/人

① 吴玉美.信息流广告市场生态解析及对报业广告互联网化的启示[J].传媒观察，2021(7)：85-92.

群包管理及数据融合匹配管理,营销应用一般是指投放应用及投放分析。

(二)数字广告效果监测内容的演进

总体来看,我国互联网媒体形态依次经历了门户网站期、多媒体平台期及多屏融合期,数字广告效果监测的内容也经历了从“移植期”到“全流程期”,再到“跨屏期”的转变。

移植期(2003—2008 年):这一时期以门户网站广告为主导模式,受众从线下转移到线上,通过浏览、搜索、点击等人机交互方式在信息获取中掌握了一定的主动权。

全流程期(2009—2012 年):门户网站的广告额开始呈下降趋势,搜索引擎的市场规模超越了门户网站,垂直媒体、视频媒体的投放比重不断增加。这一多媒体平台格局的形成对网络广告监测提出了更高要求。

跨屏期(2013 年至今):2013 年,中国迎来了大数据元年,阿里、腾讯、新浪、百度、京东等互联网巨头先后进入实时竞价市场,带动了新的广告投放形式。广告监测行业因势利导,也开始了更精准、更规范的跨屏监测探索。

(三)数字广告监测的发展阶段

1.工具化阶段

该阶段的数字广告监测机构多从技术或基础平台入手,通过为低成本的中小型开发者提供服务来积累基础数据和资金。

2.数据化阶段

大数据技术迅速发展后,越来越多的数据服务需求开始彰显,监测技术开始和“大数据”结合,广告监测变得更多量、多维、实时。

3.生态化阶段

数据采集的技术问题已经得到解决,企业、媒体、互联网公司都搭建了自己的数据平台,广告监测公司逐渐丧失了依仗数据的议价能力,开始向“数据分析”升级。

4.智能化阶段

为有效发挥效果数据的重要反馈作用,适应广告运作的智能化转型,秒针系统、热云、友盟+等企业探索性地将人工智能技术引入广告评估领域,试图为广告主、媒体代理机构以及网络媒体提供实时、准确的全域广告监测与分析服务。

二、数字广告效果监测的内容

按监测内容,数字广告效果测量可分为三类:曝光监测、站内监测、归因监测。曝光监测属于狭义的广告监测,目前常见的广告监测指标多属于这一范畴。站内监测是对媒体特性及媒体受众特征与行为的分析,也被称为网站分析。归因监测则是由计算广告这种全新形态带来的新监测内容,具有很高的应用价值。具体监测内容如图 7-2 所示。

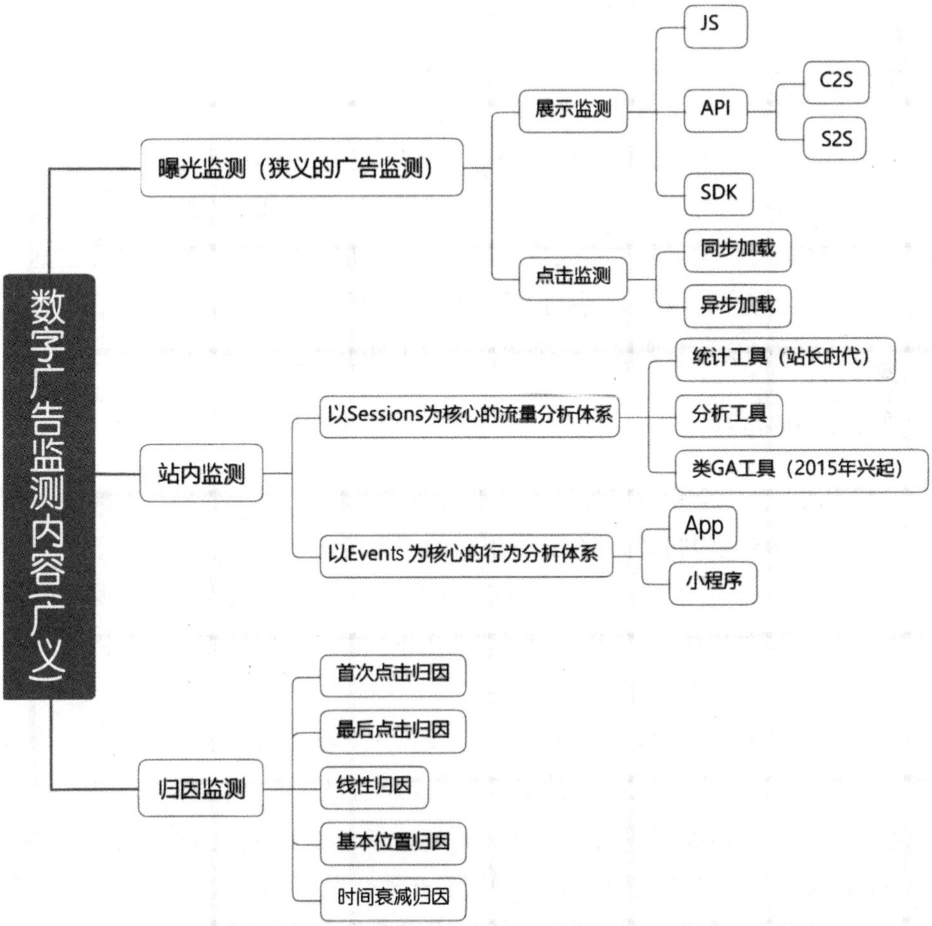

图 7-2　数字广告监测内容

（一）曝光监测

曝光监测是狭义的广告监测，相当于传统广告效果评估中的事后广告接受分析。JS 即通过页面标签技术，在页面部署跟踪代码，主动监听收集信息，触发后发送数据。应用程序编程接口（Application Programming Interface，API）是指媒体方以应用程序编程接口方式向监测平台传递监测平台认可的参数和数据，可分为 C2S（Client to Server）和 S2S（Server to Server）。C2S 指从浏览器直接发送给第三方监测平台，是主流常用的一种方式；S2S 指浏览器先发给媒体广告服务器然后再发给第三方监测平台。软件开发工具包（Software Development Kit，SDK）是指在媒体应用内集成第三方监测平台的软件开发工具包，通过软件开发工具包向第三方监测平台发送数据。同步加载是用户点击时先访问监测跳转链接，向监测平台发送数据后才打开着陆页；异步加载即用户点击时访问监测跳转链接，向监测平台发送数据的同时打开着陆页。

（二）站内监测

站内监测也叫网站分析、用户行为分析工具或增长工具，用于分析媒体特性及媒体受众特征与行为。统计型工具起源于站长时代，如百度统计、腾讯统计、CNZZ 和 51la；分析型工具如 Google Analytics 和 Adobe Analytics 等；类 GA 工具则是在 2015 年兴起的，如神策、诸葛 IO 和易观千帆等；以 Events 为核心的行为分析体系是指移动应用需要嵌入一个软件开发工具包，包含 App 和小程序。

（三）归因监测

归因监测是由全新的广告形态带来的新监测内容，用于分析在多屏或多渠道场景下广告转化的归属问题，具有很高的应用价值。目前已发展出最后一次触达模型、首次点击归因模型、时间衰减归因模型、线性归因模型等不同的广告归因模型，不同的媒体、渠道和行业可能适用不同的广告归因模型。归因监测可以分为 Web 归因和移动归因。

Web 归因目前较为完善，有很多归因模型。首次点击归因是将所有转化归因于消费者首次点击的渠道，该模型适用于品牌建设初期打造知名度；最后点击归因则将所有转化的功劳归于消费者最后一次点击的渠道，适用于转化路径少、周期短的业务；线性归因记录分析用户所有互动行为，认为每个“待归因事件”平均分配此次功劳，适用于广告主期望在整个过程内保持与用户联系并维持品牌认知度的公司;基本位置归因也称作 U 形归因,40%的转化归功于首次点击,40%归功于最后点击,剩余 20%平均分配给中间渠道,比较看重线索和最终转化;时间衰减归因则根据时间衰减曲线为不同渠道触点分配权重,适用于用户决策周期短、销售周期短的情况。

移动归因市场较大且复杂,实现方式包括 Referral 参数、ID 标识符匹配识别、模糊匹配、深度链接以及对接主流广告媒体平台打通数据等。

三、基于终端接收行为的效果监测指标

新的营销环境和消费者连接方式也对数字广告效果的监测提出了新要求。在新的广告形态下,从广告曝光到用户参与再到后期转化,广告效果监测指标已发生转移,曝光量、点击率、转化率等成为新的关键指标。学者将这些指标大体分为三类:流量指标、互动指标和转化指标,详见图 7-3。①

(一)流量指标

流量指标是描述广告展现情况和到达情况的一类指标。根据这些指标,广告主可以判断前端广告导流的流量价值。

1.点击前流量指标

曝光(Impression):指在某一网站的指定时间周期内广告被展现的总次数。对于图片类广告而言,页面中的广告被加载即实现一次曝光,若刷新页面则视为新的一次曝光。对于视频广告,视频素材首帧画面被展现即为曝光(展示),视频播放过程可分为 1/4 展示点、1/2 展示点、3/4 展示点和全部观看完毕。曝光计算方式的问题在于无法衡量用户是否真正看到了广告,页面滚动速度、广告位置等干扰因素会影响广告的可见性。

独立曝光(Unique Impression):指排除同一个用户多次曝光后的曝光数量,目前主要通过排除重复的 cookie 实现。计算广告的曝光与独立曝光的比值,能在一定程度上辨别广告是否作弊,比值过大表明用户出现重复访问行为,可能存在异常流量。

可见曝光(Viewable Impression):可见曝光是从广告可见性角度出发的指标。美国互动广告局(IAB)规定:PC 端图片广告 50%像素被展示且时间超过 1 秒、

---

① 王淼.数据驱动的互联网广告效果监测研究[J].广告大观(理论版),2017(4):31-46.

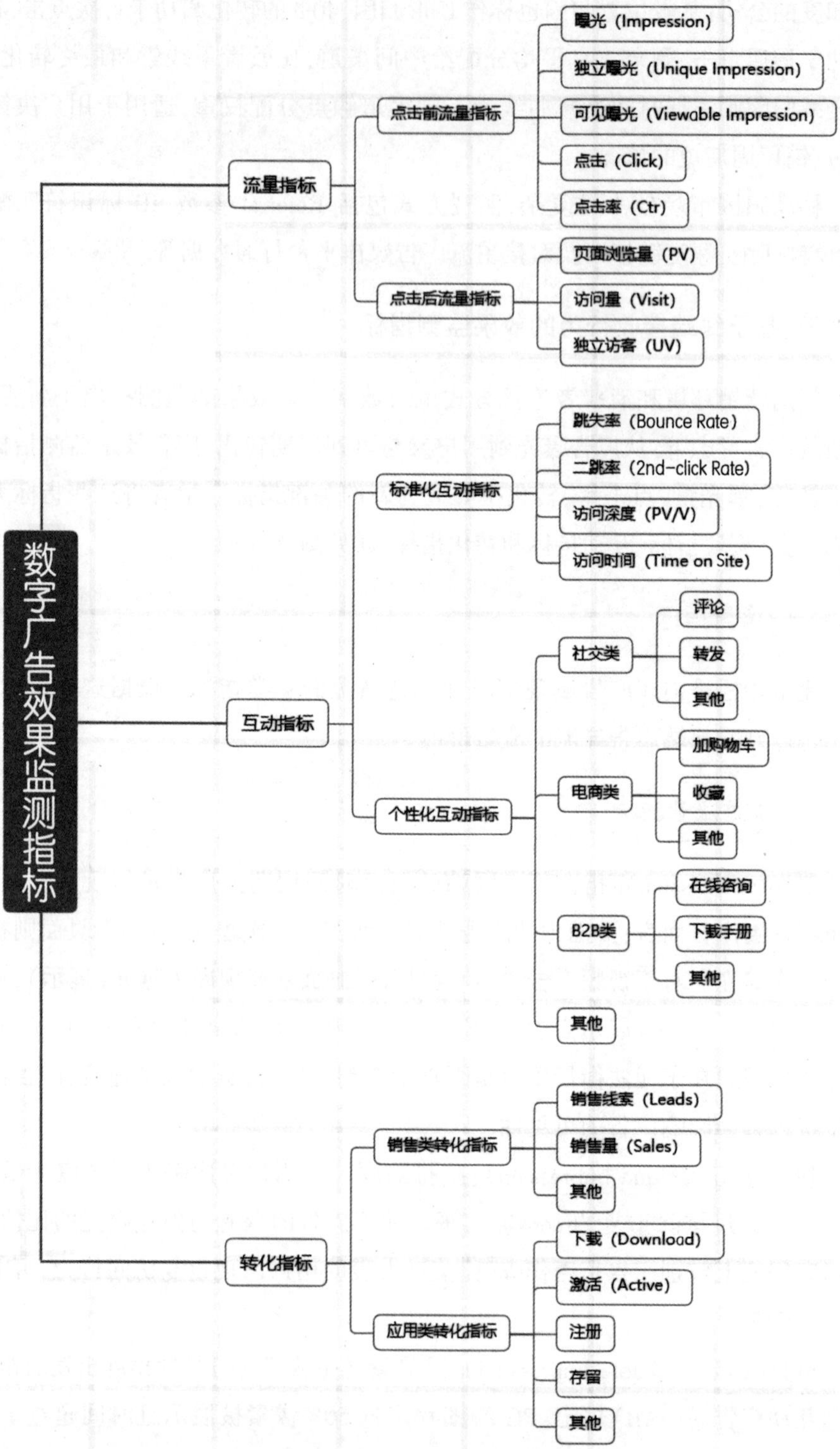

图 7-3　数字广告效果监测指标

PC 端视频广告 50%像素被展示且时间超过 2 秒可算作可见曝光;另外,对于较大尺寸的广告形式,30%像素被展示且时间超过 1 秒可算作 1 次可见曝光。

点击(Click):用以衡量广告曝光后用户行为的指标。点击是链接前端广告与后端落地页的关键行为,反映出受众对广告产生了兴趣,影响点击的因素包括两方面,一是广告投放的精准程度,二是广告创意的优劣。

点击率:点击率和曝光量的比值(Click/Impression)。点击率可对不同广告的效果进行横向比较,是反映数字广告效果最直接、最有说服力的量化指标。影响点击率的因素如下:广告投放的精准程度、广告创意的吸引力、曝光数量。①

2.点击后流量指标

页面浏览量(PV):页面浏览量是网站流量统计的常用指标,用户端发出一次打开页面的请求即可算作一次页面浏览。页面浏览量是对广告落地页进行监测时常用的流量指标之一,能够反映广告受众的兴趣和欲望被激发的程度。

访问量(Visit):访问量是网站流量分析中常用的指标,是指一段时间内用户访问网站的次数。

独立访客(UV):独立访客是用来衡量网站访问人数的指标。《中国移动互联网广告标准》中规定,在指定时间周期内访问网站的一台设备即被记为一个访客,相同设备在指定时间周期内只会被计算一次。与其他流量指标相比,独立访客是以用户为核心的度量,能够帮助广告主更精确地识别广告活动所影响的人群,也可用于识别简单的流量作弊。

(二)互动指标

流量指标描述了广告及落地页的用户到达情况,而互动指标描述的是用户的参与深度。与流量指标相比,互动指标的标准化程度较低。

跳失率(Bounce Rate):跳失率是指用户点击广告进入广告主推广页面后,未产生继续点击行为而直接离开的比率。跳失率可用来衡量外部流量的质量和网站内容对受众的吸引力——外部流量质量越高,前端广告越精准,吸引到的目标用户越多,用户进入网站后的跳失率就越低。

二跳率(2nd-Click Rate):当用户点击打开一级网站页面后,在页面上产生的

① 个人图书馆.数据驱动的互联网广告效果监测研究(一)[EB/OL].(2017-10-17)[2024-03-20].http://www.360doc.cn/mip/695634130.html.

再次点击称为“二跳”,二跳次数即为“二跳量”,其与浏览量的比值称为页面的“二跳率”。

访问深度(PV/V):访问深度是一个平均值,指一个访客在一次单独访问期间浏览的某特定网页的次数,计算方式为页面浏览量/访问量。访问深度越高,意味着访问者在一次访问中浏览的页面越多,获取的信息越多,这些访问对广告主的价值就越大。

访问时间(Time on Site):是衡量访问长度的指标,具体指访客平均每次访问所停留的时间,计算方式为总访问时间/访问量。理论上,访问时间越长,说明广告的互动效果越好。

个性化互动指标:除上述标准化互动指标还有针对不同应用类型的个性化互动指标,如社交媒体的点赞、评论、转发;电商平台的收藏、加购物车;B2B类应用的在线咨询、下载手册等。这些个性化互动指标往往反映出广告内容质量、用户兴趣与需求线索。

(三)转化指标

转化指标是对企业而言最具价值的一类指标,它能够直接反映广告活动为企业带来的收益,因此越来越受到广告主的重视。转化指标按转化方式可分为销售类转化指标和应用类转化指标,销售类转化指标即销售线索和销量等,应用类转化指标即用户的下载、激活、注册、存留等。

广告监测的采集数据量巨大,曝光跟踪、点击跟踪的数量级均达百亿级别,对网络带宽、服务器性能、存储空间都有很高的要求。通常来说,广告监测一般使用监测公司的服务器,监测费用约为广告投放费用的1%左右。此外,并非所有媒体都支持广告监测,有些媒体出于对自身数据的保护拒绝第三方监测,有些平台对广告监测仅提供有限支持,头部平台则直接自建广告监测体系为广告主提供服务。

第三节 基于实时数据的效果动态优化

一、广告效果优化策略

广告效果优化是一个动态过程,需要对广告投放的各个环节进行合理调整

和优化,以达到提高广告效果、提高投资回报率的目的。以下是一些常见的广告效果优化策略:

(一)明确广告目标

在制订广告计划之前,需要明确广告的目标和预期效果,这可以帮助广告主在后续的投放过程中对广告效果进行有效的评估和优化。

(二)合理分配广告预算

根据广告目标和预期效果,合理分配广告预算。对于不同的广告渠道和媒体,要根据其受众和竞争情况,制订合适的预算和投放策略。

(三)优化广告内容

广告内容是影响广告效果的关键因素之一。需要针对目标受众和广告渠道,制订合适的广告策略和创意,以提高广告的吸引力和转化率。

(四)精准定位受众

通过精准定位受众,可以减少广告的浪费和无效投放。需要根据目标受众的特点和行为,选择合适的媒体和渠道,制订有针对性的广告策略。

(五)实时监控和调整

在广告投放过程中,需要实时监控广告效果,对投放数据进行分析和评估,根据数据的反馈及时调整投放策略并优化广告内容,以提高广告效果。

(六)跨渠道整合营销

不同的广告渠道和媒体具有不同的特点和优势,需要跨渠道整合营销,实现广告效果的最大化。例如,可以将社交媒体、搜索引擎、直播电商等渠道进行整合,以实现多渠道协同营销的效果。

(七)不断测试和创新

广告效果优化是一个持续的过程,需要不断测试和调整。通过尝试新的广告形式、创意和策略,有利于提高广告效果和投资回报率。

二、广告效果动态优化技巧

(一)日常维护

广告动态优化是根据广告投放效果进行实时调整的过程。日常维护需持续监控广告投放的关键数据指标,如点击率、转化率、转化成本等,这些指标可帮助广告主了解广告效果,从而做出相应调整。例如,若点击率下降,可尝试调整出价、优化广告素材或扩大投放范围等。为保持广告吸引力,广告主需更新广告素材,尝试不同创意、文案或图片等,以吸引更多目标受众。针对不同创意,要根据其转化效果灵活出价,对转化效果好的创意,可适当提高出价以获取更多转化;对转化效果不佳的创意,可降低出价或暂停投放。对于效果不佳的广告计划,可将其分离出来单独优化,如尝试更换广告素材、调整出价或重新定位目标受众等。广告主应定期审查账户设置,包括预算分配、投放时间、竞价策略等,根据实际情况调整,以确保广告效果最大化。广告主应基于计划前期调整,复盘数据,对比分析找出最优投放思路,也可使用工具,如广告追踪分析工具、智能优化工具等,帮助广告主更好地了解广告效果和受众行为,从而做出更精准的调整。总之,通过不断地每日优化操作,广告主可实时调适广告投放策略,提升广告效果。

(二)账户优化

在广告投放的实操过程中,可根据“曝光—点击—访问—咨询—成交”的转化漏斗模型,将广告账户的动态优化分为流量优化和转化优化。流量优化的主要因素包括定向、出价、预算、时段、创意,转化优化包括应用下载优化、落地页优化和转化优化工具。

1.定向优化

在用户定向中,经常出现定向过窄、定向交叉或重叠等问题,优化方法是根据目标受众,结合广告主产品的用户属性,如年龄、地域、性别、使用时段等设置,提升效果转化。也可以根据效果数据进行优化,除了必选的定向投放外,实行全量投放,通过受众分析报告,查看用户属性分布,根据数据报表,去除成本高的地域、年龄段、兴趣分类,可有效降低转化成本。

2.出价优化

出价与广告展现密切相关,出价的常见错误包括出价低于行业均值、冷启动出价无竞争力、各种广告尺寸出价一致、不同手机终端出价一致、不同销售周期出价一致等,这些都会导致广告展现量低。优化方法是:新计划高出价,密切关注数据,数据走势呈现上扬和稳定趋势后逐步降价;大图建议出价高于组图、小图,iOS 出价高于安卓;参考实时转化成本、转化量级、点击率、转化率情况更改出价;若展现量低于正常水平,提价后无起色则建议更换素材或新建计划。

3.预算优化

预算的常见错误包括广告预算额度设置较小且出价低导致展现量低,账户余额不足导致的广告投放量少,预算和账户余额影响计划跑量的最终金额等。预算在设置上要根据转化量目标和历史投放效果反推预算,预算=目标转化量/转化率/点击率/1 000×千人展示成本。预算优化包括根据流量需求调整投放策略,保证账户余额充足,接近预算时及时提高预算,新计划建议设置较高预算,达到一定量级再及时调整。持续观察转化效果,按转化成本、ROI、ARPU 分配预算。

4.时段优化

时段的常见错误包括投放时段选择过窄、优质时段出价无竞争力导致展现量低。优化方法包括:根据广告主产品或服务目标受众在推广平台上的活跃时间设定;根据分时段效果选择点击率或转化效果最优的时段,覆盖优质时段;根据活跃用户高峰时间调整出价策略,把握平台用户的活跃高峰期。例如,某直播 App 下午平台质量更佳、激活成本最低,打车 App 上下班高峰期点击率较好。

5.创意优化

创意的基本原则是与产品契合、能够打动用户,样式要符合原生广告特性。创意构思可分为四步:研究产品属性—分析用户画像—脑补使用场景—切入产品卖点。在不同投放阶段,需进行不同类型的创意测试(如文案、元素等),同时不同广告平台也会提供创意灵感和创意自动化工具。

6.应用下载页优化

下载页要求 LOGO 清晰醒目、颜色鲜艳,体现应用元素;需阐述应用功能、提出对用户的价值、展现与同行相比的核心优势等。此外,还可加入近期优惠活动,以及富有特色的应用截图、用户使用截图、明星代言图等。在设置方面,要过滤已安装用户和 Wi-Fi 网络环境。

7.落地页优化

页面体验需整体美观、易用、简洁,首屏应突出吸睛卖点,线索收集目标要突出。落地页最好呈现 3—5 屏信息,且与广告素材匹配、色调一致。在互动性方面,要求目标明确、流程简洁、具有诱导性;转化目标一般设置 1—2 个,放在首屏或固定悬浮,表单字段不宜太多。

8.转化优化工具

巧用定向工具(如兴趣关键词定向和 App 行为定向)可找到精准用户,提升转化率;利用数据管理平台可实现屏蔽无效人群、重点客户重定向、扩展潜力客户等;优化千次展现出价(oCPM)是智能展示竞价工具,可精准识别转化目标群体,实现智能出价,转化成本清晰可控;通过建站工具可专享服务器、提升竞价排序、提供数据精准分析、匹配多种场景组件等。

(三)常见的优化思路

1.基于效果评估矩阵的优化

效果评估矩阵是一种组合消耗数据、效果数据,将广告放入不同象限内进行针对性调整的分析方法。在这四个象限中,左上角象限是重点“开源”的对象,需要提升曝光量;右上角象限在曝光起量期较为实用,而到了放量期就需要注意控制转化成本,必要时可通过定向、预算、时间段等方式进行“节流”;右下角的广告建议在放量期通过暂停等方式避免浪费;而左下角的广告则建议低优先级处理,先优化曝光起量,再看成本数据,如图 7-4 所示。

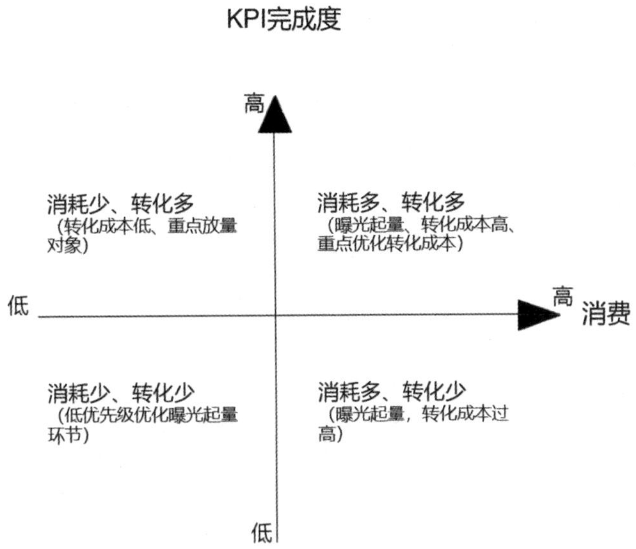

图 7-4　效果评估矩阵

2.基于转化漏斗的优化

广告转化漏斗是从曝光到点击，再到转化，最后实现付费行为的层层递进的过程。

漏斗典型场景一：表现为预算花不完，推广无效果。调整思路是提升曝光量，提高点击量。漏斗典型场景二：表现为预算花得快，推广无效果。调整思路是提高有效点击量，降低无效曝光量——无效点击是因为受众群体定位不精准，而有效点击往往转化不好。漏斗典型场景三：表现为曝光量良好，点击量偏低。调整思路是提高点击量，检查标签是否精准、创意是否吸引用户。漏斗典型场景四：表现为曝光量和点击量均不错，转化成本较高。调整思路是提升转化率，合理搭建落地页。

三、不同平台的广告效果动态优化案例

在广告效果优化实践中，不同的投放阶段往往对应不同的优化思路与技巧。在腾讯平台，体现为冷启动期、跑放量期、跑全量期；在巨量引擎平台，体现为测试阶段、放量阶段、稳定阶段。

(一)案例一:腾讯平台广告投放效果优化①

在腾讯广告平台进行广告推广时,常会遇到诸如账户计划开始投放上线后曝光量不足、无法跑量、消耗过低等问题,需要从多个方面对广告投放效果进行分析、调整与优化。

1.冷启动期间的优化工具使用与技巧

(1)一键起量

一键起量功能在新广告投放初期能够助力账户加速广告拿量进度,系统会在 6 小时内快速花完广告主对新广告设置的起量预算,帮助新广告计划快速获取更多曝光。其常规投放场景包括广告主希望广告快速起量,或希望快速获取效果反馈。同时,该功能也适用于商品大促或新游戏大推场景,能够助力广告主快速获取转化量。

(2)创意优选

创意优选可以对广告创意进行智能优化,通过优胜劣汰提升曝光机会,具体支持以下三个方面:动态创意支持在一个广告创建流程中上传多个视频、图片、文案,系统会自动交叉组合这三种创意元素,合成多个创意,每次曝光请求都会使用最优素材参与竞争和曝光。多创意支持一个广告关联多个创意,创意之间可以完全不同,同时支持更改视频、图片、LOGO、辅助文字、按钮、附加组件等创意元素,每次曝光请求都会使用最优创意参与竞争、曝光。创意优选指在动态创意的基础上智能选择最优创意,并复制最佳创意生成新的广告。

(3)起量方法

在出价方面,需要关注行业出价范围。智能竞价想要达到稳定的转化成本,在起量期要选择正确的投放模式和出价方法,这样才能快速提升广告投放量。起量期阶段,广告会经历启动和波动两个小阶段,主要表现为转化成本不稳定、日消耗不稳定。在投放模式中,建议选择“优先跑量”来帮助新账户快速建立账户模型。新账户的广告出价应参考系统提示的“建议出价”,同时查看行业出价范围,避免出价过低导致无法跑量。新账户广告的出价建议由高到低,可在建议出价范围的最高值基础上增加 10%—30%,以帮助广告更快拿量。

---

① 邹佩玲.腾讯平台如何优化广告投放效果[EB/OL].(2022-10-10)[2024-03-20].https://mp.weixin.qq.com/s/jATg7uGKJYReleqfkG6c8A.

在创意素材方面，建议提升创意的多样性和质量，从而提升账户整体的流量竞争力，实现账户计划的快速起量。

在链路设计方面，新产品特别是升级替代性产品，在创意上要鲜明突出产品特点、集中痛点。文案和商品详情页描述要一致，做到所见即所得。促销活动要有足够的吸引力，对新客降低尝试门槛，促进首次下单。减少用户操作动作，避免每一步的流失。在购买完成后添加服务号/企业客服，激励用户反馈购买体验，提升复购和裂变效率。

2.跑放量期的漏斗式优化技巧

(1)善用广告转化漏斗，分析每个环节可能存在的影响因素

广告曝光量的影响因素包括定向人群规模和广告出价／大盘竞争环境；点击率的影响因素包括定向智能性和素材创意／素材规格／素材与人群匹配度等；转化率的影响因素包括落地页设计（利益点／排版等）、跳转链路／人群匹配度等。

(2)出价及压价设置范围

跑量期上新广告的出价建议由高到低，可在系统建议出价范围的最高值基础上增加 10%—30%，帮助计划更快拿量。压价需进行滚动式压价，在现有计划基础上，每经过一段固定时期，确保每次调整时原计划仅出价变更、其他条件不变，将出价向下调整推出一个滚动期，每次压价范围在原出价的-5%以内，尽量不超过两次。

(3)账户拿量受阻，素材上新起量

日预算过低会导致系统判断账户日余额不足，从而减少账户拿量，导致现有广告失去竞争力，出现广告无点击、无转化的情况，最终失去竞争力而被过滤掉。解决方案是广告计划持续上新，以获取系统流量扶持，助力产生点击和转化。

(4)复盘投放数据，适当筛选投放地域有利于成本优化

地域是出价的重要影响因素之一，地域定向受客户预算和消费市场的影响：预算充足、品牌市场范围广的客户可以选择全国通投；预算偏低、品牌消费市场下沉的客户可以排除核心城市，有选择性地挑选重点城市，或以其他城市为主要定向地域，或选择关键性省市；对于本地化业务和连锁门店推广的投放，一般建议选择多门店附近 5 公里范围的人群投放。

3.跑全量周期的投放优化

(1)开新账户的前提条件

在优化目标不一致或新增推广商品类型时,可开新账户投放。广告投放期间,需保证账户内余额充足,避免因广告突然掉量、暂停或调价空间不足导致调价不及时而引发超成本等问题。

(2)账户预算以及推广计划预算

可根据广告主需求设置,也可设置为不限。需保证账户预算充足,避免因账户预算不足导致账户计划被限制投放。不建议设置过低预算,以免影响跑量效果或因调价空间不足导致调价不及时引发超成本等问题。广告开启后,不要频繁调整出价,应减少或禁止负向操作。

(3)数据能力共建,做好效果归因

广告主应及时归因转化数据,避免因归因不及时导致转化数据低估、引发超成本现象。同时,需按实际情况归因,不要高报或低报,避免系统模型学习出现偏差,导致跑量和成本波动。

综上,在腾讯平台投放广告期间,若想优化广告投放效果,可充分利用优化工具与技巧,以及冷启动期、放量期和全量周期的投放优化技巧,助力广告投放稳定增效。

(二)案例二:巨量引擎信息流广告账户优化①

字节跳动旗下的广告投放平台巨量引擎信息流广告账户的优化方法值得我们关注,它的优化一般分为三个阶段,分别是新用户测试阶段(1—7 天)、账户放量阶段(7—14 天)、账户稳定投放阶段(14 天以后),这三个阶段基本涵盖了整体账户投放的逻辑框架,每个阶段的优化侧重点各不相同。

1.新户测试阶段

测试周期大约为 1—7 天,主要是测试出合适的版位、合适的定向(包括莱卡定向、人群包、系统推荐)、转化好的素材和文案方向以及转化好的落地页方向。

---

① 林妙玲.巨量引擎信息流广告账户优化浅谈[EB/OL].(2022-04-03)[2024-03-20].https://mp.weixin.qq.com/s/zN67m9IuYzY7oxOVIMMGnQ.

什么是适合的版位？巨量引擎上可以投放的广告版位有头条、抖音、西瓜视频、抖音火山版、番茄小说和穿山甲。在测试阶段，需要测出适合广告投放的广告版位，如图 7-5 所示。

图 7-5　巨量引擎“广告投放位置”界面

定向测试包括地域、年龄、性别、行为兴趣标签词、人群包等测试内容，在新户测试阶段，需要找到最适合跑这款产品的定向，一般会结合后台报表的数据情况做定向优化，或者直接去做 AB 测试。AB 测试是指广告版位、素材文案、落地页相同，在定向上做区分测试。

比如，一条计划跑人群包、一条计划跑兴趣行为标签词，通过最终的两条计划的数据表现来判定产品更适合哪种定向方式。而结合后台报表数据去做优化会更精细一些，可以查看每个年龄段、地域、性别、兴趣行为标签词的表现数据，保留表现好的维度，进一步提升广告效果，如图 7-6 所示。

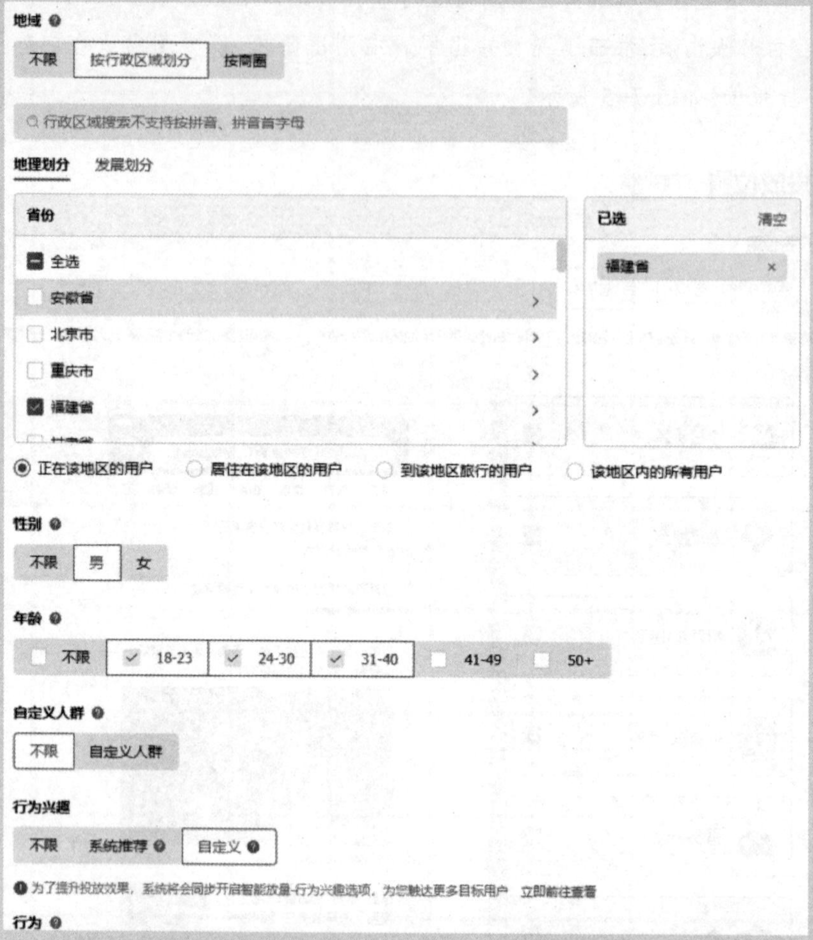

图 7–6 巨量引擎“广告人群定向”界面

在新户测试阶段需要测出转化比较好的素材方向，一般会分 3—5 个方向，如口播类、产品展示类、情景剧等，经过几天的测试，就可以大概知道这个产品适合跑什么类型的素材了。

新户测试阶段测试落地页也是一项重要内容，一般会准备 3—5 版落地页，通过 AB 测试，选出跑得最好的 1 版，或者直接使用程序化落地页。

2.账户放量阶段

测试时间大约为 7—14 天，账户整体流量呈现上涨趋势。放量测试阶段是在新户测试阶段的基础上做进一步测试的，其重心在于进一步测试出数据最好的素材，然后随着数据的积累不断放宽定向。一般会做 AB 测试，维持最好的定向、版位、落地页不变，更换素材，测出该素材方向上最能打动用户的卖点及表现形式，当转化稳定之后，持续放量。如果定向以人群包为主，可以进行人群包拓展；以兴趣行为标签词为主，可以增加一些覆盖度更广的词或者直接打开智能放量，逐步探索已选定向人群之外的目标人群。通过设置可放开定向，系统会突破之前的设置去寻找适合的意向人群，比如原来定向设置年龄区间 18—30 岁，放开之后，系统也会去探索年龄 30+那部分的人群，如图 7-7 所示。

图 7-7　巨量引擎"广告定向拓展"界面

3.账户稳定投放阶段

这个阶段大概在新户开跑的 14 天之后，账户一般趋于稳定，有稳定产出的素材和计划，不需要再做大规模测试动作。不过，由于计划和素材会产生衰减，测新素材的流量占账户整体流量的 10%—20% 即可，大部分流量仍需让表现好的素材去消耗，以获得稳定产出。当测出来新素材之后，就可以继续加大这些新素材的流量，以维持整个账户的素材活跃度。

在这一阶段，还需要注意计划的调整。账户需要维持一定的在投计划数，一般在 50 条以上。当有计划衰减后，需要及时补充新计划，以维持账户的整体流量稳定。建议每天更新计划，并淘汰掉表现不好的计划，形成一个正向循环。

那么，什么样的计划需要被淘汰呢？新计划消耗高于出价 2 倍没有转化，这类计划后续成本可能会很高，建议直接关停。之前表现好，但近期成本高的计划，需要分情况讨论，如果这条计划只是当天成本高，之前表现都不是很好，那么建议再观察 2 天，如果这条计划连续 2—4 天成本都高，那么就可以直接淘汰了。

账户稳定投放阶段更多考验的是优化师的数据敏感度和对账户的用心程度，什么时候应该关停计划，什么时候需要补充计划，账户的数据出现问题需要怎样调整，这些都需要优化师花费更多的心力去关注和调整账户。如今日头条、抖音的流量高峰期一般在早上 6 点—8 点、中午 12 点—下午 2 点、晚上 6 点—10 点，在流量高峰前 1 小时开计划有助于计划跑量。

广告效果的智能监测与优化是数字广告效果监测的新趋向。智能广告效果监测依托智能感知、深度学习、大数据等信息化技术以及平台强大的实时算力，效果监测将不再是一种事后监测，而是实时的、闭环的过程监测。随着广告智能运作的全流程化，广告效果监测将融合在广告智能化运作体系之中，AI 可以在广告创作和投放中找到最优解。具有实时计算能力的在线广告监测系统可自动预测广告效果、监测广告效果、计算效果指标并实现可视化，以实时反馈并优化广告策略。

▶本章小结

1.数字广告效果监测经历了从“移植期”到“全流程期”，再到“跨屏期”的转变，监测内容包括曝光监测、站内监测和归因监测。

2.数字广告效果的核心评估指标已发生转移，从广告曝光到用户行为，再到后期转化，数字广告效果已有大量评估指标，这些指标大体分为三类：流量指标、互动指标和转化指标。

3.效果归因模型包括最后一次触达模型、首次点击归因模型、时间衰弱归因模型、线性归因模型等不同广告归因模型。

4.基于大数据的广告效果预测模型主要有点击率预测模型和转化率预测模型等。

5.在广告效果动态优化过程中，日常维护需持续监控广告投放的关键数据指标，灵活调整投放策略，可尝试更换广告素材、调整出价或重新定位目标受众等。广告账户的动态优化分为流量优化和转化优化，流量优化的主要因素包括定向、出价、预算、时段、创意，转化优化包括应用下载优化、落地页优化和转化优化工具等。

▶关键术语

1.点击率：是衡量广告吸引力的重要指标。较高的点击率意味着广告能够引起用户的兴趣并引导用户的点击行为。广告主想要提高点击率，可以尝试不同的广告文案、图像和呈现方式，以找到最吸引人的组合。

2.转化率：指通过点击广告进入的用户形成转化的比例，其中可能包括产品购买、注册、下载等。通过跟踪转化率，广告主可以了解广告的实际效果并优化转化率较低的广告。

3.平均点击成本(CPC)：是广告费用与点击数量之间的比率。通过控制广告预算和优化广告投放策略，广告主可以降低平均点击成本，实现高质量投放和营销，以上两点可通过选择适当的关键词和目标受众、改进广告质量得分、进行竞价调整等方式达成。

4.广告曝光量：表示广告被展示的次数。广告主要增加广告曝光量，可以采用定向广告投放、增加广告投放渠道和提高广告预算等策略。

5.回报率：是广告投资带来的收益与成本之间的比率。通过计算广告投资的回报率，广告主可以评估广告活动的效果和盈利能力。

6.广告频次：指广告被同一用户重复触达的次数。过高的广告频次可能导致广告疲劳和用户疲惫，从而降低广告的效果。

▶思考与研讨题

1.数字广告效果监测指标有哪些？这些指标应该如何获取？

2.智能时代的广告效果监测有哪些新技术？

3.请查找资料，了解在不同平台上应该如何开户并建立广告计划、分别有哪些要求、需要做哪些准备。

4.请阅读第三节腾讯平台和巨量引擎平台广告优化的两个案例，试总结互联网平台广告优化的阶段性特点。

▶延伸阅读

1.王淼.数据驱动的互联网广告效果监测研究[J].广告大观(理论版)，2017(4).

2.周丽玲，郝昱佳，董梦媛.计算广告效果测量的核心问题[J].国际品牌观察，2021(4).

3.姜智彬，师梦瑶.广告智能评估：基于共振效应的识别、分析与应对模型[J].现代传播(中国传媒大学学报)，2021，43(4).

4.秦媛.智能时代网络广告效果评价体系的嬗变与重构[J].产业创新研究，

2022(20).
5.廖秉宜.优化与重构:中国智能广告产业发展研究[J].当代传播,2017(4).
6.GA 小站.在线广告监测指南(2024)[EB/OL].(2024-04-26)[2024-05-18]. https://www.ichdata.com/chat-about-ad-monitoring.html.
7.互动广告第 3 部分:效果测量要求:GB/T 34090.3—2017[S].北京:中国标准出版社,[2024-03-20]. http://c.gb688.cn/bzgk/gb/showGb? type=online&hcno=1874F99306CB01C4F2D9AC D19B93219B.
8.宋星.2022,我们如何全面衡量广告投放的效果?[EB/OL].(2022-01-25)[2024-03-20]. https://mp.weixin.qq.com/s/DsMTeCPqVimJumJArPNXyw.
9.BACer.北师大 MAP×益普索 Ipsos|广告效果预测模型探索[EB/OL].(2023-09-23)[2024-03-20].https://mp.weixi.qq.com/s/LrtByCiplk-H9m2XB7ipAw.
10.彭壮.一篇文章读懂 ECPM 与 OCPM[EB/OL].(2024-05-23)[2024-06-21].https://maimai.cn/article/detail?fid=1833701519&efid=zGnUyLnm2lKnxhMm7SDpmQ.

第八章　数字营销传播的多样业态及其运作

▶章节大纲

1.搜索引擎营销传播；

2.社交媒体营销传播；

3.电子商务营销传播；

4.网络直播营销传播；

5.信息传播平台营销传播。

▶章节内容

本章介绍了数字营销传播的多样业态及其运作。数字技术与互联网的出现掀起了新一轮营销变革。当消费者使用搜索引擎进行消费信息比对时，当“网红”“流量”比传统广告更具促销能力时，我们不得不承认数字技术已经融入各行各业，与各类消费群体进行紧密对话。当今，消费者的生活很大一部分被数字世界占领，数字化不再是一种技术、一种产品，而是消费者生活中的氧气和水源。数字技术为企业带来新的、更有活力的平台，让企业能够以更多元、相关性更高的方式与客户构建联系、影响客户，最终带动销售。数字技术的突破带来数字营销传播的多样业态，搜索引擎平台、社交媒体平台、电子商务平台、网络直播平台以及信息传播平台都无一例外地彻底改变了企业与消费者的关系，创新了营销传播模式。

第一节　搜索引擎营销传播

在互联网发展初期，由于技术与设备的门槛限制，网站数量有限，信息查找相对容易。但随着互联网技术的发展,网络中纷繁复杂的信息汇聚成信息海洋,搜索引擎作为一种信息管理和信息检索工具应运而生,它能够高效地帮助用户获得信息,对网络信息进行规整并将有效信息呈现给用户。

一、搜索引擎营销传播的兴起

(一)搜索引擎的定义与发展

搜索引擎是依据特定指标,运用计算机程序,从数据库中采集信息,在对信息进行处理后,为用户提供有价值的检索服务,将检索的相关信息展示给用户的技术系统,如谷歌、百度、雅虎等。随着网络生态环境的发展,搜索引擎这一功能已被内置在各大网络软件之中,抖音、小红书、淘宝等软件中的搜索功能都属于广义上的搜索引擎应用。用户通过关键词检索,以免费的形式运用搜索引擎,在海量信息中获取需要的、有价值的信息。

搜索引擎的"鼻祖"是加拿大麦吉尔大学师生于1990年开发的Archie,它是第一个自动搜索互联网上匿名FTP网站文件的程序,用户必须精确输入文件名才能进行搜索。1994年前后,由于万维网WWW(World Wide Web)的发展,出现了两类基于不同原理的搜索引擎。一类是利用Spider程序和超链接跟踪一个网站的链接,是有能力检索整个互联网的搜索引擎;另一类是依靠网站主动提交信息,人工输入数据和分类,建立起的一套既可搜索又可浏览的分类目录。目前,很多搜索引擎都综合了上述两类搜索引擎的基本技术思路,将人工编制的等级式分类目录和计算机检索软件提供的关键词检索手段结合起来,以完成互联网信息资源的检索任务。

(二)搜索引擎营销传播的萌芽与发展

最初,搜索服务只是各门户网站吸引用户并提升网站访问量的"免费餐",因难以找到盈利模式、无法创造利润而被忽略。20世纪末,以搜索起家的雅虎与搜狐等搜索引擎都开始转向做门户网站。1998年,Overture开始推行付费推广搜索服务,即"竞价排名",广告商们通过对指定关键词竞价得到了不同的搜索结果排名,为搜索引擎带来了丰厚的收入。随后其他搜索引擎也竞相模仿,国内百度推出的竞价排名服务便是借鉴了Overture的业务模式。"搜索力经济"成为互联网继"注意力经济"之后的又一个经济增长热点。在互联网营销发展的大背景下,搜索引擎营销传播(Search Engine Marketing)也不断向更深层次发展。从用户的角度来看,搜索引擎营销传播是指根据用户通过使用搜索引擎的方式,利用用户检索信息的机会,尽可能地将营销信息传递给目标用户;从企业的角度来看,搜索引擎营销传播是指企业通过企业网站采取提升自然排名、推出付费搜索广告(Search Engine Advertising)等与搜索引擎相关的行为,使企业网站在搜索引擎上显著列示的营销手段,目的是吸引目标受众访问企业网站。同时,由于用户搜索的内容能够反映其真正的需求,搜索引擎营销传播逐渐成为企业网站或品牌推广过程中最重要的营销手段之一。

(三)搜索引擎营销传播的特点

搜索引擎营销传播作为网络营销的方式之一,充分利用了互联网信息传播的特点,是企业进行网络营销的重要手段,其在不断发展过程中主要呈现出主动性与精准性的特点。

1.主动性

搜索引擎营销传播的主动性主要体现在两个方面:企业的主动性和用户的主动性。企业的主动性指企业通过一定的方式主动把相关信息放到互联网上,并推动其在网上传播。此外,在搜索引擎营销传播的预算安排方面,企业也可以进行自主控制和决策。例如,企业能够根据实时的营销效果进行营销策略方面的调整,还可以按需对不同的产品推广侧重点进行调整,当发现某个产品营销效果较好或较差时,可以及时调整方向,确保投资回报率持续向好。用户的主动性是指用户可以根据自己的使用诉求、选择性偏好和触媒习惯等,选择在 PC 端或者移动端主动搜索并点击浏览企业的相关信息。①

2.精准性

用户有需求才会去搜索引擎查找信息,而且用户的需求必定与所搜索的关键词高度相关。搜索引擎营销传播能够精准触达目标受众,并且可以通过多个定位条件锁定目标用户,这些条件涵盖用户兴趣、性别、地域分布、爱好、行为偏好等。用户通过设定多个条件,可以令搜索引擎展现的搜索结果与关键词精准匹配,用户搜索的关键词又与自身需求匹配,进而产生高价值的营销信息,助力

---

① 梁海龙.X 网站搜索引擎营销管理优化研究[D].南昌:南昌大学,2021.

企业依据营销需求达成有针对性的精准营销。①

总体而言,搜索引擎营销传播既有优势也有劣势。其优势主要体现在以下几个方面:首先,搜索引擎营销传播具有高度的针对性,能够精准定位潜在客户群体。其次,搜索引擎营销传播可以使企业依据不同的搜索关键词购买不同的广告,更精细地控制广告投放范围,从而更有效地吸引大量潜在客户。最后,用户还能通过搜索引擎营销传播提升品牌知名度和用户黏性。然而,搜索引擎营销传播也存在一些不足之处。首先,搜索引擎竞争激烈,众多企业要一起争夺有限的广告位。其次,搜索引擎营销传播需要持续跟进搜索引擎的规则和变化,以保障广告投放的质量与适应性,否则可能出现效果不佳的问题。最后,在初次实施搜索引擎营销传播时,许多企业可能需要投入大量时间、人力和物力来完成优化工作,这也需要企业对营销投入成本及其对公司经济效益的影响加以考量。

二、搜索引擎营销传播的模式

搜索引擎是网站推广的重要手段,也是用户发现新网站的最普遍途径。当今主流的搜索引擎营销传播有两种模式,即付费搜索广告模式(Search Engine Advertising)和搜索引擎优化模式(Search Engine Optimization)。

(一)付费搜索广告模式

在付费搜索广告模式下,企业作为广告主,根据自身产品和服务的特点向搜索引擎提供商购买关键词。当用户进行搜索时,如果输入的关键词与广告主购买的关键词相符,搜索结果页的推广链接区域就会出现广告主的网页链接。付费搜索广告根据收费机制分为定价排名机制和竞价排名机制两种。定价排名根据时间段固定收费,前三个位置的固定价格较高,后面位置上的企业链接会依次轮换显示。目前,定价排名机制基本上已被竞价排名机制所取代。竞价排名是指广告主通过关键词拍卖来就其网页链接在推广链接区域出现的位置展开竞争。在广告主针对某一关键词出价之后,搜索引擎提供商主要根据竞价和关键词相关度来决定广告主网页链接的位置,广告主支付的费用由实际点击量和价格两个因素共同决定。

① 李卫琳,阎梦薇,裴玉倩,等.搜索引擎营销在企业营销中的作用[J].现代营销(信息版),2019(1):186-187.

(二)搜索引擎优化模式

搜索引擎优化的目的是让企业的网站更容易被搜索引擎收录,且在用户通过搜索引擎检索时在检索结果中获得较好位置,从而达到网站推广的目的。该优化能够确保企业网站与搜索引擎有效连接,同时提升网站在所选关键词下的搜索结果页中的排名。搜索引擎优化又被细分为网站内容优化、关键词优化、外部链接优化、内部链接优化、代码优化、图片优化、搜索引擎登录等,通过这些方法,企业无须向搜索引擎提供商付费,即可使搜索引擎将企业的网站链接收录在搜索结果页中搜索区域靠前的位置。通常,搜索引擎优化被认为是提升企业网站排名最根本、最有效的方法,需要注意的是,搜索引擎优化对于搜索用户满意度的影响是模糊的:虽然这项技术可通过搜索引擎帮助企业更轻松地抓取和检索潜在用户,但是也可能利用搜索算法的漏洞操纵自然排名,从而扰乱搜索。因此,搜索引擎优化在为互联网市场带来新机遇的同时,也给市场和网页的搜索引擎排名带来了巨大挑战。

三、搜索引擎营销传播的运作

(一)付费搜索广告的具体运作

要想通过付费搜索广告来确保品牌的商品或服务在搜索引擎结果页面上能被顾客发现,广告主需要为展示量付费,付费选项有每次点击费用(CPC)、每次转化费用(CPA)、千人展示成本(CPM)、每次观看费用(CPV)。付费搜索广告的具体运作包括以下步骤:(1)设定明确的目标;(2)了解其他广告主的做法;(3)选择搜索引擎,不同的搜索引擎提供的价值不同,广告主需按照需求选择适合的搜索引擎;(4)研究相关关键词;(5)设置预算;(6)获取创意支持,引人入胜的广告有助于吸引受众;(7)测试和创新,若没有看到想要的结果,可以重新设置关键词或更改预算。

(二)搜索引擎优化的具体运作

1.选择合适的域名

广告主在选择域名时应尽量精短,让搜索用户能够从域名中领会其含义是最重要的,很多广告主都会用简短的拼音来代替。为了尽快显示新网站的价值,许多人更愿意投资旧域名。广告主在购买旧域名时必须考虑域名的一些影响因素,如域名以前是否受到过搜索引擎的惩罚等,旧域名的价值在于搜索引擎对其有信任感。

2.做好关键词调研和挖掘

广告主在挖掘关键词的过程中,必须选择最有价值的交易类型关键词,即要对消费者群体进行筛选。同时,广告主必须掌握竞争对手的情况,分析关键词的优缺点,做出最佳判断。核心关键词分为三类:品牌词、行业词和长尾关键词。品牌词即产品词或企业名称词,代表着企业的名称;行业词代表着客户的需求,是客户存在需求时主动搜索的关键词;长尾关键词则是较长的行业词,一般情况下,客户的搜索词越长,代表其需求度越高。

3.设计合理的网站框架

网站的结构和布局直接影响着搜索引擎和用户体验。网站结构优化包括物理结构优化、避免蜘蛛陷阱和 URL 静态化或伪静态化三方面内容。(1) 物理结构优化。网站的物理结构主要包括扁平式网站结构和树形网站结构,扁平式网站结构下的所有网页都位于网站根目录下,物理层级少,便于搜索引擎爬取和收录,适合小型网站;树形网站结构下的网页和文件根据从属关系分布在各文件夹或子文件夹中,随着层次的增加,搜索引擎的爬取速度会有所下降。(2) 避免蜘蛛陷阱。有些技术如 JavaScript、Flash 虽然可以提升用户体验,但不利于蜘蛛的爬取和语义分析,从而导致网站收录的信息较少,排名落后,因此网站应尽量避免在网页中大量使用或在权重较高的位置使用不利于搜索引擎的技术。(3) URL 静态化或伪静态化。静态 URL 的加载速度更快,更容易获得搜索引擎的信任。如果网站选择使用动态的 URL,可以对其进行伪静态处理。①

4.提升访问体验

网站要提升访问体验,需编辑高质量且清晰的 HTML,确保主流浏览器都能正常访问,并开展主流浏览器的检测工作。同时,网站要提升移动端的访问体验,简化客户使用流程,为网站提供自适应设计,使网页显示效果可根据屏幕尺寸进行调整和响应。页面布局和页面设计主要影响用户进入网站及后续使用时

① 李康.企业网站搜索引擎优化策略探究[J].科技风,2021(20):78-79.

的感受,包括用户能否一眼看到关键内容、文案表述是否清晰无误、选项使用是否顺畅等。此外,网站设计者还要注意网站的页面设计风格需契合网站主要用户的喜好。[①]

第二节　社交媒体营销传播

社交媒体(Social Media)是人们彼此之间用于分享意见、见解、经验和观点的工具与平台。社交媒体在互联网的肥沃土壤中蓬勃发展,爆发出令人瞩目的能量,它传播的信息已成为人们浏览互联网的重要内容,催生出人们在社交生活中争相讨论的一个又一个热门话题。当信息在这些圈层或关系链条中流动时,会产生意想不到的传播效果。

一、社交媒体及其发展

社交媒体也称社会化媒体,这一概念最早于2007年出现在《什么是社会化媒体》(*What is Social Media*)中,作者安东尼·梅菲尔德(Antony Mayfield)对社交媒体给出了简单的定义:“社交媒体是一种给予用户极大参与空间的新型在线媒体。”[②]互动性是社交媒体区别于传统媒体最为显著的特点,在社交媒体上,个人或组织可以自主进行内容生产和交换。“社交媒体的思想与技术核心是互动,内容主题为UGC(用户原创内容),关键结构是关系网络,表现为一种组织方式。简单地说,它就是用户信息分享和社交活动的平台,或者可以定义为基于用户关系的内容生产与交换平台。”[③]

中国社交媒体诞生的标志是1994年曙光BBS的建立,这是中国的第一个网络论坛。1994—2003年,论坛、点评网站和即时通信工具相继涌现,极大地丰富了网民的生活。在该阶段,以百度贴吧、腾讯QQ、大众点评网等为代表的社交媒体相继出现,打破了仅由少数个人和组织控制媒体的格局,拓宽了用户传播信息、沟通交流的渠道。“自2004年以来,博客、在线视频、社交网站、问答百科、微博等渐渐如雨后春笋般出现,社交媒体格局日趋复杂,网民对社交媒体的认识逐

---

① 徐小明.H公司基于谷歌搜索引擎营销的网站优化方案研究[D].上海:上海外国语大学,2021.

② 游恒振.社会化媒体的演进研究[D].北京:北京邮电大学,2012:8.

③ 阳翼.数字营销:6堂课教你玩转新媒体营销[M].北京:中国人民大学出版社,2015:3.

步加深。”[①]该阶段形成了“用户创造内容”的特点,使网民有了“自媒体”平台,推动了网民多平台知识互动、协同创造、多媒体形式表达的积极性。

自2011年开始,社交媒体进入融合发展时代,跨界整合开始成为新的尝试。通过不断地完善功能、改进社交体验,社交媒体逐渐成为开放的平台。社交媒体已经不再指向某个具体的产品,而是发展成为广义的社交网络服务。[②] HubSpo发布的《2023年全球社交媒体趋势报告》显示,社交搜索正变得比搜索引擎更受欢迎,在过去的一年中,TikTok已经超过谷歌成为“千禧一代”的主要信息来源。87%的社交媒体营销人员认为,消费者将更频繁地通过社交媒体搜索品牌,而不是通过搜索引擎。数据显示,近四分之一(24%)的18—54岁的消费者已经选择优先通过社交媒体搜索品牌,在“千禧一代”中,这一比例升至36%。

二、社交媒体营销传播的模式

自2009年微博诞生,中国的Web2.0时代便已拉开帷幕,到2011年,微博营销开始发酵,2012年8月微信公众平台上线,微信营销逆势而起,“双微运营”(微博和微信运营)成为中国社交媒体营销的标配,大部分社交媒体营销都围绕微博、微信及其形成的关键意见领袖(Key Opinion Leader,KOL)生态进行,这种情况持续了许多年。[③] 随着移动互联网的发展,中国的社交媒体开始呈现出多元化、复杂化的特点。中国的社交媒体营销传播开始从“双微运营”转向全平台营销,社交媒体营销形态逐渐丰富多元。

(一)事件营销传播模式

社交媒体的事件营销传播,是指企业或组织以社交媒体为传播平台,通过精心策划,让公众广泛关注并参与到事件中,借此吸引公众注意力,以完成增进企业与公众的关系、塑造良好形象、谋求长远利益的营销推广行为。正如现代营销学之父菲利浦·科特勒所言:真正的广告不在于制作一则广告,而在于让媒体讨论你的品牌,以达成广告效果。事件营销传播通常需要借助媒体的力量,使广告主的产品或服务成为消费者谈论的话题,因此事件营销传播通常与话题营销传

① 游恒振.社会化媒体的演进研究[D].北京:北京邮电大学,2012:13.

② 吕宇翔,纪开元.流动的身份展演:重访社交媒体演进史[J].现代传播(中国传媒大学学报),2021,43(5):7-13.

③ 钛媒体.【观点】双微运营已死,全社交平台营销才是下一个趋势[EB/OL].(2017-07-02)[2024-03-20].http://www.tmtpost.com/2681509.html.

播结合使用。

企业可以抓住当下比较吸引眼球的新闻、热点事件,策划一些与之相关且暗含自身企业产品或服务信息的营销活动和话题,吸引消费者的目光,从而让线上线下对这些事件感兴趣的人积极参与,提高受众对品牌或产品的认知度。企业还可以利用或策划一些容易引发反响、具有新闻价值的事件和话题,引起网友的关注,然后根据舆论走向,找准角度,定位自己企业的产品或服务,从而迅速提升企业知名度。

事件营销传播讲究方法和创新,一旦成功,带来的效益不可估量。2022 年,蜜雪冰城便通过结合具有社会话题性的天气元素,打造了为新品预热的系列事件和话题,实现了营销出圈。首先,蜜雪冰城通过外卖平台门店集体换黑色头像的方式吸引大众眼球。其次,"蜜雪冰城黑化"话题登上微博热搜,进一步推动了话题的讨论热度。此时,全国范围内连续的高温天气,为"蜜雪冰城黑化"提供了"晒黑"这一更为有趣的理由,扩大了话题传播面,增加了话题的讨论热度。最后,官方亲自回应,揭示谜底为"推出桑葚系列新品"。整个事件做到了用户与品牌的深度互动,最大限度地制造和利用话题热度激发了用户对新品的好奇心和购买力。

(二)病毒式营销传播模式

基于同质化人群的组织结构和辐射而无限延伸的传播模式,在社交媒体上很容易产生病毒式营销传播。病毒式营销传播是指社交媒体上的推广信息通过用户的口碑传播,像病毒一样快速扩散,利用病毒式快速复制的方式,让社交媒体上的个体为企业宣传,并传播到数以千计甚至数以百万计的受众。

病毒式营销传播的信息传递策略是通过用户的自发转发将信息廉价复制,实现"让大家告诉大家",从而迅速扩大影响。因此,病毒式营销传播是社交媒体营销传播中性价比最高的方式。病毒式营销传播的关键在于扩大品牌或产品信息的传播范围,而用户的转发则成为决定病毒或营销传播广度的核心因素。[①] 互联网数据中心(Data Center of China Internet,DCCI)的调研数据显示,高达 89.4%的受众表示会将喜欢的网络视频推荐给朋友或同事。在病毒式营销传播中,如何找到合适的诉求点,是企业需要重点思考的问题。

---

① 周懿瑾,陈嘉卉.社会化媒体时代的内容营销:概念初探与研究展望[J].外国经济与管理,2013,35(6):61-72.

视频是病毒式营销传播的最佳载体。优秀的病毒式营销传播视频要明确本企业的品牌诉求、产品或服务的传播信息和卖点，并能以品牌主张或产品信息为核心，创作出情节曲折、节奏紧凑、能引起受众情感共鸣的内容，以此吸引观众转发。

（三）裂变营销传播模式

裂变营销传播脱胎于病毒式营销传播，其凭借低成本、高效率、指数级增长、易发动等优势，迅速席卷社交网络，成为近几年颇受青睐的营销传播模式。裂变营销传播通过直接给予用户红包、优惠券等奖励，激励用户转发分享，帮助品牌不断开拓新用户，实现以老用户带动新用户的营销传播方式。

裂变营销传播以传统终端促销为基础，整合关系营销，尽可能覆盖用户的社交关系。本质上，裂变营销传播与病毒式营销传播具有相似的显著特点，即利用用户的关系网和交际圈实现自主扩散传播，核心在于让用户主动分享和推广。[①]病毒式营销传播的引发点在于话题本身，偏向内容传播，用户的分享更多出于自发，而裂变营销传播更多需要通过利益来推动。裂变营销传播将部分原本用于传统媒体广告的费用直接让利给普通消费者，使营销传播行为直接与终端用户进行。因此，从某种意义上来说，裂变营销传播将数字营销乃至数字广告又推向了新的阶段和新的高度。

恰当使用社交裂变营销传播，创造用户“由 1 变为 N”传播奇迹的案例并不少见。瑞幸咖啡在初创时，巧妙地通过社交媒体发起裂变营销传播，采用新用户免费领咖啡、推荐朋友领优惠券的营销策略，迅速扩大用户规模。瑞幸咖啡品牌从创立到赴美上市，仅用了短短 18 个月。

（四）关键意见领袖营销传播模式

关键意见领袖是指在人际传播网络中经常为他人提供信息，并对他人施加影响的“活跃分子”。他们在大众传播效果的形成过程中起着重要的中介或过滤作用，通常由他们将信息扩散给受众，形成信息传递的两级（多级）传播。在微博上，关键意见领袖的一举一动都受到粉丝的广泛关注，一个具有影响力的博主可以轻松影响一大批潜在消费者，因此维护与关键意见领袖的关系极其重要。关键意见领袖营销传播，就是通过那些在特定领域拥有影响力的人物，让品牌和产

① 张凯.2019 年新营销趋势[J].知识经济，2019（11）：50-53.

品与受众建立联系并且保持互动。如果运作良好，关键意见领袖可以为营销推广计划带来可信度，增强品牌属性，获得潜在客户。企业如果能够利用关键意见领袖进行品牌和产品的宣传，效果将事半功倍。企业应结合自身资源和产品特点，主动选择适合的关键意见领袖，借助其个人影响力，使产品的核心价值和知名度得以迅速传播。但要注意，企业需选择符合企业形象的关键意见领袖，同时，其粉丝群体也应是产品的潜在消费群体。

近几年，被称为关键意见消费者（Key Opinion Customer，KOC）的新概念进入了社交媒体营销领域。关键意见消费者不同于典型名人、专家或公众人物，他们是在某一特定领域工作或专攻某一领域的个人，他们经常分享与自己兴趣相关的社交媒体内容，我们可将其定义为"乐于社交分享的品牌忠实追随者"。关键意见领袖与关键意见消费者既相似又有所不同：关键意见领袖在一定领域有相当话语权，能产生话题影响力，其行为是一种单向的意识输出，其目的是"推"；关键意见消费者则主要基于消费身份分享生活经验和产品使用感受，与其他消费者相互交流，其目的是"晒"。

三、社交媒体营销传播的运作

社交媒体营销传播不仅是利用社交媒体发布营销推广信息，更重要的是利用社交媒体与用户互动。不同形态的营销传播模式有不同的规则和流程，企业只有熟练掌握并灵活运用不同的营销传播模式，才能使品牌立于不败之地。

（一）事件营销传播的运作

1.创造传播性话题

事件营销传播离不开社交媒体的话题讨论。企业可以在社交媒体上抛出幽默、恶搞、争议、社会热点等话题，制造讨论的触发点，并寻找恰当的时机介入，助力话题波及更广泛的群体，激发用户转发分享。在此过程中，企业要巧妙地植入营销的产品或品牌信息，提高产品曝光度和曝光频次，潜移默化地影响用户。在蜜雪冰城为桑葚系列新品宣传的过程中，"蜜雪冰城黑化"这一话题中的"黑化"便是一个极佳的讨论触发点，伴随着网友的传播和讨论，蜜雪冰城的品牌信息也获得了极高的曝光度。

2.监控话题态势

在事件营销传播过程中,企业要对社交媒体上的话题进行密切监控,根据话题态势的发展灵活调整营销节奏。在自由、开放、多元的网络环境中,用户卷入式的话题存在过程难以把控、走势不确定性等问题。2022 年,“宝洁会员中心”微信公众号以科普形式发布的文章《女人脚臭是男人的 5 倍？不信现在闻一下!》,本意是推销品牌的除臭产品,随后却被网友指责涉嫌“侮辱女性”,即便后来企业致歉,用户也并不买账。这就向企业敲响了警钟,企业要防范话题失控,避免事件营销变为危机事件。

3.评估效果

企业在发起话题营销后,常常因缺乏明确目标而导致营销计划制订不完善,或者出现一些突发情况。因此,企业在完成话题营销后,还要对话题营销产生的效果或影响力进行评估,总结经验,以帮助企业开展更多有价值的低成本营销。

(二)病毒式营销传播的运作

1.制造高质量“病毒”内容

高质量“病毒”内容的关键是传播力要足够强。企业在制作“病毒”内容时,通常有两种途径:第一种途径是关注内容上的情感共鸣,通常以爱情、亲情与友情等人们共同的情感价值与用户的情感、理念和信仰相勾连,将其作为提升传播力的法宝;第二种途径是关注形式上的易传好记,往往是简单、重复的魔性洗脑类内容,如溜溜梅的“你没事吧”、蜜雪冰城的歌曲《蜜雪冰城甜蜜蜜》等。

2.发布“病毒”内容

“病毒”内容的发布并非随意之举。毋庸置疑,广告发布应该选择那些用户较多、互动性强、传播速度快的平台,“两微一抖”(微信、微博、抖音)可能是最佳选择。但伴随着流量碎片化,广告投放也不可避免地呈现碎片化趋势,除“两微一抖”外,背靠微信社交生态的视频号迅速崛起,用户拥有中长视频观看习惯的 B 站独树一帜,致力于“种草”的小红书也备受青睐。智能音箱品牌小度的宣传片《老杜》片长 12 分钟,企业便将 B 站作为这支微电影的主推平台,以契合用户观看中长视频的习惯。因此,企业只是盲目地在“两微一抖”投放广告已不是最佳选择,还需结合广告调性和消费者特性,合理选择"病毒"内容的投放渠道。

3."病毒"内容的变种和再传播

病毒式营销传播具有周期性,一般来说,随着时间的推移,"病毒"内容的传播力会逐渐衰减。因此,企业想要保持传播力、吸引用户继续参与传播,就要及时更新"病毒",不断植入新的"病毒基因"。以溜溜梅为例,从"你没事吧"的视频广告到"你没事吧"的表情包,便完成了"病毒"内容的进化。

(三)裂变营销传播的运作

1.设置"诱饵"

"诱饵"必须是对目标用户有价值的东西。在设置"诱饵"时,企业往往需要综合考虑三个原则:用户非常想要的、品牌自身可以提供的、与品牌方的产品或服务相关的。以拼多多为例,在其"砍一刀免费领产品"活动中,用户通过分享砍价领取的产品是平台按照用户喜好筛选后由用户自主选定的平台内产品。

2.选择"种子用户"

用户的消费习惯、媒体使用习惯、活跃程度等各不相同,用户在裂变营销传播过程中的参与度和角色也存在差异。因此,裂变营销传播往往需要一部分"种子用户"。一般来说,裂变营销传播活动的"种子用户"往往具有高平台活跃度、高产品好感度、高社交分享意愿,以及高活动参与意愿的特点。

3.设计裂变规则

裂变营销传播的核心是裂变规则的设计,常见的裂变形式有分享裂变、邀请裂变、拼团裂变等。裂变规则的设计需要具备简单、易上手等特点,以便向社交媒体账号引流。在这个过程中,企业需要按照裂变流程设计并制作相应的物料,比如裂变 H5 或小程序、裂变海报、奖励福利等。拼多多平台为了方便用户分享,在分享渠道上设置了平台内分享、平台外分享,在分享方式上设计了口令分享、二维码分享、链接分享等多种形式。

4.开始裂变活动

企业需要设计裂变营销传播活动的投放计划,将裂变营销传播活动投放到目标种子用户的社交媒体中，例如，使用微信公众号推送、小程序推送、广告投放、关键意见领袖或关键意见消费者合作等推广方式。企业将活动信息快速传递给目标受众，在短时间内通过集中的宣传手段，产生高度的关注度和互动，一旦引发关注，就能够迅速传播，吸引受众进行更多的参与和讨论。

5.监测优化

在裂变的过程中，企业需要实时监控活动的效果，及时根据数据调整策略，如福利力度、福利领取难易度等，将关注转化为粉丝，将粉丝转化为用户。拼多多平台的砍价活动在不同阶段的难易程度不同，前期相对容易而后期较难，其目的是控制平台成本、确保用户持续参与。

（四）关键意见领袖营销传播的运作

1.制订投放策略

首先，品牌方需要明确营销传播活动的目的。基于不同目的，企业需要制订不同的投放策略，如宣传品牌理念、提高知名度、新品推广、活动宣传、增加产品销量等。其次，品牌方要确定营销传播预算，预算基本决定了关键意见领袖营销传播的规模。最后，品牌方按照已确立的宣传目标，通过市场调研的方式进行横向的竞品分析或纵向的广告数据深挖，制订投放策略。

2.选定意见领袖

无论是借助传统的头部关键意见领袖“种草”，还是进行关键意见消费者的大量投放，核心依然是达人本身，优质的关键意见领袖是品牌“种草”的保障。品牌方在广告投放前需要从达人粉丝画像、内容维度、趋势指数等多个维度对关键意见领袖进行衡量。此外，品牌方也要考虑关键意见领袖的形象与品牌形象、活动主题和产品特色是否匹配，所选关键意见领袖是否存在负面信息等问题。2021 年 10 月，劳斯莱斯邀请网红博主“晚晚林翰夫妻”参与品牌宣传，试驾视频发布后引发众多网友不满。网友称“晚晚林翰夫妻”存在“作假炫富、涉嫌辱华”行为，与劳斯莱斯的品牌调性不符。随后，劳斯莱斯发表声明并下架视频。

3.内容策划与投放

对品牌方而言，策划和投放内容也是关键意见领袖营销传播的重要一环。

品牌方发布的内容除了要保证品牌的曝光度,还要符合投放平台的内容生态与关键意见领袖的内容风格,以嵌入信息流的形式取得更好的传播效果。另外,内容版权相关事宜也值得品牌方注意,品牌方需提前与关键意见领袖或其所属多频道网络(Multi-Channel Network,MCN)确认发文内容的版权归属、版权时长、是否需要另外付费、品牌方是否可以将内容跨平台投放等问题。

4.评估效果

内容投放后,品牌方需参考最初设定的活动目标评估营销传播的效果,追踪粉丝讨论主题、热帖及转发量等数据,综合评估关键意见领袖的实际表现、品牌或产品口碑及用户购买意愿、是否触达目标并引发讨论、是否使用水军等。随后,品牌方应根据数据积累及通过管理关键意见领袖,建立品牌的关键意见领袖合作数据库,为后续开展营销传播活动提供参考依据。

第三节　电子商务营销传播

自 1994 年美国诞生世界上第一笔电子商务交易以来,在随后的数十年间,电子商务的形式发生了巨大改变。对于企业而言,这意味着电子商务已成为消费者购物的"新常态"。随着互联网的发展,消费者会出现在不同屏幕上,且时常在不同屏幕间转移,移动电子商务成为人们重要的购物渠道,甚至有许多消费者在实体渠道购物时也采用移动手段进行交易。企业的营销不能仅满足于搭建网络平台,而要积极主动地运用移动电子商务手段提升用户的交易体验。

一、电子商务发展

电子商务是为企业或个人提供网上交易洽谈的重要场所。企业、商家可充分利用电子商务提供的支付平台、安全平台、管理平台等共享资源,高效且低成本地开展商业活动。

国内电子商务的萌芽可追溯至 1998 年,世纪互联通信技术有限公司完成了中国第一笔互联网电子交易。随后几年,8848、阿里巴巴、携程网、当当网等电子商务平台陆续涌现。此阶段,电子商务工具化特征显著,人们主要通过电子商务平台进行信息发布、业务推广宣传、客户沟通与交流等，电商业务范围相对较窄。①

2003 年，阿里巴巴集团投资创办淘宝网，并推出第三方支付工具"支付宝"，以"担保交易模式"让消费者对淘宝网建立起信任。彼时，中国互联网广泛普及，网络用户数量持续增长，大批网民开始接受网络购物这种消费形式。与此同时，电子商务发展获得国家政策层面支持，《国务院办公厅关于加快电子商务发展的若干意见》《电子商务发展"十一五"规划》《关于网上交易的指导意见（暂行）》《关于促进电子商务规范发展的意见》等文件相继出台。这一阶段，电子商务业务呈现出从企业服务向个人服务延伸的特征，电子商务成为众多企业和消费者选择的重要交易渠道。②

2008 年，中国网民数量达到 2.53 亿，首次超过美国，成为"互联网人口"第一大国。中国电子商务开始稳步发展，但与此同时，电子商务行业竞争越发激烈，同时也暴露出一些问题，资本撤离，市场重新洗牌，约三分之一的电子商务网站销声匿迹。到 2013 年，电子商务行业开始阵营分化，规模效应逐渐显现。同时，全国人大常委会启动《中华人民共和国电子商务法》起草工作，2018 年《中华人民共和国电子商务法》通过，2019 年 1 月 1 日正式施行。《中华人民共和国电子商务法》的出台，彰显了电子商务在社会发展中的重要地位，电子商务逐渐成为人们社会生活的主要方式，也成为数字化社会的基石。

截至目前，我国电子商务已发展二十余年，彻底改变了人们的购物方式。历经市场洗礼，电子商务呈现出新的发展趋势。一方面，电子商务从综合性购物网站不断向美妆、母婴、特色农业等细分领域延伸；另一方面，企业间加强联合，向产业上下游拓展，逐步构建起业务生态，电子商务开始涉足金融、物流、O2O 服务等领域，行业界限日益模糊。

二、电子商务营销传播的模式

传统电子商务形式下，根据买卖双方的性质以及运行方式的不同，电子商务分为 B2C（Business to Customer）、B2B（Business to Business）、C2C（Consumer to Consumer）、C2B（Customer to Business）、第三方电子商务与独立商城等类型。但如今，各类新型电子商务形态不断涌现，仍以此划分略显局限，因此，本节将兼顾

①② 王宝义.中国电子商务网络零售产业演进、竞争态势及发展趋势[J].中国流通经济，2017，31（4）：25-34.

传统电子商务模式，重点介绍近几年新兴的电子商务营销模式。

（一）综合电子商务模式

综合电子商务平台大多为 B2C、C2C 平台，主要为买卖双方提供交易场所，以商品购买和交易为核心，同时提供支付、物流、客服等一系列增值服务。综合电子商务平台通过整合零售、营销、物流、金融等业态，形成供给侧的网络协同效应，进而提高了整个组织的效益，进一步分摊了服务成本。

综合电子商务平台以淘宝、京东、天猫为主要代表，这些平台普遍成立时间早、规模大、知名度高，商品品种齐全，深受消费者欢迎。新型的综合电子商务平台有网易考拉、网易严选、小米有品等。

（二）社交电子商务模式

目前，社交电子商务分为拼购和社区团购两种主流模式。拼购以拼多多为代表，以生活用品、服饰等消费频次高、受众广的大众流通性商品为主。团购低价是其吸引用户进行分享传播的关键。社区团购电子商务以美团优选、淘菜菜、多多买菜等为代表，以生鲜蔬果为主要发力点，同时涵盖肉蛋禽奶、日用百货等日常生活用品。目前的社交电子商务将社交元素融入电子商务模式，以消费者人际关系为着力点，基于人与人的分享裂变产生聚合效益，反向降低平台获客成本与服务成本。与其他电子商务模式相比，社交电子商务是一种以社交网络为主要渠道推销商品的电子商务模式，它更注重用户参与度，能为用户提供更加个性化的体验。消费者可以通过社交分享等方式获得优惠，从而增加了消费的互动性和趣味性，如拼多多的拼单成团、砍一刀免费拿活动。

（三）内容电子商务模式

内容电子商务是依托于用户对内容的喜爱和追捧，通过图文、视频等形式的内容引导消费者进行购物，实现商品与内容的协同，从而提升营销效果的一种电子商务营销传播模式。内容电子商务以优质内容为基础，通过在内容中植入产品或广告信息来吸引和转化流量，将用户流量转化为消费者，优点在于可以借助内容创意削弱用户对广告的抵触感、借助社交互动中的口碑营销提高用户的信任度，从而提升销售转化率。不过内容平台通常会对内容进行严格审核，因此在内容创作上对商家要求更高，商家需要投入更多的时间和精力进行广告创作，确保广告能够通过审核并得到推送，获得更多的曝光。目前国内的内容电子商务主要是内容平台电子商务化,表现为内容平台不再连接至电子商务平台,而是自主搭建商城,如小红书的购物频道、抖音的抖音小店、快手的快手小店等。

三、电子商务营销传播的运作

电子商务营销传播的运作已不仅局限于传统的电子商务平台,还出现了与社交、内容、直播业态结合的趋势。掌握"电子商务+"模式的运作流程,已成为品牌在电子商务领域布局发力的必修课。

(一)社交电子商务运作

在社交电子商务中,拼购社交电子商务以团购低价为核心竞争优势,而社区团购以熟人或半熟人关系间的信任为开展基础,两者以不同的流程运行。

1.拼购运作流程

从参与主体上看,拼购的运作由三个角色构成;从时间流程上看,有三个时间点需要把握。

一个拼购活动从发起到结束需要运营人员(商家或平台)、发起者、参与者三个角色参与。其中,运营人员负责筛选拼购活动的玩法,包括选择商品、设定成团时间和人数等。发起者和参与者均为消费者,二者按参与拼购活动的时间和积极程度划分。

拼购主要有三个时间节点:拼购前、拼购中和拼购后。拼购前是发起人浏览、筛选商品的阶段,此时尚未生成拼购订单,用户支付后进入下一时间节点。在发起人支付订单后,生成拼购订单,进入拼购中阶段。拼购订单与一般商品订单的不同之处在于,拼购订单新增了一个"待分享"的订单状态,通常只有分享给好友参与或等待陌生人参与成团后,订单才成立。当"待分享"的订单有好友或陌生人参与,且已支付人数达到成团条件时,拼购的"待分享"状态会切换为"待发货"状态。

2.社区团购运作流程

社区团购以社区为中心,由团购平台提供货品,社区团长将小区邻居拉进社群,群成员通过小程序下单购买,团购平台将货品配送至团购站点,再由社区团长通知群成员自提或送货上门。因此,社区团购的物流链条可视为"产地—中心仓—网格仓—团长—消费者",其商业链条可视为"产地—平台—团长—消费者”。

在物流链条中，物流分为采购体系和履约体系，背后涉及完整的供应链：产地、销地采购运输，中心仓存储及加工，网格仓分拣，最后由团长交付给消费者。其中，中心仓为平台自营，用于收货、存储、加工和出货；网格仓采用合伙加盟模式，类似中转站，负责收货、到团分拣和出货；团长负责管理订单和消费者自提。相比传统商城平台，这种物流模式下，个人消费者可自提商品或由团长配送，降低了履约成本，提升了效率。在商业链条中，只有当产地、平台、团长各个角色均有利润空间时，该模式才有自增长的生命力。尤其是对下游网格仓的发展来说，实现平台与其双赢是成功的关键。

（二）内容电子商务运作

内容电子商务的运作流程可以看作品牌在内容平台打造的在电子商务商城中售卖产品的过程，因此，内容电子商务的运作流程大致可分为开设店铺、运营流量两个环节。

1.开设店铺

以小红书为例，其店铺主要分为个人店和企业店两类。个人店入驻时只需提供个人信息、营业执照、店铺经营类目对应的资质等基本证件即可。企业店包含普通企业店、旗舰店、官方旗舰店和集合店，入驻时均需提供品牌商标授权。

2.运营流量

店铺搭建完成后，运营的核心便回到了流量层面。目前，小红书店铺流量主要分为商城流量和社区流量。

商城流量包括推荐流量和搜索流量。商城流量与淘宝类似，平台会向用户推荐同类商品，产生推荐流量；用户直接搜索某个商品则产生搜索流量。企业可通过优化关键词提升这两类流量，具体可选取品类中的爆品，提取其核心关键词，再结合其他二级、三级修饰词，组成品牌的产品标题。

社区流量的运营方式更为丰富，在社区板块，流量主要通过小红书账号承载。企业可通过账号的内容创作（如图文创作、直播活动等）吸引平台流量，内容中可添加商品卡片，使笔记直达商品，方便用户一键购买。同时，在流量转化方面，企业可通过店铺直播上架产品，前期可面向用户发布直播预告，并借助直播玩法延长用户在直播间的停留时间。

第四节　网络直播营销传播

2016 年是直播平台爆发元年,“网络直播”这种全新的娱乐社交媒体形式以无所不在的发展态势迅速席卷整个网络世界。网络直播是一种随着事件发生和发展同步制作和发布的信息网络传播方式,它运用独立的信号采集设备(音频+视频)将直播内容导入直播平台,再经由网络上传至服务器。相较于电视节目等传统播放形式,网络直播没有后期的视频剪辑、视频组合等环节,实时性和真实性较强,受众所见即正在发生的事件,且直播人员可与受众进行双向互动,用户参与感更强。如今,单纯的秀场直播时代已经过去,“直播+”与营销传播、公共关系、新闻传播、社交等领域结合,成功吸引了各大品牌方的目光,其火爆的发展态势对固有的营销方式和传播模式造成了巨大冲击,网络直播正日渐成为重要的营销传播利器。

一、网络直播营销传播的发展

2019 年是网络直播商业化发展的重要转折点,利用网络直播平台进行营销传播成为互联网流量变现的主要途径。根据中国互联网络信息中心(CNNIC)发布的第 52 次《中国互联网络发展状况统计报告》,截至 2023 年 6 月,我国网络直播用户规模达 7.65 亿,占网民整体的 71%。其中,电子商务直播用户规模为 5.26 亿。电子商务直播发展日趋成熟,拉动了企业的营收,其业务成为传统电子商务平台营收的重要抓手,网络直播内容专业化、公益化成为重要趋势,双语直播成为新热点,目前直播带货营销的主要平台有抖音、快手、淘宝等。

(一)何为网络直播营销传播

在网络直播中,直播带货(网络直播)是不可或缺的重要组成部分。直播带货,顾名思义,是直播与销售的结合体,是一种通过直播的形式介绍销售产品的新型营销模式。相较于传统营销模式,网络直播营销传播俗称直播带货,其最突出的特点是实时互动、开放可视、娱乐性强等,主播会在直播间内通过互联网技术向屏幕前的受众讲解和展示商品。直播电子商务的诞生重塑了商家、商品、顾客之间的关系,顾客可结合个人需求、喜好进入直播间,通过发表评论的方式与主播互动、了解产品等。网络直播营销传播一方面有助于改善顾客的购物体验,另一方面有助于提高商品的关注度,让更多消费者了解、认识商家,对提高商家的知名度大有裨益。

(二)网络直播营销传播的特点

1.开放互动性

作为互联网蓬勃发展的产物,网络直播将受众汇聚在某个直播平台或直播间进行实时深入互动。在互动过程中,直播平台的运营人员、主持人员等会向受众介绍和讲解产品,以达成产品营销的目的。网络直播营销传播打破了时空束缚,能够与各地受众对接,并通过平台交流形成双向互动模式——受众既可以发表观点、提出问题,也能通过刷礼物的形式表达信任与支持。由此可见,网络直播营销传播具有高度开放性与互动性的特点。

2.沉浸式场景

在移动互联网时代,Wi-Fi 覆盖范围日益扩大,智能终端更加多元化,场景的重要性越发凸显。移动互联网是一种基于服务的景观,是为完成某项任务、满足特定人群需求而构建的场景互动。当前,智能手机已基本实现全民普及,为场景全面覆盖奠定了基础。网络直播媒体作为新型互动式营销平台,可根据活动主题和内容布置场景,通过灵动的声音、梦幻的场景、有趣的活动吸引受众,使其沉浸其中,激发互动积极性。

3.受众针对性

网络直播营销传播主要表现为不同主播、不同直播平台面向不同受众群体,因此在选品、营销等方面呈现出较明显的差异性和针对性。以当前备受关注的"东方甄选"为例,该直播团队的突出特点在于主播均为新东方培训机构的老师,他们才华横溢、朝气蓬勃,通过丰富的知识储备、多才多艺的表演和诙谐幽默的语言吸引了大批受众,尤其是受教育层次较高的群体,逐步成为"东方甄选"的忠实粉丝。"东方甄选"在选品方面强调质量,注重为受众提供优质产品,价格可能略高于市场价,因此其受众群体以文化水平较高、具有一定经济实力的人群为主。

4.低门槛化

受众的媒体接触会受到各种条件的限制，例如，阅读报纸需要读者有一定文化水平，看电视需要硬件设备。然而，网络直播参与对受众的要求较低，门槛的降低大幅减轻了用户媒体接触与使用的压力。在网络直播过程中，进行直播和收看直播所需的工具越来越简单，用户只需配备有摄像功能的智能手机及移动网络，就可以随时进入直播状态，切换为主播身份发声、表达态度、释放个性。同时，对于品牌而言，无论是百年老字号还是初创小众品牌，都可以借助网络直播与用户互动并销售商品。

(三)网络直播营销传播的潜在价值

网络直播这种全新的媒体形态蕴含着勃勃生机，作为数字时代品牌营销传播的新型手段，网络直播具有明显的社交属性。在借助网络直播进行品牌营销传播的过程中，品牌方与受众互动频繁，不仅能够整合多种营销渠道，还能实现精准化传播。总体而言，网络直播为营销者开展品牌营销传播带来的价值主要体现在以下方面：

1.广告价值

网络直播是新型的品牌传播渠道，它以音视频、图片、文字等丰富的综合性元素为载体，整合传播企业产品形象、品牌文化、品牌服务等需向消费者传递的内容。对消费者而言，他们在直播中看到的是真实、未经过度包装的企业产品及服务；对企业而言，其在直播中实现了与用户的实时互动，有助于为品牌树立更好的口碑，通过精准的流量分析，针对目标受众投放更精准的广告，提升用户对品牌的黏性和忠诚度，更高效地实现营销目标。在整个传播过程中，企业不仅能实现品牌信息的传播，还能获得粉丝沉淀和销量转化的附加价值。

2.互动价值

互动是网络直播与传统直播的根本区别。柯林斯认为，通过“情感能量”的追求和成员身份符号资本的交换，可以实现互动仪式市场化。在网络直播互动中，评论、发弹幕、给主播送礼物、在直播弹幕中聊天等有节奏的连带活动能孕育出巨大的情感能量交换，这种情感能量很容易转变为符号资本，形成互动仪式链条。在网络直播过程中，企业和直播用户可以进行实时沟通，能够快速了解用户对公司产品或服务的质疑或询问信息,正是这种实时互动过程使品牌形象变得更为真实亲切,更容易拉近企业与消费者之间的距离,有助于增强客户黏性、提升其品牌忠诚度。

3.转化价值

精彩的网络直播营销传播不仅可以帮助品牌方吸引流量、增加曝光,还可以通过构建沉浸式的实时互动场景,引导消费者进行即时消费,为企业、商品带来直接变现的渠道。制订合理的营销策略是吸引观众关注和参与直播购物的重要手段,可采取发放优惠券、限时折扣、礼品赠送等方式吸引观众购买产品。例如,在直播过程中推出限时折扣活动,让观众在规定时间内享受优惠价格;发放优惠券或赠送礼品,吸引观众参与直播间的购物活动。也可针对直播中获取的客户资源开展二次甚至多次营销,这些营销策略可以提高观众的购买意愿和转化率,实现流量变现的目标。

二、网络直播营销传播的模式

网络技术的发展促进了新媒体的产生,大量新媒体的涌现虽给传统企业的营销模式带来了较大冲击,但也带来了新的机会。新媒体环境下企业信息传播加快,改变了以往信息闭塞的情况。其中,网络直播营销以较低的营销成本及快速的信息传播,在新媒体商品营销传播中占据重要位置,以下我们将借助案例,对当下三种主要的直播带货营销传播的具体运作进行分析。

(一)"名人+直播":健身领域刘畊宏直播营销传播

带货主播能够吸引流量的内在原因众多,不仅需要强大的个人魅力,更需要为消费者带来物美价廉的产品。一方面,带货主播能够以基数大、黏性强的粉丝群体作为"资本"与品牌方协商,达成较低的价格吸引消费者;另一方面,品牌方也能够获得较高的销量以及品牌、产品的曝光率。2022 年 4 月初刘畊宏在抖音平台直播健身出圈,不到一个月的时间便疯狂涨粉超 1 000 万,他在粉丝流量固定后逐渐转入直播带货赛道。相较于其他网红大张旗鼓地牟利,刘畊宏在软性广告植入试水之后开始直播带货,抖音平台官方认证其为"优质电商达人"。刘畊宏作为健身领域的达人,直播带货的商品多为运动品牌和健康食品等。"名人+直播"需要注意名人和平台的匹配度、个人风格和直播内容的契合度、名人定位和产品定位的匹配度。一场成功的直播带货营销需要大量幕后工作的支持,从招商、选品、定价到下单后的退换货管控、结算、售后问题等，都需要平台、商户、主播及团队三方共同把握、紧密联动，每一个环节都会直接影响名人的直播带货效果，名人在收获话题度的同时也需要小心“翻车”。

（二）“活动+直播”：OPPO 的活动直播营销传播

随着电子商务直播的兴起，越来越多的品牌热衷于直播带货，但直播带货不应局限于销售渠道这单一功能，要不断尝试从中突围，力求摆脱直播带货营销的套路。OPPO 作为提前布局年轻化赛道的手机品牌，不断通过产品设计、营销事件、价值观输出多维度发力，营造青春感的品牌形象。OPPO 发起“Reno5 闪出新转机 好运直播秀”的营销传播活动，这是一次趣味事件营销传播撬动电子商务转化的创新性尝试，契合了年轻人群体流行的锦鲤文化，精准把握了抖音平台的社交属性和年轻人群体的消费特征。活动中，既有“路人 rapper”“民间销冠”为带货各出奇招，也有专业主播和明星讲解产品性能并带货。线下活动“好运直播巴士”打破直播间的空间限制，实现了直播内外场的互动衔接，让线上线下的粉丝共同参与了这场狂欢。“活动+直播+带货”的营销活动，并非传统意义上以站内带货为主的电子商务类 IP 事件，它更侧重于结合平台自身内容，联合品牌打造出人、货、场之外的内容看点。同时，由于抖音平台的特殊属性，这也意味着该活动在共创中为品牌在更多内容维度进行了精准赋能。

（三）“内容+直播”：东方甄选的知识传播

东方甄选的内容直播模式定位为知识型助农带货直播。基于精细把控的招商选品，结合主播广博的知识结构、幽默的谈吐及自信展现的中华文化风采，制作出极具网感的带货视频，成功吸引用户驻足，取得了高流量与高收益，成为知识型直播带货的范本。与其他直播间靠折扣、赠品、低价带货的方式不同，在东方甄选的直播中，以董宇辉、石明、顿顿为首的主播们运用全新的直播理念与带货手法，结合英语和中文介绍推荐商品，将直播间打造成集“诗词歌赋、人生感悟、英语单词”和农产品为一体的知识带货平台。东方甄选的主播们将商品销售和知识输出相结合，开启了全新的知识带货模式。正是通过主播们讲述的知识点及输出的价值观，东方甄选吸引了大量流量，建立了知识分享的课堂，培养起了适合自己的消费人群。这种别具一格的带货画风让消费者体验独特，极大地激发了消费者的购买欲望。相对于其他直播间，一些高溢价产品在东方甄选反而有更好的转化效果，更适合被双语直播、优质文案吸引而来的受众，而非单纯比拼产品性价比。直播间不断输出的“软性文案”不直接点明卖点，而是通过场景代入、故事打动、情感营造等方式达到营销目的。

网络直播只是一种营销传播手段，而商品与供应链才是决定直播带货核心竞争力的关键因素。直播企业需要针对不同类型的商品，聚合供应链资源，提高供应链管理能力，以满足高频率直播带货背景下的商品需求和价格需求。另外，明确自身定位，选择与定位相符合的商品，保证产品质量与货源供应也尤为重要，这有助于将因热度吸引来的流量沉淀为忠实消费者。因此，不论是新兴企业还是传统实体企业，都可积极尝试直播带货这种线上营销传播方式，都应重视直播带货中影响消费者决策的关键因素，通过优化内容、强化促销激励、打造主播特色、提高互动频率、积累和发挥信任优势，促进直播带货成效的显现。同时，在直播带货的各个环节，要重视主播效应，根据关键机制要素制订直播带货营销策略，增强平台粉丝的甄别与评估能力，促使粉丝理性购买。

第五节　信息传播平台营销传播

资讯是人们生活中不可或缺的内容，尤其是在当下整个社会存在极大不确定性的背景下，人们对于各类信息的需求更为迫切。信息传播平台作为一种新兴媒体，成为人们获取信息的重要渠道，同时也成为企业营销传播的平台。

一、信息传播平台的兴起与发展

随着新闻资讯的更新速度日益加快，新闻内容越发丰富，单一的传统新闻媒体开始向网络化发展，促使众多信息传播平台应运而生，新闻资讯得以实现全球性、多元性、迅捷性和交互性传播。信息传播平台指以持续提供即时、真实和广泛的新闻资讯文章为主，帮助用户便捷地了解和获取信息资讯的平台。以今日头条、腾讯新闻、新浪新闻、搜狐新闻和网易新闻等为代表的信息传播平台快速占领市场，为人们提供各类资讯服务。

信息传播平台经历了不同的内容需求周期。在 PC 时代，门户网站占据主导地位，人们追求的是时效性和独家报道权益。当年，搜狐凭借“北京奥运会互联网赞助商”的头衔，推出“网络的奥运”活动，使其一跃成为头部门户网站。随后，2010 年移动互联网兴起，各大门户网站纷纷转型开发客户端，并通过 PUSH 的方式实现内容的主动触达。腾讯新闻通过整合内容体系，集合 QQ 看点、腾讯新闻、天天快报和 QQ 浏览器等产品,在内容供给和用户规模上占有优势,在新闻资讯领域登顶。

在各大门户网站抢占新闻客户端市场的同时,今日头条、一点资讯等平台凭借算法信息流的推荐机制异军突起,成为新闻资讯领域的“鲶鱼”,让用户沉浸于自己的“内容偏好”中。相较于内容是否优质,用户对内容和观点的喜好度及其带来的流量价值显得更为直接和重要。

二、主流信息传播平台

(一)今日头条

今日头条于 2012 年上线,基于对用户信息需求的洞察,依托“算法编辑+智能分发”模式,实现“信息”主动寻找“人”,满足了移动互联网时代碎片化、多场景的阅读需求。通过突破行业认知的个性化兴趣推荐算法,推动了从“搜什么看什么”到“想什么看什么”的行业变革。围绕核心用户需求,今日头条已形成丰富的内容生态,囊括图文、视频、微头条、直播等多种内容体裁,涵盖科技、体育、健康、美食、教育、“三农”、国风等超过 100 个内容领域。

(二)腾讯新闻

腾讯新闻创立于 2003 年,经过多年发展,已经成为集新闻信息、区域垂类生活服务、社会化媒体资讯、深度新闻栏目于一体的互联网媒体平台。截至 2022 年,腾讯新闻每日全渠道触达用户达 5.3 亿,月活跃用户数为 2.9 亿。腾讯新闻以专业、可靠、及时的热点资讯报道能力为公众提供信息安全感。国家信息中心《2021 中国网络媒体社会价值白皮书》显示,腾讯新闻的网络媒体发展指数在商业媒体中位列第一。

(三)新浪新闻

新浪作为互联网主流媒体的代表,是中国最早兴起的门户网站之一。2001 年 9 月 11 日,新浪新闻作为国内率先报道美国“9·11”恐袭事件的网络媒体,日流量超过 8 000 万,奠定了其在互联网新闻报道领域的地位。与阿里、腾讯、百度等其他互联网巨头不同,新浪在过去的 20 多年里一直专注于媒体领域,致力于运用不断迭代的新媒体技术为用户提供全面、优质的公共资讯。[①]

(四)网易新闻

网易新闻于 2011 年 3 月 19 日上架。其内容涵盖新闻、财经、科技、娱乐、体育等多个资讯类别,并通过大数据挖掘技术实现了新闻内容的精准推荐,为用户带来个性化、全景式的阅读体验。同时,网易新闻积极打造社区产品,UGC 已成为端内主要的内容类型之一。通过圈子、跟帖、附近等丰富的社区版块功能,网易新闻以热点事件、兴趣圈层为锚点,聚合亿万用户同频共振、共享热爱,建立了“生产—自推荐—自管理—消费浏览—互动反馈”的内容消费闭环。

三、信息传播平台的营销传播价值

(一)用户黏性高

信息传播平台往往拥有海量的用户规模,且用户黏性较高。以今日头条为例,《2022 今日头条营销洞察报告》数据显示,今日头条累计激活用户已达 4.8 亿,月活人数超 1.25 亿,日活人数超 4 700 万,头条号注册账号数量已经超过了 12 万个。由此可见,今日头条具有极大的广告价值和传播影响力。今日头条每天的内容阅读及播放量超 50 亿次,覆盖 100+垂直内容领域,其丰富的内容生态为消费者打开了屏幕里“更大的世界”,使兴趣各异、身份不同的多元细分人群各得其所,实现了广域覆盖之下的精准人群捕捉。并且,今日头条内容生态用户整体呈现高知高职特征,以高线青中年人群为主,属于社会和市场消费的中坚力量。

(二)行为可追踪

在当下这个快节奏的时代里,碎片化、场景化的内容需求逐渐凸显。信息传播平台的个性化推送与便捷性可以满足用户随时随地查询信息的需求。例如,用户对新浪新闻生态的接触覆盖全天不同时段的不同场景,新闻客户端的应用主要集中在相对完整的长时段为用户提供更完整、更深入的专题报道或事件分析。同时,新闻客户端的不同内容板块能吸引较多用户的密切关注和互动讨论,丰富的内容供给可以满足用户不同层次、不同程度的内容消费需求。此外,新浪

① 文晶.新浪国际新闻传播的发展环境与核心路径[J].青年记者,2019(15):55-56.

新闻客户端的内容偏向专业和深度化,可为用户提供脉络性的、翔实可靠的内容报道,满足用户探寻事件全貌、获取深度价值分析的诉求。

(三)情感易共鸣

信息传播平台往往拥有较高的平台认可度与大众信任度,具备吸引用户情绪共鸣、引发用户情感表达的基础,不同信息传播平台自身特性的差异可满足不同情感特质人群的差异化需求,从而针对不同营销场景激发不同的情感反应。例如,用户对腾讯生态的整体评价较高,其新闻客户端以专业、权威、及时准确的严谨性得到用户赞赏。在关键意见领袖的影响下,用户得以找到情感认同寄托、充分释放情绪,最终令自身情感需求得到满足。

四、信息传播平台的营销传播模式

(一)精品内容引领模式

营销传播的本质是与用户实现交流并抢占用户心智。优质内容具有辨识度与记忆感,更容易实现情感共鸣,进而拉近品牌与受众的距离。在全媒体时代,以优质内容为核心,向广大受众提供深度、权威、专业、多元的内容,是信息传播平台发展的关键。因此,优质内容是全媒体时代各信息平台的核心竞争力,也是信息传播平台的立足之本。当前,虽然受众获取信息的渠道、阅读习惯发生了变化,但其对优质内容的追求并未改变。面对互联网发展大潮,5G 技术的应用将进一步促使新媒体生态革新,人工智能、大数据等技术将进一步促进新闻融合,信息呈现方式也将更加多元,"新媒体+产业"的融合将不断推进,而这一切都离不开优质内容的支撑。①

《2022 今日头条营销洞察报告》显示,目前平台内入驻的头条号账号总数超过 237 万,其中既包括创作者,也包括官方机构、企业和其他组织。具体来看,今日头条各领域职业认证创作者数量已达 15.7 万,其或运用专业知识和理性分析为更多用户答疑解惑、进行前瞻性洞察,或通过多视角客观解读热点时事、分享经验干货,或提供有趣活泼的创意内容。这些专业硬核、真实可信、画风多元的创作者在传递内容的同时,也收获了用户的关注与认可,这些头条账号发布的内容的日均阅读量与播放量已突破 3 亿。此外,今日头条还是权威新闻、党政机关

① 杨建华.全媒体时代的"内容为王"有何新内涵[J].人民论坛,2018(2):140-141.

的重要发声阵地，新闻媒体等日均发布内容达 13.7 万条，帮助人们在第一时间获取重要资讯。

（二）商业联名共创模式

让·鲍德里亚在其著作《消费社会》中提出了符号消费理论。他认为，在消费社会里，消费者不仅消费产品本身，还消费这些产品所代表和象征的意义、心情、情调和氛围 。在这样的社会环境下，人们越发看重品牌的符号价值，特别是年轻人，他们更倾向于选择能凸显个性差异的产品。因此，跨界联名逐渐成为一种备受青睐的营销策略。在当下"万物皆可联名"的市场环境中，不同品牌开展合作，单方或共同推出融合双方品牌特色的产品。这种产品形态借助联名实现了营销传播跨界以及品牌间的优势互补。品牌方试图通过制造陌生感和新奇感，打造新的营销卖点，有效提升内容的传播度。

2017 年 8 月 1 日，网易新闻与二更食堂在北纬 29 度、东经 122 度靠近东海的无人岛上建立了"海上爱情碑谷"。双方举行仪式，将粉丝的"爱情遗物"及故事埋葬，为那些被困在上一段感情中的年轻人提供了一个结束感情纠葛的契机，助力他们重新掌控自己的情绪和生活，开启崭新的人生。此外，网易新闻联合知乎平台和中信出版社发布"灵感书单"，并在深夜补习所现场首次亮相。这 100 本精心挑选的书籍精准针对都市焦虑的年轻人的痛点，为他们枯燥的生活注入灵感与启发，让每一个深夜时光都不再孤单。① 由腾讯新闻、敦煌研究院共同出品的纪录片《敦煌师傅》聚焦敦煌文明和守护人的故事，该片通过三对师徒细致入微、鲜活又热血的经历，从多方位、新角度展现了专属于敦煌传承的宏大叙事。《敦煌师傅》浓厚的人文调性和传承精神也为茅台酒营造了绝佳的上下文语境，让用户自然而然地将茅台酒在酿造工艺上的匠心与敦煌的传承精神联系起来。

（三）游戏化互动模式

"游戏化"是一个较为宽泛的概念，有学者曾对此给出一个直白的定义：它指的是将游戏元素和设计技术应用于非游戏领域的行为。在商业逻辑下，游戏化营销能够实现契合、品牌忠诚和品牌意识三大营销目标，助力企业实现更高的品牌价值。其本质是借助游戏中的激励元素刺激人们，并逐步将外部刺激转化为

---

① 光原君.各有态度 看网易新闻如何玩转"年轻化"品牌营销[EB/OL].(2017-09-06)[2024-03-20]. https://mp.weixin.qq.com/s/3ge9RGhymXwL1T80-e5hkw.

内部需求,从而使消费者沉浸于营销活动中。游戏化营销的主要类型有沉浸类、抽奖类、任务类、益智类、团队类等。在一些严肃新闻信息的传播过程中,对于某些合适的主题内容,可以借鉴游戏中场景式、规则式、激励式、反馈式的叙事特点,以及兴趣驱动、关系赋能的传播特点,以便更加生动、直观、高效地还原新闻事实,加深受众对新闻事实的理解,实现有效传播。①

网易新闻推出的《一分钟漫游港珠澳大桥》的 H5 上线后热度飙升,在不到 3 天的时间里便创造了 4 000W+的 PV 流量。新华社将其嵌入微信头条内容,上线几分钟就轻松收获 10 万+阅读量及数千点赞数。调查发现,很多人不止一次体验了这个互动 H5,他们不仅立马将其分享给周围熟悉的朋友,甚至分享到朋友圈,形成了二次传播甚至多次传播。另外,拍照和明信片功能也是增强传递性和互动交流的重要设置:拍照具有可玩性,十分符合当下用户的需求和生活习惯,拍照显示的实景图引导用户在体验过程中多次拍照,而明信片则让用户的"旅游"体验更加真切。

▶本章小结

1. 数字营销传播已成为商业生态重构的重要推动力。这种新型营销传播方式不仅改变了企业的传统营销传播模式,还对整个商业生态产生了深远影响,为品牌和商家带来了新的机遇与挑战。
2. 数字营销传播改变了消费者的行为模式,强化了企业与消费者的互动,推动了市场环境的变革。
3. 数字时代,企业需积极拥抱数字营销传播,创新营销传播策略与手段,以在竞争激烈的市场环境中获取优势。同时,政府和社会各界也需共同努力,营造良好的数字化营销环境,推动商业生态持续健康发展。

▶关键术语

1. 搜索引擎营销传播:搜索引擎营销传播是指企业通过企业网站采取提升自然排名、推出付费搜索广告等与搜索引擎相关的行为,使企业网站在搜索引擎上显著列示的营销传播手段,其目的是吸引目标受众访问企业网站。
2. 事件营销传播:事件营销传播是指企业或组织以社交媒体为传播平台,通过精心策划,让公众广泛关注并参与到事件中,借此吸引公众注意力,以完

① 余荣华,赵明琪,熊捷.让有意义的内容更加有意思:人民日报新媒体新闻游戏型互动产品解析[J].青年记者,2022(15):20-23.

成增进企业与公众的关系、塑造良好形象、谋求长远利益的营销推广行为。

3.病毒式营销传播：病毒式营销传播是指社交媒体平台上的营销推广信息通过用户的口碑传播，像病毒一样快速扩散，利用病毒式快速复制的方式，让社交媒体平台上的个体为企业宣传，并传播到数以千计、数以百万计的受众。

4.社交电子商务：社交电子商务是一种以社交网络为主要渠道来推销商品的电子商务模式，更注重用户的参与度，能为用户提供更加个性化的体验。消费者可以通过社交分享等方式获得优惠，从而增加消费的互动性和乐趣性。

5.内容电子商务：内容电子商务依托于用户对内容的喜爱和追捧，通过图文、视频等形式的内容引导消费者进行购物，实现商品与内容的协同，从而提升营销效果的一种电子商务营销传播模式。

6.网络直播营销传播：网络直播营销传播俗称直播带货，是直播与销售的结合体，是一种通过直播的形式介绍销售产品的新型营销模式。

7.信息传播平台：信息传播平台指以持续提供即时、真实和广泛的新闻资讯文章为主，帮助用户便捷地了解和获取信息资讯的平台。

▶思考与研讨题

1.搜索引擎营销传播应该如何更好地运作？

2.社交媒体营销传播的模式有哪些？

3.如何提升电子商务营销传播的效果？

4.网络直播营销传播的创新模式体现在哪里？

5.信息传播平台的营销模式有哪些？

6.数字营销传播面临哪些机遇和挑战？

▶延伸阅读

1.吴翠.以技术和数据为核心的数字营销[J].传播与版权,2015(4).

2.王佳玫,武晓宇.价值链重构与资源战略重组：新媒介生态下数字营销的创新路径[J].编辑学刊,2022(3).

3.万木春,星亮,胡振宇.中国数字营销传播企业“软实力”测评：以数字营销传播服务提供商为研究范畴[J].现代传播(中国传媒大学学报),2017,39(3).

4.马二伟.数字平台营销[M].北京：科学出版社,2019.

第九章　数字广告市场及其运作

▶章节大纲

1.传统广告市场及其运作机制；

2.媒体资源的丰富与媒体代理的弱化；

3.数字广告市场运作的平台化发展。

▶章节内容

传统广告市场由需求方——广告主、广告服务供给方——广告公司、广告发布载具和渠道方——广告媒体组成，形成了以媒体代理与客户代理为核心的双重代理运作机制。然而在数字广告市场中，随着广告位资源的无限丰富，叠加广告的市场交易与业务运作在新的通用技术体系及其逻辑影响下，发生了从人力智慧向机器智能的范式转换，传统广告代理公司将逐渐走向衰落。在这个过程中，具备资源优势（包括数据、受众、资本等）和技术优势的大型互联网技术公司演绎出广告发布与广告代理的双重职能，以第三方平台的身份强势渗透进数字广告市场，并逐渐构建了一体化、平台化、智能化的数字广告市场运作机制。

第一节　传统广告市场及其运作机制

一、广告市场及其构成

（一）广告市场

市场是一个商品经济的范畴，是商品内在矛盾的表现，是供需双方在共同认可的条件下进行的商品或劳务的交换活动，是供求关系、商品交换关系的总和。广告市场是将广告作为一种特殊商品的交换关系的总和。这里，我们将广告活动看作一种商品交换活动、市场行为和市场过程，注重其交换活动、市场行为和市场过程中的交换关系、经济关系和利益关系。我们可以从两个方面较为全面地认识广告市场的定义。

其一，广告市场是市场的一部分，符合市场的一般规律。广告市场形成和存在的基本条件是在广告的社会分工和广告商品生产基础上的交换关系的实现。广告在市场中作为一种商品进行交换，因此具有经济价值和使用价值，且任何人都不能同时拥有这两者。广告主要达到广告目标，获取广告的使用价值，就必须支付与使用价值相当的费用。广告使用价值的提供者想要获得更多的经济价值，就必须尽量提高广告的使用价值。上述行为主要通过广告市场主体之间的交易活动完成。

其二，广告市场同其他市场一样，也存在买卖双方，但有其特殊性——存在两次交易行为。当广告主向广告代理公司购买广告服务时，广告主是买方，广告公司是卖方。当广告公司代理广告主向媒体购买广告刊播的版面或时段时，广告主与广告公司是买方，广告媒体则是卖方。除此之外，广告受众也是广告市场不可缺少的重要组成部分，其反应是广告成功的重要指标，是广告价值的参照物。

（二）广告市场的构成

按照经济学的定义，市场由一定量的商品与劳务、商品的不同所有制、参加交换活动的当事人构成。广告市场的构成主体因广告市场交换关系的多元化而呈现多元性质。通常情况下，广告主、广告公司、广告媒体、广告受众是构成传统广告市场的四大主体。

1.广告主

广告主是发起广告活动的企业、团体或个人,他们是商品的生产者、经营者或服务的提供者,又被称为广告客户。广告主的数量、支付能力、广告意识决定着广告市场的容量和规模。当广告市场上广告主众多并具有强大的购买力,且这些广告主充满广告购买欲望时,广告市场就具备了良好的发展潜力。

2.广告公司

广告公司是广告市场的经营主体之一,接受广告客户的委托为其设计、制作、代理相关的广告业务。传统的广告公司主要分为综合性的全面代理广告公司,专门化的代理公司(包括广告制作、媒体购买、市场调查等专门性公司),广告主和广告媒体自办的广告公司。

3.广告媒体

广告媒体是广告位资源的供应方,其主要职能是发布广告信息,通过出卖版面或时段获取经济利益。广告媒体的形态多样多变,除传统的四大媒体外,还有户外广告牌、灯箱、车身、货架等。可以说,只要能够向受众传播广告信息,均可视为广告媒体的范畴。

4.广告受众

广告受众是广告信息传播的目标,是广告活动的终点,也是衡量广告活动成败的重要标准。同时,广告受众也是广告传播活动的参与者、广告传播符号的译码者、广告信息的消费者和广告效果的反馈者。

广告受众也有广告需求,与广告主的不同之处在于,广告受众的广告需求是获取广告信息,可以说广告受众自觉参与广告市场活动是广告市场发展到更高层次的要求。

二、传统广告市场代理运作机制的演进

自我完善的市场机制的形成和确立,是衡量一个行业市场成熟的重要标准。广告业在长期的历史发展过程中逐步形成和建立起了一套科学的管理体制和规范的市场运作机制——广告代理制。

(一)广告代理与广告代理制

广告代理是指广告经营者(广告代理方、广告公司)在广告客户(广告被代理方、广告主)授予的代理权限内,以广告客户的名义开展的广告活动。而广告代理制则是这种代理关系制度化的产物,是世界范围内传统广告市场中普遍通行的市场运作机制。在广告代理制中,广告公司处于主体和核心地位,为广告主全面代理广告业务,是广告主和广告媒体连接的桥梁。其基本内容包括:

第一,广告客户必须委托具备广告代理权的广告公司代理业务,不得直接通过广告媒体发布广告。第二,兼营广告业务的广告媒体发布广告,必须委托有相应经营资质的广告公司代理,媒体本身不允许直接承揽广告业务。第三,代理广告业务的广告公司要为广告主提供市场调查服务及广告活动的全面策划方案,提供落实媒体的计划,确保广告公司具有与媒体发布水平相适应的广告设计和制作能力,并能够提供广告主支付能力的经济担保。第四,广告主和广告媒体可以自主选择服务质量好的广告公司为其代理广告业务。

(二)从媒体代理到客户代理:广告双重代理的形成与实质

广告代理经过版面推销时代、媒体掮客时代、专门化代理时代三个阶段的发展,逐渐具备了传统广告市场双重代理的性质,广告媒体代理和广告客户代理应运而生。广告媒体代理既能帮助广告主向广告媒体购买媒体版面与时间,也能帮助广告媒体向广告主销售媒体版面与时间,广告公司从中赚取佣金和买卖差额利润。广告客户代理广告主开展广告活动,从事包括市场调查、制订广告计划、设计制作广告、选择媒体安排刊播、提供信息反馈或效果测量等专门化的业务,广告公司从中赚取服务费或效益分红,如图 9-1 所示。

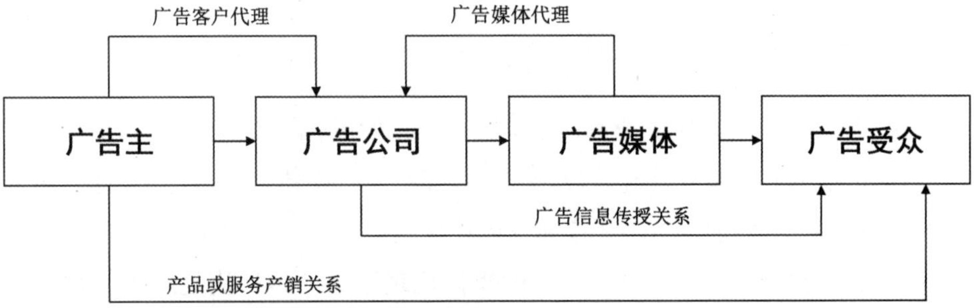

图 9-1　传统广告双重代理关系示意图

1.版面推销时代依附于媒体的广告代理

早期的广告代理是根据媒体自身发展的需要,以媒体代理者的身份出现的。自报纸、杂志成为大众化媒体后,一些富有商业思维的企业开始利用报纸和杂志刊发广告,此时所谓的广告代理并不是独立的,而是紧紧依附于以报业为代表的印刷媒体,故而早期的广告代理从属于报业。其中一部分为报业内部员工直接面对广告主销售报纸版面,这些广告业务成为当时报业重要的经济来源;另一部分则为报业聘用的社会人员代表报业向广告主推销报纸版面,收取广告费,并按报社所设定的佣金获取个人报酬,其本身并不属于报社编制,报社也不向这部分人群支付固定薪酬。

2.媒体掮客时代脱离媒体的广告代理

随着社会经济的发展,企业的广告需求与广告活动日益增多,广告媒体纷纷在组织内部正式设置广告部门,以拓展广告业务,获得更高的经济利益。此外,原本受雇于单个媒体推销版面的社会人员,也不再满足于充当某个特定媒体的业务代表,转而开始推销多个媒体的广告版面,进而摆脱媒体受雇者的地位,创办组建出新的广告媒体代理公司,在广告主与广告媒体之间独立进行版面或时间的批售。

正如杰克逊·李尔斯所述:“交易的对象是报纸上的空白,而其价值取决于广告客户多么希望将商品打入公众心中,以及报社多么希望在印刷前将所有空白处卖掉。”①

这一时期的广告代理虽然仅开展单纯的媒体代理业务,但是其独立经营的性质比起早期版面推销时代的广告代理无疑又向前迈进了一步,有力地推动了广告公司的专业化、规模化发展进程。

(三)专门化代理时代的广告双重代理

19世纪中叶,第二次工业革命推动社会分工发展,整个社会生产效率大幅提高,商品市场迅速扩展且日益繁杂,广告主之间、广告媒体之间、广告代理公司之间的竞争不断加剧,加之营销环境和媒体环境的一系列重要变革,促使市场对广告的需求不断升级。这一时期,单一的媒体代理服务已难以满足广告客户日益

① 李尔斯.丰裕的寓言:美国广告文化史[M].任海龙,译.上海:上海人民出版社,2005:57.

升级的要求,亟待既具备媒体专门知识和媒体资源,又掌握广告调查、广告策划与创意、广告设计与制作等多样化、专业化服务能力的广告代理公司来全面代理广告主的广告业务。

1869 年,美国艾耶父子广告公司成立,其经营业务不仅包括批售报纸版面,还在创建后的 20 年内将经营重点不断扩展至为广告客户提供包括市场调查、广告文案撰写、广告设计与制作、媒体排期建议等多样化、专业化的广告代理服务,即为广告客户提供全程式的广告代理服务。艾耶父子广告公司的成立及其在拓展广告业务上的努力,不但实现了媒体代理和客户代理的统一,标志着广告公司双重代理的形成,也引发了其他广告代理公司的效仿及综合性广告代理公司的成立。据 1992 年版《美国广告代理年鉴》的统计,仅 1890 年前后美国成立的同类型广告代理公司就有 1200 多家,其中纽约有 385 家,芝加哥有 54 家。[①] 这些既兜售媒体版面和时间,又为广告主提供多样化、专业化广告服务的广告代理公司,极大地促进了广告市场的形成和发展,推动了广告发展成为独立的新兴产业,也使广告代理从此走上了专业化、系统化、规范化服务的道路。

第二节　媒体资源的丰富与媒体代理的弱化

一、传统广告市场媒体资源的匮乏与局限

在传统广告市场中,广告的媒体资源主要集中于少数的大众传播媒体,包括报纸、杂志、广播、电视、户外媒体等,在质与量上皆存在局限性,主要表现为传播方式的时空局限、传播渠道的数量局限和传播内容的质量局限。

(一)传播方式的时空局限

报纸、杂志以文字传播为主,只能使用单一的线性报道方式呈现复杂的新闻事件,且受版面和出版时间限制。广播以声音传播为主,不易记忆和保存,视觉上缺乏直观生动的形象,线性传播方式使听众只能按电台播出顺序收听。电视节目的编排受时间严格限制,只能在规定时段传播相应内容,且与广播一样为线性传播,无法反复收看。

---

① 夏文蓉.中外广告发展史[M].南京:南京大学出版社,2009:173.

(二)传播渠道的数量局限

自报业出现至互联网兴盛前,信息生产与传播主要集中于报纸、杂志、广播、电视,人们接收信息的渠道相对固定,接触的大众媒体十分有限。媒体发展仅表现为增加版面、开办新刊号或开拓新频道,媒体传播渠道呈固化且缓慢的发展态势。

(三)传播内容的质量局限

受媒体渠道及传播模式限制,传统媒体时代的内容发展相对静止。报纸和杂志的栏目形式单一,以新闻报道和专栏为主;广播内容稍丰富些,常在新闻、音乐、情感类栏目中穿插听众互动;电视是传统媒体内容生产的集大成者,节目类型和模式多样,但仍可大致分为新闻报道、财经分析、体育赛事直播、文化娱乐等类别。综上,传统媒体时代的内容已相对固定,仅电视在节目内容和形式上略有变化,但仍受诸多限制。

二、数字广告时代广告媒体资源的无限丰富

搭乘信息化、数字化、网络化的东风,数字传播时代的媒体创新正不断涌现,新的媒体形态、媒体内容、传播方式不断衍生,传统广告时期稀缺的广告媒体资源已经不再匮乏。基于互联网本身的海量与超强链接特征,数字传播生态中的广告媒体资源自诞生起就具备"无限丰富"的属性。这种无限性、丰富性是在生活、学习、工作等各个场景环境下对内容生产和信息传播的满足与实现。

(一)数字广告时代传播方式的无限丰富

数字媒体的发展打破了传播的时间和空间的限制,以互联网为载体的新媒体具备了传统媒体所有的传播特性,并且更具特有的传播优势。首先是传播的互动性。在新媒体传播过程中,传授双方依赖网络技术进行各种形式的互动,使传播方式发生了根本转变。其次是用户性。新媒体形式的多样性令参与者可以通过各自的平台进行交流,这使得互联网平台中的任何人都可以成为内容生产的主体、信息传播的主体。再次是传播的多元性、扁平化。新的传播形态不断地涌现,内容涵盖面广,表现形式呈现多元化。最后,新媒体传播还具有可重复性、个性化、数据化等特点,使新媒体的传播方式更为开放、扁平、共生、交互。

(二)数字广告时代媒体渠道的无限丰富

与传统媒体相比,数字媒体在硬件载体升级和软件开发上具有不断拓展、无限延展的可能性,其传播渠道的发展也不仅仅局限于几个门户网站或者几个主要的信息端口。各类移动应用客户端的开发应用,使得信息传播的渠道被无限拓宽,理论上,互联网媒体的渠道资源是没有止境的。以移动互联网媒体为例,现阶段,其渠道资源主要体现在网络门户客户端、社交平台客户端、自媒体客户端、娱乐影音客户端等。这些客户端不但具有无限延展的可能性,且具备相互连通的条件,进而衍生出新的端口。总之,互联网技术使各种媒体资源层出不穷,并随着时代的发展不断更新换代,使得数字时代的传播渠道呈现矩阵化的拓展趋势。

(三)数字广告时代媒体资源的无限供应

在数字广告时代,媒体的内容资源也呈几何级的增长态势,网络综艺、网络社群、实时新闻、网络直播、网络电视、网络电影等新兴内容不断涌现。同时,由于传播模式从单向转为互动,普通用户逐渐由被动的内容接收者转变为新的内容生产者,形成了目前用户生产内容(UGC)、专业生产内容(PGC)、职业生产内容(OGC)及人工智能生产(AGC)的内容生产格局,网红层出不穷,网络自制剧、自制节目、自制综艺、自制大电影等也大规模出现,这些都是数字传播时代媒体内容资源不断丰富的切实表现。此外,随着传统媒体的深度融合与发展,传统媒体的内容可以全部在数字媒体上呈现,不仅产生了大量的数字内容资源,甚至可以采用额外的表现方式,增加额外的媒体内容。

三、数字广告时代广告供应端的扩容与分散

在传统广告市场中,广告供应机制最显著的特征就是广告供应端(广告主及其广告需求)的高度集中,形成这种现象的主要原因便在于传统媒体资源的稀缺与集中。为了争夺掌握在少数媒体手中的高覆盖率、高到达率、高收视率的稀缺媒体资源,广告主们只能竞相加价,导致广告费飙升,如中央电视台的广告竞标,其招标总额从 1995 年的 3.3 亿元增长至 2013 年的 158.8 亿元,广告标王的中标额从 1995 年的 0.31 亿元飙升至 2013 年的 6.09 亿元,增长了近 20 倍。但我们也应该看到,中央电视台的广告客户数量并未随着广告费的增长而增加。以中央电视台招标时段为例,2006 年在中央电视台招标时段投放广告的广告主不到

100 家,[①]2008 年也仅约 120 家。[②] 由此可见,传统媒体时代的广告活动属于高度集中模式,少数广告主凭借高额广告费占据稀缺资源,大量中小企业因高额刊费门槛被排除在广告市场之外。

媒体资源的稀缺导致广告客户高度集中,而资源的丰富则造成客户高度分散。数字广告时代,媒体资源不再稀缺甚至过剩,广告投放门槛降低,吸引大量客户进入。2018 年,互联网广告占广告主计划营销费用的第一位,达 37%,便是有力的佐证。[③] 无论是阿里巴巴、百度、腾讯等互联网头部企业,还是字节跳动等数字广告平台,其广告客户不仅包括大企业、大品牌,也包括众多中小企业,数字广告市场收获了大量长尾市场。

四、传统资源型广告公司的消亡及媒体代理业务的弱化

自现代广告产业形成以来,报纸、杂志、广播、电视等传统媒体作为广告信息的主要载体,为广告产业的形成和发展提供了版面、时间、频道、频率等基本的生产资料。而广告代理公司,尤其是数量众多的资源型广告代理公司以"媒体掮客"的身份从传统媒体低价批购版面和时间等广告媒体资源,再以高价零售卖给各广告主以赚取佣金或者差价,为广告公司的初期发展提供了空间,进而为早期广告市场的发展提供了支撑。这些"掮客"作为现代广告公司的"原始形态",并不提供广告策划与创意、广告制作等专业服务,提供的所谓的专业服务也只是为了更好地销售其代理的媒体资源。正如艾耶父子广告公司创始人弗朗西斯 · W. 艾耶所言:"广告文案的写作绝非我们的工作。它只是我们工作的很小一部分,而且我们只是为特殊的顾客提供。"[④]掌握优质传统媒体资源及高利润代理合约的公司具备显著优势,占据了巨大的市场份额。总之,世界广告产业的形成与发展依赖媒体资源的获取,中国本土广告公司及产业的快速发展更得益于对稀缺媒体资源的掌控。

数字传播时代,信息传播与生产在时空、内容类型及生产模式上实现了多重突破,尤其是互联网媒体的海量存储与传输使广告媒体资源不再稀缺。网络媒体的海量存储与超强链接,使传统媒体代理业务赖以生存的优质资源走向无限

① 任颖秀.上半年央视招标段广告客户分析[J].广告人,2006(8):78.

② 顾远萍.在央视平台上腾飞:2008 上半年央视招标时段广告客户大盘点[J].广告大观(综合版),2008(7):84-87.

③ 中国广告协会.2017 年中国广告市场报告[R].北京:中国工商出版社,2018:186.

④ 徐卫华.广告代理费模式的变迁与广告代理公司的转型[J].中国广告,2008(8):139.

丰富，资源型广告代理公司因此丧失竞争优势，甚至逐渐走向消亡，主要表现为：

其一，互联网和移动互联网催生的信息传播渠道呈几何级增长，包括网站、网页、搜索引擎、社交媒体、即时通信工具、移动应用程序（App）甚至自媒体等。近年来，自媒体一夜爆红现象频发，网红背后的巨大流量更是成为广告主竞相追逐的对象。2016 年，网络自媒体红人“papi 酱”第一条商业广告拍出 2200 万元高价；2018 年，网络直播红人李佳琦直播 5 分钟便销售口红 1.5 万支，直播 5.5 小时的总销售额达 353 万元；2018 年，杭州居民“眉毛哥小吴”因消费维权节目播出后爆红，迅速收获几十万粉丝，随后便代言了小米等多个品牌广告。

其二，传统媒体数字化、网络化转型及深度融合，形成了日新月异的媒体形态与传播手段。人们对早年兴起的手机报、手机广播、手机电视等已司空见惯，今日头条、抖音及以 AR、VR、人工智能为代表的沉浸式、智能化、定制化传播也不再新鲜。技术更新加速背景下，未来更多的媒体形态与传播手段将为媒体代理业务带来更多选择。

其三，关键在于，传统媒体资源型代理公司即便向互联网扩展，转型为数字广告代理公司，随着程序化广告交易平台、实时竞价广告交易模式、内容精准分发、广告效果实时反馈发展成熟，数字广告已进化出能综合性、技术性、平台化处理媒体购买与投放的代理业务，帮助广告主实现消费者、广告信息、场景的智能化精准匹配，这已远超传统媒体代理单纯销售版面的概念。况且，以有限金融资本垄断无限媒体资源本身已不可能，单纯的中介性媒体代理公司及业务必将不可避免地走向消亡。

第三节　数字广告市场运作的平台化发展

一、互联网平台广告代理双重职能的演绎

（一）从网络到媒体：社会形塑下互联网的媒体化转型

媒体是社会系统的一部分，而互联网向媒体的转化，或者获得信息传播的功能，是互联网作为现代社会生活的组织者、参与者的必然延伸。

其一，稳定的国际环境使互联网从军事控制下的学术网络走向民间，为互联网的大众化演进提供了制度基础。控制并发展传播技术和传播媒体往往是国家

政权治理社会、保障国家安全的重要手段,互联网也是如此。作为冷战的产物,阿帕网(互联网前身)从硬件设施的建设到传输技术的突破和软件程序的开发,皆是美国国防部基于国家安全的考虑应对当时国际环境组织攻关的结果。通过高校科研人员的不懈努力,阿帕网从实验阶段走向应用,并在军方的监控下成为服务学术研究领域的交流网络。此时的互联网仍然属于少数精英阶层。

技术创新往往有自己的意志和取向。20 世纪 80 年代末 90 年代初,国际形势开始缓和,冷战两极格局被打破。阿帕网项目继续依靠美国军方的大额资助已失去现实依据,随即美国军方宣布取消阿帕网项目,互联网由此具备了从管控面向民间的政治基础。

其二,互联网在社会生产方式转向过程中获得了受众和资本两个方面的双重沉淀,为互联网的媒体化演进提供了充足的物质基础。20 世纪后半叶,随着社会消费主体的不断分化,市场细分日益明显,社会生产模式开始从工业时代高度标准化、流水线作业的大规模生产,转向个性化定制的弹性生产。传统媒体生产最大公约数信息的单向传播模式已难以承担市场消费资讯的传播需求,而互联网连接万物、交互万物的发展逻辑,高度适配小批量生产和个性化消费的信息流通。换言之,所有基于互联网的功能形成和价值创造都是通过连接、激活、整合与协同来完成的,这种技术架构高度契合社会生产方式的转向,使互联网得以渗透进几乎饱和的大众传播格局中,并迅速吸引、沉淀了大量的受众注意力和资本投入。

自 20 世纪 90 年代起,互联网用户数量迅速增长,各种新鲜事物层出不穷,互联网开始承载越来越多的商业需求和机会,并迅速吸引、沉淀了大量的受众注意力和资本投入,为互联网的媒体化延伸奠定了赖以生存和发展的物质基础,使互联网逐渐发展为人类社会重要的信息传播平台。例如,门户网站雅虎、新浪、搜狐,在线约会网站 Match.com,电子商务网站 Amazon.com、eBay.com,分类广告网站 Craigslist.com 等各类网站的相继涌现,以综合性网站或者垂直细分网站的方式满足了人们资讯、社交、消费等不同的信息需求;新闻网站的出现开始篡夺传统媒体的报道权,如新闻网站德拉吉报道(Drudge Report)率先揭露了美国前总统克林顿的性丑闻,打破了传统媒体重大新闻报道的方式。

1998 年 5 月,联合国新闻委员会年会正式承认互联网为"第四种媒体"①。至此,互联网作为一种信息传输的载体和技术,成为人类继报刊、广播和电视之

---

① 张海鹰,藤谦.网络传播概论[M].上海:复旦大学出版社,2005:1.

后的又一个崭新的"第四种媒体"。

(二) 互联网广告投放及媒体代理职能的演进

传播在哪里发生,广告就在哪里出现;受众聚集在哪里,广告也就在哪里出现。当信息传播在沉淀了大量受众的互联网媒体中发生时,广告也就自然而然地"闻风而至"。

1994 年 10 月,美国电话电报公司(American Telephone & Telegraph,AT&T)花费 3 万美元,在《连线》杂志的 HotWired.com 上发布了世界上第一条互联网商业广告,文案是"你用鼠标点过这儿吗? 你会的。"如图 9-2 所示,这条 468×60 像素的旗帜广告一经发布,就在 3 个月内获得了高达 44% 的点击率,由此开启了一个新的广告时代。在中国广告市场上,IBM 公司为了在中国市场推广 AS/400,于 1997 年 3 月花费 3 000 美元在天极传媒集团核心门户网站 Chinabyte.com 上投放了一条 468×60 像素的动画旗帜广告,由此拉开了中国互联网广告的帷幕。

图 9-2　世界上第一条互联网商业广告

与传统广告的商业模式一样,早期的互联网广告主要是以签订合约的形式约定特定的广告位在特定时间段为特定广告主所独占。换言之,早期的互联网广告仍然按照传统广告的思路和逻辑售卖门户网站固定的版面和时间,可以视为传统广告媒体购买与投放在互联网上的移植。

为了获得更多的广告收入,互联网广告经营者们很快就发现了互联网广告不同于传统广告的核心特征,并在技术手段的支持下迅速找到了一条提高广告位定价的路径——向广告主销售细分受众并按展示量结算。这种广告版面销售的方式在保证广告展示次数的基础上进一步细分了受众并向特定受众呈现不同的广告信息,已经呈现出与传统广告媒体代理不同的运行规则。例如,把某固定广告位的男性受众卖给生产剃须刀的广告主,把女性受众卖给生产化妆品的广告主。这种广告投放方式不仅为互联网广告经营者带来了更高的经营收入,也为广告主带来了更好的广告效果,开始朝着精细化运作的方向快速发展。

随着这一趋势愈演愈烈,新的问题也随之暴露:一是越来越细的市场细分导致受众重合度越来越高,广告主难以准确统计广告的受众覆盖量;二是当某次广告展示符合多个广告主的目标受众时,需要优先分配给签订更多展示量合同的广告主,从而有可能导致这次展示机会失去更高售价。为解决这一问题,搜索引擎广告(Search Engine Advertising,SEA)迅速成为互联网广告投放的新形式。搜索引擎广告是根据消费者主动的即时搜索行为投放的广告,而即时搜索的关键词则是精准细分的依据。这种广告形式推动了一种革命性的广告交易模式——竞价广告(Auction Based Advertising)开始形成。竞价广告交易模式对每一次的广告展示都按照收益最高的原则执行广告位资源的分配策略,而不再以合约的形式执行展示量上的约定。由于没有了契约的约束,广告主之间的博弈越发激烈,进而又形成了一种评估用户每一次互联网行为的广告展示价值,并以拍卖的形式将这次展示机会卖给广告主的实时竞价广告交易模式。在实时竞价广告交易模式下,互联网中大量的长尾流量资源获得了变现的可能,并在进化出的程序化广告交易平台上由可能变成现实,推动数字广告朝着智能化、规模化交易的方向快速发展。

(三)用户数据沉淀与互联网平台客户代理能力的形成

纵观各大互联网平台型公司的发展历程,其发展路径皆是借由互联网嵌入并改变了人们社会生活的各个方面,从而令自身获得发展的。当人们需要获取信息时,总是习惯“百度一下”;也时常禁不住“双十一”的诱惑而沉溺于购物狂欢,顺便再发一条“微博”,一边表达“剁手”后的懊恼,一边又乘坐网约“专车”、盼望着亲友的“点赞”。不夸张地说,当前互联网世界中品类繁多的电子商务、搜索引擎、网络社交、地图导航、美食外卖、同城快递、网约车等应用,总有一个是人们曾经使用过的。

正是由于互联网平台型公司满足了用户的多重需求,才令平台用户不断沉淀,国际电信联盟的报告显示,截至 2018 年,全球已有 51.2% 的人口成为互联网用户。而不断增长的平台用户在享受平台提供的便利的过程中,又形成了各种形式的网络劳动并转化为大量的用户数据。在大数据及大数据技术的作用下,各类平台获得并加强了精准洞察消费者、精准洞察市场的能力,进而延伸出提供广告专业服务的功能。由此,传统广告的媒体发布与客户代理的劳动分工和角色定位在互联网平台上发生了重合。而广告也借助互联网平台实现了“广而告之”与“精准传达”这对矛盾的统一。

总之,在大数据时代,互联网在媒体化延伸的基础上不但演化出更丰富、有趣、交互的广告媒体,还借助大数据、大数据技术、人工智能技术等进化出比传统广告代理更精准的市场调查、更合理的广告决策、更新颖的广告创意、更精致的广告制作、更真实的广告反馈、更高效的交易平台,从而拉大了与传统媒体在传播能力上的差距,缩小了与广告公司在消费者认知和广告内容生产上的距离,推动了互联网广告在广告发布和广告代理双重角色上的演进。简言之,平台型互联网公司不仅掌控着数字广告媒体资源,还掌握着数字广告技术,进而演化出传统广告公司媒体代理和客户代理的双重职能。

二、数字广告平台从人力智慧走向机器智能的业务运作

数字广告市场在互联网平台的技术赋能下,其媒体购买与投放、市场与消费者调查、广告创意与内容生产、广告效果评估等全部广告代理业务的运作模式,已从传统广告市场对"人"的依赖,演变为对"机器智能"的依托。

(一)传统广告代理的人力密集型技术—经济范式

如本章第一节所述,经由版面推销时期和媒体掮客时期的发展,媒体代理逐渐成为传统广告市场运作的重要内容。19 世纪中叶,社会生产效率大幅提高,导致营销环境和传播环境发生变化,单一的媒体代理服务已难以满足广告主日益升级的要求。1869 年,美国艾耶父子广告公司在费城成立,其经营业务从单纯的批售版面扩展至包括市场调查、文案撰写等业务在内的多样化、专业化的客户代理服务,[①]即为广告客户提供全程式的广告代理服务。

在媒体代理的商业模式中,媒体的版面资源是主要的交易标的物。广告公司通过提供劳动力和金融资本促成其交易,劳动力与金融资本则转化为广告公司的代理佣金和资本增值部分。客户代理的形成及广告公司专业优势的确立表现为多样化、专业化的客户代理业务对科学化的专业知识与技能的依赖,如基于统计学、心理学等科学知识的市场与消费者洞察等。这种依赖推动了广告产业的关键生产要素从单纯的资本(包括人力和金融)转向专业化的技术和知识,但这种专业技术、专业知识仍依附于人力资本——从广告掮客的体力劳动转向广告大师的智力劳动,尤其是统一并内化了科学与艺术、专业与智慧的广告策划与创意业务,更是高度依赖人的知识与智慧。

---

① 张金海,程明.广告经营与管理[M].2 版.北京:高等教育出版社,2013:27-29.

由此可见,传统广告代理是在资本要素(包括人力与金融)、市场要素以及附着在人力上的技术知识要素的基础上建立起来的,简言之,它是以资本、市场、技术知识为基础生产要素,尤以人力资本为关键的一种运行机制。按照演化经济学的观点,我们可以称其为人力密集型技术—经济范式。①

(二)数字广告机器智能型技术经济范式的业务运作

20 世纪 70 年代以来,人类社会步入信息和通信时代,以计算机为基础的信息密集型产业开始发展,广告由此也踏上了基于机器、技术与智能的变革之路。

自 1971 年美国加利福尼亚的英特尔微处理器诞生,历经半个多世纪的发展,围绕信息革命所发生的新的主导技术或新的通用技术体系已大体形成,包括计算机数字化技术与互联网技术、大数据与大数据分析计算技术,以及基于机器智能的人工智能技术。其技术逻辑是:计算机、数字化与互联网催生大数据,大数据催生数据分析技术,数据分析技术推动人工智能的发展。在这一通用技术体系中,计算机、数字化与互联网技术是基础性技术,人工智能则是大数据技术的应用与发展,而处于核心地位的便是大数据及其分析技术。与此同时,传统广告代理的运作方式也遵循这一逻辑发生着变革。

在数字广告的广告代理中,大数据与大数据技术不仅被用于解决广告的精准投放与个性化推送问题,而且被用来处理广告运作中的各项业务,如基于大数据挖掘与分析的市场洞察、消费者洞察与受众洞察,基于即时数据分析与处理的广告效果的实时监测与广告策略的动态调整,还被用来解决广告的程序化交易问题,甚至包括基于各类复杂算法的策划创意等智能化内容生产。基于大数据等新兴技术的机器智能正逐渐替代人工,处理广告代理业务中几乎全部的复杂运算和自动化程序,具体包括:

(1)以精准投放为中心节点的广告业务的一体化运作。广告媒体投放作为广告业务运作的重要环节,凝聚了广告人的心血、智慧,是一道道极为复杂而精细的业务运作程序的结晶。以数字广告中的计算广告形态为例,其兴起的首要目标在于寻求并着力解决广告精准投放的问题。与传统业务运作截然不同的是,计算广告将广告媒体投放之前的所有复杂的业务程序一并囊括在数据分析与各类复杂的算法之中,提供智能化与自动化的一站式解决方案。计算广告不

---

① 曾琼,刘振.计算技术与广告产业经济范式的重构[J].现代传播(中国传媒大学学报),2019,41(2):132-137.

仅仅是在谋求情境、用户与广告的最优匹配，同时还在以精准投放为中心节点，解构传统广告运作精细化流程，推动广告生产方式与业务运作方式的一体化发展。

(2)以“程序化交易”为中心节点的广告业务与市场交易的平台化运作。传统广告的代理业务通常采用合约的方式完成，因其交易量巨大，所以交易双方都会设置独立部门专门负责此项工作。在“程序化交易”出现之前，数字广告的初始形态——互联网广告资源的交易同样以合约交易的方式进行。当基于复杂数据分析与计算技术的“程序化交易”出现并进入数字广告领域，互联网的广告资源的交易便开始以一种高度的智能化与自动化方式进行。广告主依据自身的广告定位与需求，通过计算机软件程序自动下单，计算机通过各种复杂算法，在毫秒间完成自动化交易。这种自动化的“程序化交易”所改变的不仅是广告资源的交易模式，也不仅是以集约的方式实现广告主从粗放式的广告资源购买向精细化的广告受众购买的转变，更重要的是，它进一步推动了广告业务运作的一体化整合和平台化发展，并在此基础上进行了广告市场的交易行为与业务运作行为的对接，从而在广告运作层面重塑了整个广告行业。

三、数字广告第三方平台运作机制的建构

(一)互联网广告联盟：数字广告第三方平台的萌芽

在数字广告平台诞生初期，随着门户网站的涌现，互联网中的广告媒体数量急剧增长，叠加消费者的购买行为越发复杂，为帮助广告主在日渐丰富与繁杂的信息中找到适合的版面或时间投放广告，具备互联网广告资源交易中介平台性质的互联网广告联盟应运而生。互联网广告联盟主要有以下两种类型：一类是连接广告主和互联网媒体的中介性质的平台，其本身不拥有广告位，而是通过租用网络媒体的广告位为广告主投放广告，利润来源于中间差价，与传统广告媒体代理公司类似；另一类是拥有大量广告版面“存量”的互联网媒体，如搜索引擎等，这类联盟本身是互联网媒体，掌握着丰富的广告位资源，利润来源于通过有效投放广告提升广告位价值以增加广告收益。

综合来看，互联网广告联盟的出现使大量互联网广告位能够被托管，通过批量经营这些广告媒体资源，互联网广告联盟既实现了广告媒体资源变现，也提高了互联网广告资源的利用效率。但本质上，此时数字广告的运作方式仍以广告媒体资源为中心，通过分析互联网媒体特征判断受众特性来决定广告投放，仍是

低效且缺少弹性的广告投放形式,可视为传统广告媒体代理在互联网上的平移。

(二)互联网广告交易平台:数字广告第三方平台的发展

随着互联网广告供应持续增长,进一步扩张的互联网广告市场促进了网络广告联盟数量的增加。为实现互联网广告媒体资源的有效分配,不同互联网广告联盟之间迫切需要健全完善的协调机制:一方面,广告主面对众多互联网广告联盟,难以选择并购买有效广告位;另一方面,互联网媒体因无法匹配合适的广告主,造成大量有价值的广告资源被埋没,降低了广告资源的变现效率。能够同时接入多家互联网广告联盟的互联网广告交易平台(Ad Exchange)由此产生,以更好地帮助广告主与互联网媒体进行优化匹配。

互联网广告交易平台是汇聚大量互联网媒体剩余资源或流量,并按实时竞价方式实现资源优化配置的广告交易形态。其交易的一般流程是:首先,不同互联网广告联盟将收集、整理并分类存储的用户数据(cookies),包括年龄、性别、地理位置等,上传至互联网广告交易平台;其次,互联网广告交易平台将这些分类信息传送给广告主;最后,广告主可令符合其目标的顾客开展自由竞价,并选择是否进行广告投放。这种运作模式的出现,一方面有助于不同互联网广告联盟之间实现资源的有效分配,另一方面可以使互联网媒体借助互联网广告交易平台找到更合适的广告主,降低广告位闲置率并增加广告收入。对于广告主来说,推动其从购买广告媒体向购买受众转向,意味着更好的广告投放效果与投资回报。

(三)程序化广告交易平台:数字广告第三方平台的优化

互联网广告交易平台采用实时竞价方式公平撮合广告主与媒体交易,优化了广告资源配置,但仍仅解决了广告主购买广告位的需求。至于对广告位价值的判断,由于广告主缺乏相关数据支持,且受精力和成本限制,难以对每一个广告位实施评估并出价,代表广告主利益的需求方平台(Demand Side Platform)与代表互联网媒体的销售方平台(Sale Side Platform)等参与数字广告市场运作的新型第三方平台相继出现,逐渐完善了数字广告生态系统,构建了数字广告第三方平台——程序化交易(Program-Matic Buying)平台的运作机制。程序化广告交易是指在互联网及移动互联网上,通过大数据与大数据技术的精准定向,以实时竞价、非实时竞价和头部竞价为交易模式,自动执行广告媒体资源购买与广告投放的广告交易机制,包括需求方平台、供应方平台、数据管理平台和互联网广告交易平台四个部分,各部分分工明确、合作紧密,如图 9-3 所示。

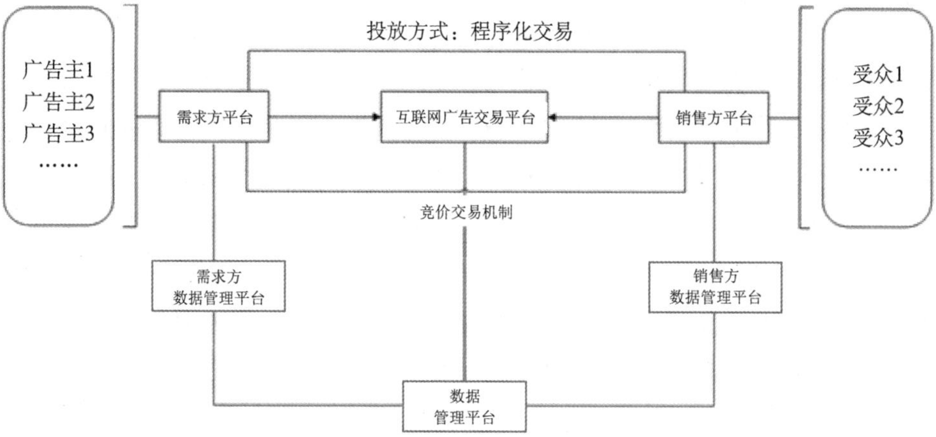

图 9-3　程序化广告交易平台示意图

其中,需求方平台是广告主投放和管理广告的平台,可管理多个媒体渠道,并根据广告主设置的广告目标自动接入符合条件的媒体资源;供应方平台是媒体管理广告位的平台,帮助互联网媒体智能化控制广告展示的时间、频次等,不但可使优质广告位接入更多优质客户,还能最大限度地开发库存广告位的价值;数据管理平台是实现广告精准投放的数据管理和分析平台,通过收集和分析用户数据,为其他平台提供目标用户的偏好和特征,是实现精准投放的重要条件;互联网广告交易平台是需求方平台和供应方平台发生交易的平台,一般通过实时竞价、非实时竞价或头部竞价,次高价结算的方式完成程序化广告交易。

程序化广告交易的运作流程虽复杂,但在技术帮助下,整个交易过程不超过 1 秒钟:当消费者打开一个网页或 App 时,供应方平台就会通过广告交易平台向需求方平台发布供应信息,每一个需求方平台上的广告主会根据数据管理平台(DMP)提供的分析结果进行估值,并实时做出竞价选择,随后广告交易平台将这次广告曝光机会给最高出价者;或者广告主在需求方平台上围绕目标消费者设置、发布广告需求,并提前通过广告交易平台竞价购买供应方平台中的优质广告位,当有消费者打开网页或 App 时,需求方平台便会做出其是否为目标消费者的判断并选择是否向其展示广告。

总的来说,程序化广告交易平台的出现推动了数字广告形态从早期复制传统广告的互联网广告向由数据和技术驱动的大数据广告、计算广告演进,使之与传统媒体的广告交易和运作逻辑产生了本质区别,具体表现在以下三方面。

其一,程序化广告交易可突破人工购买局限,自动、智能地完成海量媒体购买和广告投放,并实时优化。传统媒体购买依托人力资源,在媒体资源稀缺的传统媒体时代,人的体力劳动尚能满足媒体购买的需求,广告主只须签下少数优质媒体资源代理合同即可"一劳永逸"。然而在媒体资源丰富、优质资源涌现甚至自媒体"一夜爆红"现象频发的数字传播时代,人类的体力劳动已难以胜任海量、高频的媒体代理业务。面对数字传播时代海量的广告主、广告媒体、用户,程序化广告交易平台可以高效地实现海量信息的聚合,并自动、智能地执行媒体购买。此外,传统广告投放需提前半年以上设定预算,再进行媒体排期和投放,流程复杂、投放固定、效率低下。而通过程序化交易的广告投放可随时购买、即刻投放,投放形式、时间及预算分配更灵活,极大地提高了代理规模和效率,降低了人力谈判成本。

其二,程序化广告交易实现了广告主从购买媒体到购买消费者的转向,不但节约了广告费用,还提升了广告效果。广告投放是广告活动中的重要环节,决定着广告活动的成败。在传统媒体时代,广告虽按人群投放,但实际执行的却是媒体投放,广告主只能基于媒体对受众的覆盖情况模糊判断广告能到达的大致人群,难以精确统计有多少人、什么人通过媒体观看了广告主的广告。因此,传统媒体时代,广告投放的媒体、时间、区域、频次等即使精心安排,也难以避免不同媒体受众的高度重合。程序化广告交易可通过大数据及大数据技术分解、挖掘、匹配各种交互信息,对使用媒体的每个用户进行精准画像,同时实现跨媒体、跨平台、跨终端的受众去重,从而高效地实现"一对一"的精准传播,以"千人千面"的方式实现广告的精准投放,即不同用户同时使用同一媒体接触到的广告信息各异,避免了广告主将资金花费在非目标用户上,节约了广告成本,提升了广告效果。

其三,程序化广告交易的广告效果定量可测,实时竞价、按次计费、次高价结算的交易分配模式有效地保障了多方利益,消除了广告交易中的信息不对称,规避了逆向选择的风险和道德风险。在广告主、广告公司、广告媒体的三方博弈中,广告交易分配模式经历了佣金制、实费制、效益分配制、议定收费制等阶段的动态发展。其中,交易模式从佣金制、协商佣金制到实费制的发展,主要针对媒体代理存在的投机行为:由于媒体代理型广告公司收入多少取决于广告主的媒体投放费用,且广告主体间信息不对称,广告代理公司存在潜在动机,不切实际地鼓动广告主提高媒体刊播费用以增加自身收入。效益分配制和实费制虽能规避广告公司的投机行为,将广告代理的权利和责任联系在一起,却不能保障广告公司的效用不小于市场机会成本,使广告公司陷入巨大的经营风险,同时广告主也将自身置于更大的交易风险中。程序化广告交易提供的实时竞价运作模式则实现了广告代理费、媒体刊播费与广告效果相互挂钩,从而保障了广告活动中多方主体的利益。

四、平台化、一体化与智能化:数字广告市场运作发展趋势

(一)平台化

在大数据时代,广告市场的平台化分为交易平台化和投放平台化。目前程序化购买成为广告市场主要的生产和投放方式,这使买卖双方都能够享受数据红利,并通过公开化、智能化的平台进行实时竞价,其产业链包括广告主、需求方平台、销售方平台、数据管理平台、互联网广告交易平台、数字媒体等。

需求方公司和数据管理公司代理广告主业务,利用大数据分析受众心理和行为偏好,从而执行广告程序化购买;销售方公司作为数字媒体的销售方平台,通过聚集大量数字媒体和网络流量,提升广告媒体价值;需求方公司和销售方公司在交易平台中进行交易。近些年来,腾讯、阿里巴巴等企业纷纷建立了自己的广告交易平台,拓展了广告业务版图。据调研公司 eMarketer 预测,在美国,程序化广告投放将继续作为相关显示广告投放中的最大份额,而实时竞价广告投放将占据程序化投放的最大份额。①

(二)一体化

广告市场的一体化主要指从传统的多部门流水线生产变为一体化协作。传统广告产业的流水线模式使得各个部门缺乏有效沟通,导致广告策划过程中出现冲突、广告创意与宣传实践不一致,广告效果不理想,且广告组织冗余庞杂。

在大数据时代,数据成为有价值的资源,其收集依赖于人们基于互联网的行为导向,广告市场的运作越来越依托互联网公司。这些大型互联网企业既是商业公司又是媒体平台,能为数字广告运作提供一体化平台,成为广告公司和广告媒体的聚合者。甚至有部分大型互联网公司会通过组建数字广告公司参与数字广告市场竞争。它们既拥有资金、受众、客户等资源优势,又凭借内部数据与技术共享实现了对广告市场与消费者的预判式洞察、对广告媒体的精准购买与投

---

① 廖秉宜.大数据时代移动营销的十大趋势.数字营销[J].广告大观(理论版),2015(3):20.

放、高效率的广告内容生产,以及广告业务的一体化联动。例如,谷歌公司不仅拥有搜索引擎,还借助技术打造广告联盟平台,成为最大的广告服务公司,其近一半的收入都来源于此。①

(三)智能化

5G技术和人工智能技术的兴起令各行各业产生了深刻变革,广告产业的生产组织方式也面临着新技术的重构。广告智能化运作的核心逻辑是寻求内容价值和用户价值的连接与匹配,操作关键是大数据和智能算法,未来可能是弱人工智能与强人工智能的结合。其基本路径为:首先,用户通过智能终端在平台上留下数据;其次,平台对收集和掌握的数据进行智能化处理;最后,平台智能化生产广告信息并推送给用户。②

当然,目前的人工智能技术仍处于弱人工智能阶段,主要以数据和算法为中心进行数据收集和匹配。广告智能化运作主要分为三类:第一类是基于数据的用户个性化推荐,如数据驱动下的程序化购买以及基于点击偏好的商品排序推荐(即消费者洞察);第二类是以数据化指导的理性创作代替以往经验化的感性创作(即广告的沉浸式智能创作);第三类是智能化人机交互体验,包括语音识别、图像识别以及传感器识别(即广告的触点式智能投放及广告实时化反馈)。

未来,随着人工智能发展到强人工智能阶段,技术将能够理解人的行为和情绪,当前数字广告运作中僵硬的数据和算法将更具"温度"。通过实现人机的双向沟通和互动,在不确定性动态环境中做出感知与反应,真正达到科技理性与人文感性的完美结合,③也是可以期待的事情。

▶本章小结

1.广告市场是市场的一部分,符合市场的一般规律。广告市场同其他市场一样,也存在买卖双方,但有其特殊性——存在两次交易行为。当广告主向广告代理公司购买广告服务时,广告主是买方,广告公司是卖方。当广告公司代理广告主向媒体购买广告刊播的版面或时段时,广告主与广告公司是买方,广告媒体则是卖方。除此之外,广告受众也是广告市场不可缺少的重要组成部分,其反应是广告成功的重要指标,是广告价值的参照物。

---

① 廖秉宜.大数据时代数字广告产业的发展模式与战略[J].广告大观(理论版),2015(4):27-31.

②③ 谭辉煌,张帆,钱涛.媒体智能化趋势下广告运作模式的嬗变与重构[J].新媒体与社会,2019(1):24-36.

2.双重代理体现了传统广告市场运作的实质:一是广告公司受广告媒体或广告主的委托,以中介的身份批发或购买媒体版面或时段,从中赚取佣金和买卖差额利润,这种代理方式通常称为广告媒体代理;二是广告公司受广告主的委托,代理其开展市场调查、广告策划与创意、广告设计与制作等广告业务,从中赚取服务费或效益分红,这种代理方式通常称为广告客户代理。

3.与传统广告市场相比,数字广告市场发生了多种变迁。其一在于广告媒体资源从有限走向丰富;其二在于广告客户从集中走向分散;其三是第三方数字广告平台成为数字广告市场中的新主体,并逐渐取代了传统的广告媒体和广告公司。

4.在数字广告市场中,广告双重代理的内容实质并未发生变化,但其运作的过程和机制却与传统广告市场运作有明显不同。数字广告市场的运作是以精准投放和程序化交易为核心的广告生产方式、业务运作方式、市场交易方式的一体化、平台化、智能化运作机制。

▶关键术语

1.广告市场:指将广告作为一种特殊商品的交换关系的总和。

2.广告媒体代理:广告经营者接受广告媒体的委托,向广告主销售媒体版面或时段。

3.广告客户代理:广告经营者接受广告主的委托,代理其广告业务。

▶思考与研讨题

1.传统广告媒体匮乏的原因是什么?

2.数字广告媒体资源的丰富性是如何体现的?

3.传统广告市场的运作机制是什么?

4.传统广告双重代理模式在数字广告时代面临何种危机?

5.数字广告平台是如何运作的?

▶延伸阅读

1.曾琼.从平移到颠覆:技术可供视域下数字广告的发展演进[J].湖南师范大学社会科学学报,2023,52(2).

2.邓敏.中国数字广告产业二十年:基于“组织—技术”逻辑的制度化进程[J].国际新闻界,2018,40(11).

3.许烨.四方割据数字广告投放市场[J].广告大观(综合版),2012(3).

4.马二伟.大数据时代广告产业核心业态的变革与重塑[J].现代传播(中国

传媒大学学报),2016,38(11).

5.周立春,张金海.智能革命与广告产业的要素变迁及代理危机[J].新闻爱好者,2022(7).

6.张金海,程明.广告经营与管理[M].北京:高等教育出版社,2013.

第十章　数字广告业的经济范式及其发展变迁

▶**章节大纲**

1.技术范式与技术—经济范式；

2.传统广告业经济范式的历史演进；

3.数字广告业经济范式的当代转换；

4.范式转换下数字广告业的发展变迁。

▶**章节内容**

本章从演化经济学的技术和技术—经济范式理论入手，重点介绍了广告产业及其经济范式的转型。传统广告业起初是一种典型的劳动密集型产业经济范式，其间虽发生过从劳动密集型到智慧密集型的范式进步，但本质上都是以人力为主导的。21 世纪初，大数据计算技术的广泛应用推动了广告产业经济范式从人力密集型转变为技术密集型。数字广告产业经济范式的当代转换引发了产业生产运作方式、产业多元结构、产业市场关系和产业制度的颠覆性变革。

第一节　技术范式与技术—经济范式

技术进步与广告业发展，从本质上来说是一种技术与经济之间的作用关系。在西方主流经济学的技术经济观中，“技术范式”与“技术—经济范式”是两个较为重要的概念。它们回答了技术到底是如何作用于经济并推动社会经济发展的。在正式介绍上述概念之前，我们有必要简要回顾一下西方主流经济学对技术与经济关系认识的演变。

一、技术与经济

（一）从古典经济学到新古典经济学的技术经济观

在古典经济学和新古典经济学中，技术进步在经济发展中的作用常被忽视。古典经济学注重宏观经济分析，亚当·斯密、托马斯·马尔萨斯、大卫·李嘉图等提出劳动财富论、“看不见的手”的自由市场论、协同生产要素论以及市场均衡定律等经典理论，奠定了西方经济学的根基。20 世纪以来，西方经济学历经张伯伦革命、凯恩斯革命和理性预期革命三次重大变革，开始注重微观经济学和数学方法应用，“二战”后形成的包括微观和宏观经济学的基本理论分析框架，即“新古典经济学”或“新古典综合”，长期占据西方经济学主导地位。但我们若深入检视其经济理论体系就会发现，技术进步在经济发展中的作用未得到应有的重视，虽然一些主流经济学代表人物意识到了这一缺陷，却未对主流经济理论基础框架做出重大修改。

（二）演化经济学的技术经济观

1.演化经济学的兴起与思想基础

相较于主流经济学，演化经济学代表着全新的经济学发展方向，但其发展却历经波折，20 世纪五六十年代甚至被多数经济学家遗忘。直到 20 世纪 80 年代，演化经济学才逐渐受到重视和关注，掀起了以演化思想为基础的经济学革命，并发展成为新的现代主流经济学。现代演化经济学的思想先驱可追溯到卡尔·马克思，他用达尔文的演化思想研究社会生产关系和生产力的变化，认为技术进步如同生态系统中的物种，共同演化、相互转换。马克思之后，人们普遍认为广义的演化经济学源于美国经济学家托尔斯坦·凡勃伦（以下简称凡勃伦），甚至有人认为源于英国经济学家阿尔弗雷德·马歇尔（以下简称马歇尔）。早在 1898 年，凡勃伦就向经济学家们提出：“经济学为什么不是一门进化的科学？”①马歇尔也宣称：“经济学家的目标应当在经济生物学，而非经济力学。”②二人的论断为经济学的演化思想奠定了基础。

---

① VEBLEN T.Why is economics not an evolutionary science? [J].The quarterly journal of economics，1898，12(4)：373-397.

② 马歇尔.经济学原理（上卷）[M].朱志泰，译.北京：商务印书馆，2009：9.

2.熊彼特的创新理论

就技术经济理论而言，对演化经济学影响最大的是约瑟夫·熊彼特（以下简称熊彼特，图 10-1）。熊彼特是美籍奥地利裔经济学家，他提出的许多重要理论和观点后续都发展成为演化经济学的核心概念，其中最重要的是创新理论。1912 年，熊彼特出版《经济发展理论》，并在书中提出著名的创新理论，轰动了当时整个西方经济学界。熊彼特认为，所谓创新，就是在生产过程中引入从未使用过的生产要素和生产条件，并将它们重新组合，以建立一种新的生产方式。他明确指出，创新包括五种情况：产品创新、技术创新、市场创新、资源创新和组织创新。

图 10-1　美籍奥地利裔经济学家约瑟夫·熊彼特

在这里，熊彼特第一次将技术进步视为经济发展的核心变量和内生变量。这是与传统经济学完全不同的技术经济观，它突破了以往西方主流经济学长期存在的理论缺陷，构建了一种新的技术经济理论。

20 世纪 50 年代，生产技术长足进步，尤其是 20 世纪 80 年代，以微电子技术为主导的新技术革命蓬勃兴起，推动了技术全面进步和经济全面增长，使得经济学家们越来越无法漠视技术进步对经济增长的重大作用。演化经济学在这一背景下获得了新的发展。

二、多西的技术范式理论

(一)多西技术范式理论的提出

1982 年,演化经济学的代表人物乔瓦尼·多西(以下简称多西,图 10-2)提出了“技术范式”的概念。“范式”一词最初由美国著名科学史学家、科学哲学家托马斯·库恩(以下简称库恩,图 10-3)于 1962 年在《科学革命的结构》一书中提出。简单来说,范式是指特定共同体成员广泛接受的一种范例和模式,是一套共同的理论、假设、方法、观念和价值观的总和。

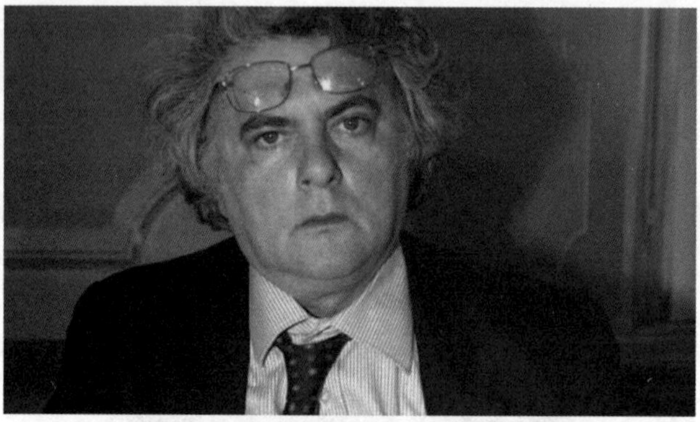

图 10-2 意大利演化经济学家乔瓦尼·多西

图 10-3 美国科学史学家、科学哲学家托马斯·库恩

库恩提出的“范式”概念主要用于解释现代科学的发展和变革,而多西则意识到现代科学和技术在程序与性质上有很大相似之处。因此，他将库恩的“范式”概念运用到技术领域中，创造性地提出了“技术范式”的概念。

（二）多西的技术范式理论的要义

多西将技术范式定义为解决技术经济问题的一种模式。他认为，只有当一种技术或技术体系被广泛采用时，才具有“技术范式”的意义。多西的技术范式理论主要内容有：

第一，技术范式并非某种单一的技术形态，而是一个技术体系，由多种技术以及从事相关技术活动的主体构成。

第二，技术范式的结构主要包括核心技术和辅助技术两部分。核心技术在技术体系中占据主导地位，辅助技术则为核心技术提供保护和支持。

第三，技术范式的演进取决于技术潜力、相对成本、市场需求和产业竞争等多种因素。其中，市场需求和产业技术竞争是最为重要的两项动力因素。

第四，技术范式演进是一个不断循环的过程。当现有技术范式的生命接近极限时，新的技术革命就会发生，技术范式就会发生新的转移。技术范式的产生、形成和转换是技术发展的必然规律，推动了技术的不断进步和创新。

第五，技术范式的变革主要有两种方式：一是选择用新的技术范式替代现有的技术范式，二是在现有技术路径的基础上持续改进和完善。

（三）多西技术范式理论的价值与意义

通过引入“技术范式”的概念，多西区分了一般意义上的技术与作为“范式”的技术，二者对经济发展的贡献存在差异。多西既肯定技术对经济发展的作用，又重视和强调“技术范式”对经济发展的贡献。它将演化经济学的技术经济观提升到了一个新的高度，为技术革命与技术创新过程提供了新的理论解释，也为技术与经济发展的研究分析提供了基础性框架与多元维度。

三、佩蕾丝与弗里曼的技术—经济范式理论

（一）技术—经济范式理论的提出及其发展

1983 年，英国演化经济学家卡萝塔·佩蕾丝（以下简称佩蕾丝，图 10-4）在多西的技术范式的基础上首次提出“技术—经济范式”的概念。1988 年，佩蕾丝与著名演化经济学家克里斯托弗·弗里曼（以下简称弗里曼）合作发文，对技

术—经济范式的核心论点进一步做了阐述说明。在佩蕾丝与弗里曼的共同努力下,技术—经济范式理论经过 20 多年的发展演进逐步丰富完善,成为演化经济学的重大理论贡献之一。

图 10-4 英国演化经济学家卡萝塔·佩蕾丝

(二)技术—经济范式的概念内涵与核心观点

梳理佩蕾丝与弗里曼的技术—经济范式理论,其主要内容有:

第一,技术—经济范式不等同于简单的"技术创新"与"技术革命",它强调技术与经济的关联,注重技术与组织、制度、管理等因素之间的相互依赖关系。

第二,技术—经济范式既包括新的通用技术,也包括围绕这一技术所形成的新的组织原则。新的通用技术和新的组织原则彼此适应,能够带来经济上的最大效益,成为组织的最佳实践模式。

第三,技术—经济范式变革的影响远超出技术进步本身,其在整个经济中具有渗透效应。它不仅会对产品、服务、系统产生影响,而且还会直接或间接地影响经济的几乎每个其他领域。

第四,技术—经济范式的演进具有渐进性。新模式首先在少数领域显现优势,之后逐步扩展至整个经济。此过程需要 10 年或更久,并且只有经过 50 年左右,才能使总的效率水平提升到一个新的高度。

第五,一次技术变革的生命周期在 50—70 年,包括导入期和展开期两个阶段。在导入期,新技术和产业开始出现并被广泛应用;在展开期,技术不断成熟,直至走向衰退,等待新一轮技术革命巨潮的到来。一次技术革命的生命周期就是一次技术—经济范式变革的逻辑轨迹。

(三)技术—经济范式重大的理论意义与应用价值

佩蕾丝与弗里曼的技术—经济范式理论既是对熊彼特创新理论的重大发展,又是对多西技术范式理论的重大提升,实现了演化经济学技术经济理论的系统建构,为我们提供了一种经济演化的新的理论分析框架和多种经典范例,有助于我们解释宏观经济的演变,分析产业和企业经济的变化,帮助我们更好地理解社会经济的演化过程。

第二节　传统广告业经济范式的历史演进

在技术与技术—经济范式的基础上,可以将产业经济范式理解为产业经济发展主要采用的一种模式、结构和形态。传统广告业诞生之初,是一种典型的劳动密集型产业经济范式。随着双重代理模式的确立,传统广告业经济范式从劳动密集型转变为智慧密集型。但无论是劳动密集还是智慧密集,本质上都属于人力密集型的产业经济范式。

一、人力密集型的传统广告业经济范式

早期的媒体代理从属于报业。面对众多广告客户,报业招揽广告费时费力且有经济风险,于是开始雇业务人员推销报纸版面,“媒体掮客”应运而生,他们代表媒体向广告主推销版面并收取佣金,人员结构较为松散。

1841 年,沃尔尼·帕尔默(以下简称帕尔默)在美国费城创办了第一家广告公司,其业务主要是代广告主向报纸订购广告版面,并从中收取 25% 的佣金。1865 年,乔治·罗威尔(以下简称罗威尔)在美国波士顿创办了另一家广告代理公司,其主要业务则是专门从事报纸广告版面的批发代理服务,即以较低价格批发购买报纸的广告版面,然后以高于批发价的价格零售分销给广告主,从中赚取差价。

从代理业务看,这两家广告公司从事的都是纯粹的媒体代理,仅推销广告版

面,不提供其他专业化广告代理服务。但从代理模式看,二者截然不同。帕尔默广告公司按比例收取代理费用的方式在业内传播并被普遍采用,后来国际通行的 15% 的代理佣金制正是在此基础上发展而来的。罗威尔式的批发零售模式则常被大型和综合型的广告代理公司采用,并逐步发展成为大型专业媒体购买公司的基本商业模式。

这两种广告媒体代理模式使媒体代理成为广告公司的重要业务和主要利润来源,早期广告业快速发展正基于此。但从商业模式看,它们只是当时服务业代理模式与销售业批发零售模式在广告领域的简单复制,不具有商业革命意义。

从产业经济范式角度看,帕尔默式媒体代理的关键生产要素除人力外似乎别无其他,代理佣金主要由人力转化而来;罗威尔式媒体代理的关键生产要素除人力外,还增加了资金成本。早期的广告业建立在这样的传统生产要素基础上,是以人力密集为主导的传统产业经济范式,与先进生产要素无关。

二、从人力密集型到智慧密集型的范式进步

(一)客户代理的兴起与双重代理模式的确立

随着市场扩张和竞争加剧,企业营销环境日益复杂,纯粹的媒体代理已无法满足广告主的需求。广告公司开始拓展多样化、专业化的广告业务,不再仅帮媒体推销广告版面。

1869 年,年仅 20 岁的 F.W.艾耶以他父亲的名义在美国费城创办了艾耶父子广告公司,这是现代意义上的第一家广告代理公司。该公司不仅为报纸推销广告版面,还向广告客户提供多方面的广告代理服务,包括广告市场调查、广告文案撰写、广告策略制订、广告版面设计以及媒体投放建议。

艾耶父子广告公司的创立是广告史上又一标志性事件,具有重要的历史意义。由此,广告业开始从单纯的媒体代理走向媒体与客户的双重代理。在广告业一百多年的发展过程中,这一商业模式始终未变,对整个广告业产生了深远、持久的影响。

(二)广告业专业化与智慧化发展

从单纯的媒体代理到媒体与客户的双重代理,广告业的核心生产要素发生了重大转变。早期媒体代理的核心生产要素是劳动力,具有劳动密集型特征。而客户代理以广告人的专业技能、专业知识与专业智慧为核心生产要素,具有智

慧密集型特征。在艾耶父子广告公司成立之初，广告业的"智慧密集型"特征可能不太明显，但在后续发展中变得日益显著，主要体现在以下两个方面：

1.广告运作各个环节的高度科学化与专业化发展

这主要包括广告调查、广告创意、广告作品设计与制作、广告策划以及广告的媒体投放。19 世纪后期，广告业的这种科学化、专业化发展进程较为缓慢。直到 20 世纪 20 至 30 年代，以肯尼迪为代表的第一代广告大师出现，以及霍普金斯"科学广告"概念的提出，才进一步加快了广告业的科学化、专业化进程。之后，又经 20 世纪 40 年代以罗瑟·瑞夫斯为代表的第二代广告大师，以及以大卫·奥格威为代表的第三代广告大师等几代人的努力，到 20 世纪 60 年代，现代广告业已达到相当高的专业化水平，并确立起了不可替代的专业化产业优势。

2.广告创意与广告策划核心业务地位的确立

如果说广告调查、广告的媒体选择与投放，以及广告效果的测定更多依赖广告人的专业知识与技能，那么广告策划与创意除依赖专业知识与技能外，还更多依赖广告人的智慧。广告策划与创意具有专业性与智慧性、科学性与艺术性高度结合的双重属性。20 世纪 60 年代，美国广告业进入创意革命时代。20 世纪 70 年代，广告运动与广告策划的概念被提出，标志着广告创意与广告策划核心业务地位的确立，进一步强化了广告业不可替代的产业优势。

（三）以人工智慧为特色的范式进步

在演化经济学中，经济范式的演进有两种方式：一种是范式进步，即不改变原有的经济运行轨迹，沿着原有的经济轨迹向前发展；另一种是范式转换，即改变原有的经济运行轨迹，促进新的经济范式的诞生。从产业经济范式的角度来看，虽然广告业确立了新的媒体与客户双重代理的商业模式，但商业模式的代理并没有发生本质改变，只不过是此前代理模式的一种拓展；虽然确立了新的智慧密集型的产业核心生产要素，但这种生产要素依然是建立在人力基础之上的，并没有直接带来产业经济效益的增长。因此，从人力密集型到智慧密集型，此次范式演进只能称为范式进步，而非范式转换。

三、人力密集型传统产业经济范式的危机

从帕尔默创办第一家广告公司算起，现代广告业在其后 150 多年的发展历

程中从未遭遇过任何实质性的挑战。19 世纪后期到 20 世纪末是现代广告业发展的黄金时期,直到 20 世纪 90 年代,传统广告业才第一次遭遇来自整合营销传播的挑战。在企业营销推广的多种要素中,广告一直处于不可取代的重要地位。然而,随着营销与传播环境日益复杂化,任何单一的营销推广方式都不足以成功执行营销,整合营销传播的观念应运而生。广告业因此产生了严重的危机,广告消亡论甚嚣尘上。在这场挑战与危机中,广告人凭借自身的智慧,力图以广告为营销传播整合的工具,将其他营销传播方式一并收归自身的账下,尽管没能重振现代广告业,至少也未曾让广告就此衰亡。不过,警钟已经敲响。

20 世纪末到 21 世纪初,危机终于发生,其中一个显著标志就是"零代理"的出现。所谓"零代理",指的是代理公司放弃 15% 的媒体代理佣金,只赚取可怜的客户代理费用。一时间,"零代理"成为一种普遍现象。全球范围内的超大型广告集团纷纷剥离媒体代理业务,转而开展大型的媒体购买业务,以对抗媒体强势地位下的"零代理",力争赚取更多的代理利润。然而,这种代理运作方式更加促成了"零代理"现象的普遍发生。

"零代理"现象显示出广告代理业的危机,从更深层次说,体现了广告代理以人力为主导的传统产业经济范式的危机。当"零代理"普遍发生时,我们终于深刻地认识到广告代理旧范式的危机。所有这一切都表明,新的经济范式转换必然发生,也即将发生。

第三节　数字广告业经济范式的当代转换

自 20 世纪下半叶开始,广告业便进入技术快速发展的时代。20 世纪 90 年代,网络与数字技术率先开启互联网广告发展的新阶段。然而,这一时期的互联网广告还只是传统广告的网络平移。直到 21 世纪前 10 年,大数据计算技术迅速兴起与应用,广告业才真正进入"技术密集型"时代,数字广告业经济范式的当代转换由此发生。

一、网络与数字技术下广告的互联网平移

(一)网络与数字技术时代的到来

20 世纪 90 年代初,人类社会进入以网络与数字技术为主导的技术时代,标

志性的技术成果有万维网、计算机技术、数字技术、移动通信技术和搜索引擎技术等。这些技术的普及应用开创了互联网时代，给广告业经济范式转换带来了重大机遇，主要体现在以下三方面：

1.传播时空与信息容量的极大突破

传统的媒体传播，无论是报纸、杂志，还是广播、电视，都存在时间和空间上的限制，信息容量也非常有限。而互联网的出现彻底打破了传播时间和空间的限制，使信息可以在超越时空的范围内传播。数字技术的发展更是让信息的存储和传输变得更加便捷。

2.传播方式的极大改进

传统媒体一直以来都是单向传播的，传播者处于主导地位，受众只能被动地接收信息。随着互联网 Web2.0 技术的出现，受众不再是被动的信息接收者，而是成为积极的内容生产者和传播者。这种交互式传播为受众参与广告信息的生产，以及信息的在线互动与在线及时反馈提供了可能。

3.数据收集方式的极大变革

随着互联网技术和搜索引擎技术的普及成熟，用户的网络行为数据可以被记录和收集，包括用户登录了什么网站、浏览了什么网页、搜索了什么内容、点击与浏览了什么广告等。这些数据可以用来进行消费者兴趣、爱好和需求的分析与识别，从而更好地了解消费者的需求和兴趣。同时，这种数据收集方式也使得广告传播效果的及时收集和把控成为可能。

（二）传统媒体广告的互联网平移

相对于传统广告，以上每一种发展机遇都具有重大的革命性意义。在上述技术的支持下，互联网广告理应得到重大发展，但现实却并非如此。1994 年，全球出现了第一则互联网广告。在之后较长一段时间内，互联网广告的形态都以“展示”为主，这类广告从本质上讲就是传统媒体广告的互联网平移，与传统媒体广告相比并无本质区别，最多是互联网广告还可以在后台收集用户的点击行为数据，但基于用户在线行为的效果检测与反馈也并未成为这一时期互联网广告传播的常态。因此，这一时期只是传统广告的互联网平移期。

二、广告业计算技术—经济范式的跃迁

(一)以大数据计算技术为主导的新技术时代

21 世纪初,互联网广告进入了一个全新的计算技术时代。这个时代的标志性时间起点便是大数据概念提出的 2008 年。当年,《自然》杂志发表了一期专门介绍大数据的专刊,率先提出大数据概念。接下来的 2010 年、2011 年,《经济学家》和《科学》杂志先后推出以“数据,无处不在的数据”和“数据处理”为主题的专刊。2013 年,维克托·迈尔-舍恩伯格和肯尼思·库克耶出版了影响巨大的《大数据时代:生活、工作与思维的大变革》一书,一时间,大数据浪潮蓬勃兴起。大数据计算技术很快取代了网络与数字技术,成为这个时代的主导技术,被广泛应用于社会生产与生活的各个领域。由此开始,整个社会迅速发生了以大数据计算技术为主导的新的技术体系重构。此前作为主导型技术的网络与数字技术转变为基础性技术被组装进大数据计算技术体系之中。

与网络与数字技术相比,以大数据计算技术为主导的技术体系为互联网广告演进带来的发展机遇更具突破性和颠覆性。

其一,大数据计算技术改变了数据收集与分析的方式。大数据计算技术能够处理庞大的数据量,通常以海量级别来衡量。同时,它还能够收集和处理不同来源和不同类型的数据,包括结构化数据(如数据库中的表格数据)、半结构化数据(如 HTML 文档、网页)和非结构化数据(如图片、音频、视频)。

其二,大数据计算技术改变了用户定向的方式。大数据计算技术具有超强的数据处理能力,使用户在线和非在线的历史数据与实时数据、静态数据与动态数据、数值型数据与非数值型数据的分析处理成为可能,从而为用户定向提供强大的技术支撑。

其三,大数据计算技术推动了各类智能机器对广告活动的介入。大数据计算技术的发展促进了人工智能技术的迅速发展,使广告业从原先纯粹依靠人工劳动和智慧的运作逐步转向人机协同运作。

(二)广告业计算技术范式的确立与经济范式的转型

大数据计算技术为互联网广告发展提供了更多新的发展机遇,正是在大数据计算技术的支持下,互联网广告才真正实现了颠覆性的重大突破和创新。大数据计算技术首先嵌入广告定向环节,实现了广告定向与投放的自动化与智能

化。随即又嵌入广告市场交易和广告内容生产之中,实现了广告市场交易、广告内容生产以及整个业务流程的自动化与智能化。定向广告、程序化广告与程序化创意的广泛应用,标志着广告业真正进入了一个技术密集的时代。

在多西看来,只有当一项技术被普遍选择和应用时,才会逐渐发展为一种技术范式。从定向广告到程序化广告,再到程序化创意,大数据计算技术正在实现对广告业务运作的全面嵌入,成为广告业最为普遍的一种技术选择。从这个意义上讲,大数据计算技术已经取代传统人力,成为广告业发展的新的"计算技术范式"。当这种技术范式从少数几家企业逐渐扩展至整个产业领域时,又会成为整个互联网广告领域的共同原则和最佳实践模式,新的"计算技术—经济范式"得以形成。由此,从人力密集型到技术密集型产业经济范式的当代转换才得以完成,广告业技术密集型产业经济范式才得以真正确立。

第四节 范式转换下数字广告业的发展变迁

广告业新的计算技术范式的确立引发了数字广告业的多重发展变迁,集中体现在产业生产运作方式的全面变革、产业多元结构的重组、产业市场关系的全面改善与优化,以及产业制度的重大变革与重构等方面。

一、产业生产运作方式的全面变革

(一)从手工作坊式生产到技术化运作

传统的广告业务运作是一种纯粹的手工作坊式生产。从广告创意或设计方案的形成,到交由广告制作者完成制作,再到广告制作完成后的媒体投放,以及相关的媒体分析与受众分析,每一个业务环节都是由个人独立完成或由少数几人合作完成的。大数据计算技术在广告领域的全面应用推动了广告生产运作的全面技术化与智能化。从市场和消费者调查到广告投放,再到广告市场交易和广告生产,广告业务运作的各环节均已被技术全面覆盖。技术和机器正在取代传统人力,成为广告生产运作的主要方式。

(二)从流水线式作业方式到一体化运作

传统广告业务运作是一种典型的流水线式作业,一项完整的广告业务运作被分解为若干个彼此独立的环节，由各个业务部门分散执行，从广告调查、策划、创意设计、制作，到广告媒体投放和效果监测。随着大数据计算技术广泛应用于广告业，传统的流水线式作业方式迎来终结，取而代之的是广告生产运作的一体化，包括广告市场交易的一体化、广告业务运作的一体化，以及广告业务运作与广告市场交易的一体化运作。

二、产业多元结构的重组

（一）产业资源要素的结构化改变

传统广告业的资源要素始终以人力为核心。随着大数据计算技术的广泛应用，技术迅速取代人力成为广告业最核心的资源要素。此外，大数据计算技术为广告业务运作提供了更为海量、丰富、客观、真实和动态的数据，广告业务运作的各个环节均建立在数据之上。由此，技术与数据成为广告产业两大新的核心资源要素。

（二）人力资本需求的结构化调整

演化经济学家弗里曼与佩蕾丝曾指出，信息通信时代，技术进步对人力资本的影响集中体现在两个方面：一是从对中级人才的需求转变为对高级人才和低级人才的需求。二是从对专业化技能的需求转变为对更广泛的多用途基本技能的需求。[①] 国内外研究也都表明，技术进步会导致市场对高技能劳动力需求的增加，降低对低技能劳动力的需求。

有学者做过人工智能应用对广告产业人力资本影响的相关研究[②]，结果显示：随着人工智能的发展应用，广告业对一般型人力资本与技能型人力资本的需求量会大幅下降，而对创新型人力资本和对计算机、数学、统计学等异质性人才的需求量会急剧增加。

还有报告显示，互联网行业最紧缺的人才集中在人工智能方向，而运营岗位的求职竞争最为激烈。这表明互联网行业在人才资本的需求上呈现出高级—低级的两级型需求结构。[③]

---

① 多西.技术进步与经济理论[M].钟学义，沈利生，陈平，译.北京：经济科学出版社，1992：75-76.

② 秦雪冰.人工智能应用下广告产业的人力资本变迁研究[J].新闻大学，2019(6)：108-119，125.

③ 脉脉.2023泛互联网行业人才流动报告[EB/OL].(2023-09-04)[2023-12-07].https://maimai.cn/jobs/collect_user_infos? articleId=51&fr=maiin_index&from=data.

（三）产业组织一体化结构的再构

传统广告业采取了只适用于工业大生产的科层制和部门制的组织方式。由于这种组织结构就像金字塔一样，因此也被称为金字塔式组织结构。小型化的广告业务却采用了庞大冗杂的组织管理方式，二者存在严重的矛盾和冲突，导致广告业的低效率和低效益。尽管广告业在此基础上又发展出小组制的组织方式，不过，这种组织方式并没有得到普遍应用。大数据计算技术将推动广告业的组织结构朝着一体化和平台化的方向发展。僵硬的大型金字塔式的传统组织结构，将会被一体化、平台化、小型化、灵巧化的组织结构所取代。

三、产业市场关系的全面改善与优化

（一）广告定向对广告主与广告代理关系的改善与优化

在传统广告传播活动中，由于广告效果的不确定性，广告主和广告代理一直保持着紧张的市场关系。广告主经常会抱怨："我知道我的广告费有一半是被浪费了，却不知道是如何被浪费掉的。"随着广告定向技术的不断进步，广告效果变得更容易预测和确定。以前，广告主只能通过购买大量媒体资源来吸引目标消费者，这样做不仅会耗费大量资金，而且收效甚微。现在，广告投放更加个性化和精准化，广告信息可以直接传递给目标消费者。有多少人浏览了广告，有多少人点击了广告，又有多少人购买了商品，这些数据都清晰可见，并会实时反馈给广告主。通过记录用户的浏览、点击与购买数据，广告效果便具备了某种可预测性与可确定性。于是，广告主与广告代理之间相互信任的关系的建立也就有了可能，并成为现实。

（二）智能化合约对广告市场交易的改善与优化

信息不对称是传统广告市场交易中的常态。在我国，由于缺乏专门审核媒体发行量和收视率的机构，传统合约化广告市场交易的信息不对称状况比较严重。发行量、收视率等媒体发行的相关信息都被牢牢掌握在媒体方手中，广告主根本没有办法知道媒体发行的真实情况。为了达成市场交易，各方都需要付出高昂的成本。随着程序化广告的兴起，传统合约化广告市场交易正在被智能化合约所取代。在这里，广告交易数据均公开可见。媒体根据用户数量、价值、浏览量、点击率等数据确定媒体价格，广告主根据这些数据购买媒体。广告市场交易有了客观数据的支持,有效地消解了广告市场交易中的信息不对称,从而有效地规避了广告市场交易中的种种欺诈行为。

(三)广告与用户的有效匹配对广告市场环境的改善与优化

传统广告传播是一种无时不在、无处不在的重复传播。因此,反感与厌恶成为大众传播时代消费者对广告的一种普遍心态。而在广告定向技术的支持下,消费者接收到的是与自身需求以及所处场景高度匹配的个性化广告信息。广告的信息服务与指导消费的功能不断上升,而信息干扰的不良感受在不断下降。不仅如此,消费者不再只是被动地接收广告,他们还成为生产和分享广告内容的积极贡献者。从过去的反感与抵触,到现在的主动体验与积极参与,消费者对广告的态度和行为发生了巨大的改变。这种改变成为优化整个广告生态系统、改善整个广告市场环境的积极推动因素。

四、产业制度的重大变革与重构

(一)广告代理制的制度危机与变革

广告专业化分工是广告代理制度赖以形成和发展的重要根基。然而,随着大数据计算技术的广泛应用,广告公司的专业化代理能力被广告算法所取代,广告代理制度赖以建立的专业化基础被计算技术的技术逻辑彻底消解,广告代理制度的危机全面发生。

在技术的冲击下,广告代理制度亟须完成新一轮的变革:一是广告市场运作机制的变革。多功能一体化、平台化的“第三方平台”将取代传统的广告代理制,成为互联网广告市场新的运作方式与运作机制;二是广告代理费率的重构。在广告费用中收取 15% 的固定费率是国际通行的代理收费方式,但这种代理费率必须建立在广告公司专业化代理能力和服务的基础上,随着广告定向技术和程序化交易技术对广告代理专业能力的消解,代理费率已失去存在的根基,协商收费制和效益分配制将取代 15% 的固定代理费率,成为主要的收费方式。

(二)广告业内外制度的危机与重构

随着算法技术的广泛运用,数字广告业得到了高速发展,但同时也带来了许多外部性问题。例如,技术应用形成的新的产业垄断、算法造成的消费陷阱、广告算法的歧视和偏见、算法的操纵和规训、算法监视与隐私侵犯等,由此导致了广告业内在道德制度和外在法律制度的严重危机。

为应对计算技术带来的挑战,广告业亟须构建起新的内在伦理制度和外在法律制度。

内在制度方面,尽管内在约束性制度的建立并不足以解决算法嵌入下的上述种种复杂问题,但是,算法伦理约束与道德自律的内在制度的建立,却仍是一种必须。在以往的内在约束性制度建构中,一般都是把“不为恶”作为伦理道德的底线,总是围绕“不为恶”来判定种种自律条款。但是,“恶”作为一种内在约束性的概念过于抽象,算法下的“恶”则更加复杂,更加难以界定。因此,关于伦理约束与道德自律内在制度的建立,有必要提出一个新的“向善”的伦理道德标准,并建立新的伦理道德意识的教化培育机制。

外部制度方面,由于这些问题在计算技术时代信息传播领域普遍存在,全球多个国家已经出台了有关数据和技术治理的限制性法规和政策。例如,欧盟的《通用数据保护条例》《可信赖人工智能伦理准则》《算法的可问责和透明的治理框架》《人工智能法案》等;美国的《加州消费者隐私保护法》《算法问责法》《人工智能应用的监管指南》《人工智能权利法案》等;中国的《中华人民共和国民法典》《中华人民共和国数据安全法》《中华人民共和国个人信息保护法》等。但是,目前还没有专门针对广告算法的制度出台。当这些外部性问题严重危害社会甚至危及广告业自身的发展时,新的专门的制度化建构必将应运而生。

▶本章小结

1. 与西方主流经济学相比,演化经济学将技术创新视为经济发展的核心要素,提出了诸多重要的技术经济发展理论。其中,“技术范式”和“技术—经济范式”是两个较为重要的概念,二者深刻揭示了技术革命与经济发展之间的相互作用关系,为我们理解技术进步与广告业发展间的关系提供了重要的理论支持。
2. 现代广告业诞生于早期的媒体代理。广告业务人员以“媒体掮客”的身份奔走于广告主与媒体之间,是一种典型的劳动密集型产业经济范式。1869年,艾耶父子广告公司成立,广告业发生了从劳动密集型到智慧密集型的范式进步,但仍属于人力密集型的传统产业经济范式。20世纪末到21世纪初,以人力为主导的传统产业经济范式面临严重危机。
3. 20世纪90年代初,人类社会进入了一个以网络与数字技术为主导的技术时代。但这一时期的互联网广告只是传统广告的网络平移。直到21世纪初,大数据计算技术兴起,技术才全面取代人力,成为广告业最为普遍的一种选择,由此,广告业技术密集型产业经济范式才真正得以确立。

4.新的计算技术范式的确立引发了广告业的多重发展变迁:其一,传统手工作坊式、流水线式的生产运作正在被高度技术化与一体化的生产运作方式所取代。其二,产业资源要素结构、人才需求结构和组织结构均面临全面调整和重构。其三,计算技术的嵌入极大地改善和优化了广告代理关系、广告市场交易和广告市场环境。其四,广告代理制与其他产业内外制度面临全面危机,亟须新一轮的变革和重构。

▶关键术语

1.范式:由美国著名科学史学家、科学哲学家托马斯·库恩提出,是指特定共同体成员广泛接受的一套共同的理论、假设、方法、观念和价值观的总和。

2.技术范式:意大利演化经济学家乔瓦尼·多西将库恩的“范式”概念运用到技术领域中,提出了“技术范式”的概念。多西认为,只有当一种技术或技术体系被广泛采用时,才具有“技术范式”的意义。

3.技术—经济范式:英国演化经济学家卡萝塔·佩蕾丝在多西技术范式的基础上,提出了技术—经济范式的概念。技术—经济范式强调技术与经济的关联,由一套通用的技术和组织原则所组成。

4.人力密集型产业经济范式:一种以人力,包括人的劳动力和人的智慧为核心生产要素的产业经济发展模式。产业经济增长主要由人力转换而来。

5.技术密集型产业经济范式:一种以技术为核心生产要素的产业经济发展模式。产业经济的发展主要依靠技术进步和创新来实现。

▶思考与研讨题

1.何为技术范式?何为技术—经济范式?请简述二者的理论内涵。

2.请简述传统广告产业经济范式的历次演进及特征。

3.请结合具体案例分析大数据计算技术对广告业经济范式变迁的影响。

4.请选择一家互联网广告企业,探讨其近年来对广告人才的需求现状。

5.你认为广告代理制在数字时代是否还有存在的必要?为什么?

▶延伸阅读

1.熊彼特.经济发展理论[M].何畏,易家详,张军扩,等译.北京:商务印书馆,1990.

2.库恩.科学革命的结构[M].金吾伦,胡新和,译.北京:北京大学出版社,2012.

3.多西.技术进步与经济理论[M].钟学义,沈利生,陈平,译.北京:经济科学出版社,1992.

4.佩蕾丝.技术革命与金融资本:泡沫与黄金时代的动力学[M].田方萌,胡叶青,刘然,等译.北京:中国人民大学出版社,2007.

5.曾琼,刘振.计算技术与广告产业经济范式的重构[J].现代传播(中国传媒大学学报),2019,41(2).

6.秦雪冰.人工智能应用下广告产业的人力资本变迁研究[J].新闻大学,2019(6).

7.LIU-THOMPKINS Y,MASLOWSKA E,REN Y,et al.Creating,metavoicing,and propagating:a road map for understanding user roles in computational advertising[J].Journal of advertising,2020,49(4).

8.VOLKOFF O, STRONG D M, ELMES M B.Technological embeddedness and organizational change[J].Organization science, 2007, 18(5): 832-848.

第十一章　数字广告的监管及其法规与伦理

▶章节大纲

1.数字广告的监管；

2.数字广告监管的相关法规；

3.数字广告的伦理困境与伦理范式重构。

▶章节内容

本章从数字广告的规制维度展开论述。第一部分讨论了我国数字广告监管的理念及功能演进，并从工具化角度呈现数字广告监管的技术演进。第二部分以“互联网”作为关键范畴，梳理了我国及美欧对互联网特别是对数字技术监管的立法实践，作为理解数字广告规制特点的基础。第三部分从伦理层面探讨了数字广告的伦理困境及道德失范表现，提出以“数字向善”为方向的数字广告伦理范式重构。

当数字广告逐渐成为社会经济生活的重要元素，其对社会经济生活的影响日益显著，既有正面的推动作用，也有负面的阻碍作用。如何规范管理数字广告，是构建健康社会经济秩序亟须解决的问题。一般而言，广告管理指依据一定规范对广告行业和广告活动进行的规制和约束，其中国家管理机关的广告监管法律法规和广告业自身的伦理规范构成了广告监管的基本框架。数字广告是伴随互联网技术迭代发展而来的广告形态，既有管理规范中均以“互联网广告”作为规范对象，因此本章中“互联网广告”与“数字广告”意义相同；同时，基于目前与数字广告监管相关的专门法规较少，本章主要从互联网管理角度进行相关规制的梳理与阐释。

第一节 数字广告的监管

一、数字广告监管与审查制度

(一)数字广告监管

一条广告的创作,从广告创意理念到广告行为事实,要经过多个环节,涉及广告公司、媒体(平台)、广告审核主体等多个主体。其中,任何一个主体行为产生偏差,都会导致广告行为失范,严重的失范就会成为违法行为。广告监管机构会依据法律法规对具体的违法主体进行相应的处罚。

作为广告的一种类型,数字广告也要遵守广告监管的一般要求。同时,相较于其他形式的广告,数字广告具有形态复杂、传播主体与效果多元、广告影响具有潜隐性等特点。因此,数字广告监管是指广告监管机构依据广告管理规范,利用技术化工具获取广告活动数据,并以此为基础对数字广告事实进行研判的过程。与其他广告形式相比,数字广告如何界定、如何有效地进行违法事实的捕捉等,都是数字广告监管面临的难题,也是数字广告管理必须解决和正在解决的问题。

(二)数字广告审查制度及审核类型

1.广告审查制度

广告审查制度是指广告审查机构在广告设计、制作、播发之前对广告所进行的审查制度,其目的是为了尽可能保障广告活动的合法合规性,尽可能减少广告活动所产生的负面社会效应。

在数字化背景下,数字广告审查的审核主体与审核形式也在发生变化。

2.数字广告审核主体

依据《中华人民共和国广告法》(以下简称《广告法》)、《互联网广告管理办法》等法律法规,广告审核主体包含互联网广告监管机构、广告经营者、广告发布者、互联网平台经营者等。《互联网广告管理办法》规定,若直播间运营者、直播营销人员接受委托提供广告设计、制作、代理、发布服务，或者直播营销人员以自身名义或形象对商品、服务做推荐、证明等，构成事实广告代言的，均可视为广告经营者或发布者，所以也应依法承担广告审核义务。严格来讲，从广告创意构思到广告制作完成并发布，再到后续广告经营，在广告活动开展的每一个环节，相应的广告主体都负有广告审核的责任与义务。

数字广告活动审核的依据为《广告法》《互联网广告管理办法》以及其他相关法律法规。在具体审核过程中，不同产品（服务）的审核主体、审核标准存在差异。部分特殊产品（服务）必须经广告监管部门审核通过后才能发布，例如，《广告法》第四十六条规定："发布医疗、药品、医疗器械、农药、兽药和保健食品广告，以及法律、行政法规规定应当进行审查的其他广告，应当在发布前由有关部门（以下称广告审查机关）对广告内容进行审查；未经审查，不得发布。"除此之外的多数产品（服务）广告，由发布媒体（平台）审核即可。

3.数字广告审核的类型

依据活动审核的不同条件，数字广告审核可分为如下类型：

（1）机构审核与企业内部审核：以审核主体划分。机构审核又可分为广告监管部门审核、媒体（平台）审核等；企业内部审核是指企业主、广告主在创作广告时，由企业自身对创意内容、表现形式进行的审核。

机构审核是必须审核，即在广告播发前，相关广告审核机构须对拟播发的广告进行规范审核，审核通过后方可公开播放。

企业内部审核则来自企业的主动审核，是企业社会责任的体现。数字广告发布者、广告经营者应当配备熟悉广告法规的广告审查人员；有条件的企业还应设立专门机构，对数字广告的形式和内容进行严格审核。

（2）人工审核和机器审核：以审核类属划分。人工审核以人工作为审核主体，对数字广告的内容及形式等进行审核，这是一种常规审核类型。机器审核，也称系统审核，是指审核机构、媒体或平台依据信息传播的相关法律法规和平台规制，构建审核软件对拟播发的广告进行分析的审核类型。从目前的数字广告实践来看，由于数字广告具有播发数量庞大、地域特征模糊、违法行为隐蔽等特点，人工审核难度较大。机器审核多采用人工智能技术，可实现对数字广告规模化的、较为精准的审核，因此是较为常用的方式。不过，在具体的监管实践中往往采用人工+机器的审核方式，以最大限度地保证数字广告合法合规播发。

（3）用户投诉：指消费者（用户）发现虚假、欺诈或侵权广告时，可向相关数字广告监管部门、互联网平台等投诉。监管机构应设立专门的投诉受理渠道,并及时调查、处理用户投诉。用户投诉是从社会层面进行数字广告监督的重要方式和手段,可作为其他审核类型的有效补充,因此用户投诉机制也是数字广告监管体系的重要组成部分。

二、数字广告监管的智慧化与工具化

数字技术特别是生成式人工智能对广告业的影响主要体现在两方面:一方面,数字技术深度嵌入数字广告活动,促使市场规模不断扩大,但也带来了数字广告客户高度分散化、广告形式与内容高度碎片化甚至隐匿化等问题,对既有的广告监管方式形成了挑战。另一方面,人工智能赋能数字广告治理,建构了数字广告监管体系,实现数字广告监管的智慧化和监测的工具化已成为广告监管体系建构的方向。

(一)数字广告监管的智慧化

智慧化是人工智能应用的高阶阶段,是建立在强大算力基础上的人工智能在具体领域的深度嵌入。数字广告监管的智慧化是指在大数据、机器深度学习的基础上建立统一的数据平台,实现数据的共享与互通,以保障监管的及时性、精准性和有效性。在数字广告秩序的治理中,监管智慧化既是一种理念,也是一种方向。目前我国数字广告监管的智慧化以大数据平台、云计算技术、人工智能、机器学习、分布式架构等为技术逻辑,结合广告活动的数字化场景,可实现监测、预警、展示、分析、评价、调度等广告监管六大核心功能。

(二)数字广告监测的工具化

数字广告监管的智慧化具体表现为互联网广告监测的工具化,即以人工智能技术为导向,形成系统化的数据软件,实现对全网广告的常态化监测。数字广告监测的工具化使互联网广告监管呈现如下特点:(1)打破监测的地域化特点;(2)监测标准更为统一;(3)监测的案例数据更庞大;(4)违法信息的捕捉更迅速。

数字广告监测的工具化使广告监管更为高效、准确、及时,提升了数字广告监管的质量,但也对数字广告监管方式提出了更高的要求。当一种监管方式工具化之后,就形成了一种事实的监测框架,使框架之内的违法广告无处遁形,但同时也会使框架外的广告随时逃逸。面对违法广告,我们只有不断更新监测技术,不断完善监测工具,才能始终在广告监管中掌握主动。

三、数字广告监管的理念创新与功能演进

(一)数字技术驱动下的广告监管理念的变化

就广告市场秩序的建构而言,广告的监管、审核是极为重要的环节。随着数字技术的发展,数字应用的智能化程度不断提升。新技术促使新生事物层出不穷,这些新生事物在丰富人们的日常生活的同时,也为广告业的发展带来了新的契机。但“技术既是朋友,也是敌人”①。随着社会智慧化程度不断提升,社会发展中可能遭遇的风险也日益增多。当人工智能技术应用于广告活动,其构筑的虚拟现实可能存在隐私侵犯、安全威胁、人性欺骗等隐患。正因为如此,数字广告活动失范现象频发,各类虚假广告屡禁不止,社会影响恶劣。传统监管手段在违法广告治理中面临发现难、追踪难、查处难等困境,这些均成为广告监管必须直面且亟待解决的问题。

对于数字广告活动,传统监管方式仍具重要性。但基于数字传播生态的复杂性,尤其是生成式人工智能的发展,数字广告违法行为呈现出瞬时性、隐匿性及社区性、小众性等特点,驱动着数字广告监管理念向智能化监管转变。

(二)数字技术促进数字广告监测功能的演进

传统广告监测主要针对已发现的问题广告进行规范化管理。当数字技术融入广告监测过程,广告监测功能得以突破,目标也更为多元。

1.精准发现

发现违法信息是广告监测的基本功能。人工智能技术的应用,可以在一定程度上实现违法广告播发或推广时同步监测违法信息,使监测速度更快、违法行为捕捉更精准、管理效果更高效。

2.风险预警

风险预警指数字技术不仅能及时发现违法信息,还可基于大数据判断广告信息的违法趋势,进而构建预警系统,尽可能消除广告违法行为带来的隐患。

---

① 波斯曼.技术垄断:文化向技术投降[M].何道宽,译.北京:中信出版社,2019:2.

3.强力震慑

数字技术构建的监测体系能及时精准检测违法广告,使违法广告在一定程度上无处遁形,对试图突破约束性规制的主体形成震慑,进而减少违法广告数量,正向促进数字广告市场秩序化发展。

第二节　数字广告监管的相关法规

数字技术对社会的影响具有普遍意义。从发展态势看,各国都在积极探索有效规制,以应对数字技术发展带来的各种挑战。本节选取中国及美欧的数字管理规范进行梳理,尝试从数字技术发展的角度呈现数字广告管理的规制框架。

一、中国数字广告监管的相关法规

伴随着互联网技术的发展,中国对于互联网的监管及立法也在不断进行,从 1994 年 2 月 18 日发布实施的《中华人民共和国计算机信息系统安全保护条例》作为起始,中国在互联网管理的征程中不断探索。“在这一进程中,中国制定出台网络领域立法 140 余部,基本形成了以宪法为根本,以法律、行政法规、部门规章和地方性法规、地方政府规章为依托,以传统立法为基础,以网络内容建设与管理、网络安全和信息化等网络专门立法为主干的网络法律体系,为网络强国建设提供了坚实的制度保障。”①在这里,我们仅节选与人工智能以及数字广告相关的法律法规进行介绍。

(一)《互联网信息服务管理办法》

《互联网信息服务管理办法》(以下简称《管理办法》)于 2000 年 9 月发布,2011 年 1 月修订。2000 年推出的《管理办法》基于当时的互联网传播生态,主要针对门户网站的信息发布进行管理。但历经 20 多年的技术进步,《管理办法》中的部分规定已与实践脱节,同时,技术发展带来的一些新现象也亟待规范约束。

2021 年,国家互联网信息办公室(以下简称网信办)会同工业和信息化部

---

① 中华人民共和国国务院新闻办公室.[EB/OL].(2023-03-16)[2002-04-15].http://www.cac.gov.cn/2023-03/16/c_1680605020289829.htm? eqid=c2c3da740005b46 b00000006643a115c.

(以下简称工信部)、公安部推出《互联网信息服务管理办法(修订草案征求意见稿)》(以下简称《修订草案》)并向社会公开征求意见,征求意见稿对以下内容进行了调整。

1.扩大了互联网信息服务的概念外延

《管理办法》所称互联网信息服务,是指通过互联网向上网用户提供信息的服务活动。《修订草案》将之调整为为用户提供互联网信息发布和应用平台,包括但不限于互联网新闻信息服务、搜索引擎、即时通信、交互式信息服务、网络直播、网络支付、广告推广、网络存储、网络购物、网络预约、应用软件下载等互联网服务。

2.明确了网信办、工信部、公安部三个部门的职责和分工

明确国家网信部门负责统筹协调全国网络安全工作和相关监督管理工作,对全国互联网信息内容实施监督管理执法,要求各部门应当建立监督管理信息共享和信息通报制度,加强沟通和协作配合。

3.高度强调网络安全

《修订草案》第十六条新增要求互联网信息服务提供者应当建立信息发布审核制度,第十七条要求互联网信息服务提供者应当建立互联网新业务安全评估制度等。

4.增加了新的禁止性规范,把社会关注的违法犯罪行为纳入禁止范围

《修订草案》第十五条对常见违法犯罪行为之禁止进行了强调:任何组织和个人不得设立用于实施违法犯罪的网站、通信群组、网络账号、移动智能终端应用,不得开办用于实施违法犯罪的互联网服务。结合近年来互联网发展中的新问题,第二十五条规制网络用户的特定行为,包括散布虚假信息、有偿删帖、倒卖账号、虚假投票等引发关注的非法行为。在第二十六条禁止规定中增加了金融、疫情等相关条款,以维护社会公共秩序。

5.体现了权利保障精神

《修订草案》第六条规定,国家保护公民、法人和其他组织依法使用互联网信息服务的权利。第二十三条新增要求互联网信息服务提供者、互联网网络接入

服务提供者及其工作人员保护个人信息安全,并建立网络信息安全投诉和举报制度,体现了对个人信息保护的重视。第三十四条新增举报、控告制度,并强调保护举报人的合法权益,保障公民的监督权。第五十一条规定了相对人的救济权:互联网信息服务提供者、互联网网络接入服务提供者、用户以及其他单位和个人对有关部门依据本办法作出的行政行为不服的,可以依法申请行政复议或者提起行政诉讼。

(二)《网络信息内容生态治理规定》

随着网络技术的发展,网络用户规模性增长,网络内容也芜杂冗乱,为了更好地对网络空间进行秩序管理,国家互联网信息办公室发布了《网络信息内容生态治理规定》(以下简称《规定》)。

1.明确了《规定》制定的根本宗旨

《规定》制定的根本宗旨是为了“营造良好网络生态,保障公民、法人和其他组织的合法权益,维护国家安全和公共利益”。

2.廓清了网络信息内容生态治理范围

网络信息内容生态治理具体是指政府、企业、社会、网民等主体,以培育和践行社会主义核心价值观为根本,以网络信息内容为主要治理对象,以建立健全网络综合治理体系、营造清朗的网络空间、建设良好的网络生态为目标,开展的弘扬正能量、处置违法和不良信息等相关活动。

3.划分了信息内容生态治理的三类主体,并对其权利义务进行了规定

三类主体为:(1)内容的生产者,是制作、复制、发布网络信息内容的组织或者个人;(2)内容的服务平台,是提供网络信息内容传播服务的网络信息服务提供者;(3)内容服务的使用者,是使用网络信息内容服务的组织或者个人。

具体的权利义务为:(1)对于内容生产者,应当遵守法律法规,遵循公序良俗,不得损害国家利益、公共利益和他人合法权益;(2)对于内容的服务平台,强调履行信息内容管理主体责任,加强本平台网络信息内容生态治理,培育积极健康、向上向善的网络文化;(3)对于内容服务的使用者,应当文明健康地使用网络,按照法律法规的要求和用户协议约定,切实履行相应义务,在以发帖、回复、留言、弹幕等形式参与网络活动时,文明互动,理性表达。

(三)《生成式人工智能服务管理暂行办法》

生成式人工智能是指基于算法、模型、规则生成文本、图片、声音、视频、代码等内容的技术。2022 年 11 月 30 日,OpenAI 发布了以 ChatGPT 为代表的生成式人工智能,极大地影响了社会对人工智能的认知,同时也引发了对生成式人工智能可能带来的社会风险的忧虑。在此背景下,2023 年 8 月 15 日,由国家网信办等七部门发布的《生成式人工智能服务管理暂行办法》(以下简称《办法》)正式施行。

《办法》共二十四条,从生成式人工智能服务提供者的算法设计与备案、训练数据、模型,用户隐私、商业秘密的保护,监督检查和法律责任等方面提出相关要求,积极回应生成式人工智能带来的社会问题,明确了提供和使用生成式人工智能服务的法律底线。

(1)不得生成违法内容。《办法》落实《网络安全法》等法律规定,强调提供和使用生成式人工智能服务应当坚持社会主义核心价值观,不得生成法律、行政法规禁止的内容。

(2)严格进行数据标注。标注规则应当清晰、具体、可操作;标注内容应当准确;标注人员应当依法开展标注工作。

(3)尊重知识产权和他人合法权益。生成式人工智能在个人信息处理过程中可能存在违法收集、使用个人信息等风险;其训练数据中若包括他人已发表并享有著作权的作品,也可能侵害知识产权。为减少侵权事件发生,《办法》强调尊重知识产权、商业道德,尊重他人合法权益,不得危害他人身心健康,不得侵害他人肖像权、名誉权、荣誉权、隐私权和个人信息权益。

(四)从《广告法》到《互联网广告管理办法》

对于数字广告的专门规制,目前主要有《广告法》和《互联网广告管理办法》这两部具体法律法规。《广告法》作为国家层面的规范,是数字广告必须遵循的基础规制;《互联网广告管理办法》作为行政法规,则是对数字广告的具体规范。

《广告法》作为约束和管理广告活动的法律,为所有被界定为“广告”的活动或行为构建了最基本的框架。2015 年修订后的《广告法》增加了有关互联网广告的规范条款,这是在互联网广告出现多年后对互联网广告形式进行的明确规制,如明确了互联网平台的信息发布地位,强调了《广告法》对互联网广告的约束作用等。

为进一步落实对广告实践的有效管理、规范广告市场环境、构建良好的数字传播秩序，2016 年，国家工商行政管理总局（2018 年 3 月后整合为国家市场监督管理总局）出台《互联网广告管理暂行办法》，2021 年 11 月发布《互联网广告管理办法公开征求意见稿》，2023 年 2 月正式向社会推出《互联网广告管理办法》。该办法的施行为规范市场秩序、打击违法数字广告行为提供了明确的规范依据。除涵盖《广告法》中增加的关于互联网广告的规范条款外，《互联网广告管理办法》还在以下方面强化了管理。

1.强调互联网广告的可识别性

《互联网广告管理办法》第九条规定，“互联网广告应当具有可识别性，能够使消费者辨明其为广告。对于竞价排名的商品或者服务，广告发布者应当显著标明‘广告’，与自然搜索结果明显区分。除法律、行政法规禁止发布或者变相发布广告的情形外，通过知识介绍、体验分享、消费测评等形式推销商品或者服务，并附加购物链接等购买方式的，广告发布者应当显著标明‘广告’”。这一规定从数字广告的特点出发，对发布主体进行了明确的要求，区别了广告信息与其他信息，最大限度地维护消费者的知情权。

2.维护消费者的选择权

《互联网广告管理办法》第十七条规定：“利用互联网发布、发送广告，不得影响用户正常使用网络，不得在搜索政务服务网站、网页、互联网应用程序、公众号等的结果中插入竞价排名广告。未经用户同意、请求或者用户明确表示拒绝的，不得向其交通工具、导航设备、智能家电等发送互联网广告，不得在用户发送的电子邮件或者互联网即时通信信息中附加广告或者广告链接。”这一规定对广告发布者提出了明确的要求，广告信息发布不能影响用户正常的网络使用，使用户对于互联网广告能够基于自身的需求进行自主选择。

二、美欧数字监管的相关法规

（一）美国数字监管的相关法规

美国是世界上互联网发展较早的国家，对互联网的立法实践也开展得比较早。美国互联网监管体系涉及立法、司法和行政三个领域，以及联邦与州两个层次，监管面较广。

1.关于“平台责任”的规制

1996年,美国制定并通过的《电信法》被认为是对1934年以来的美国《通信法》的大幅修正。以此为标志,美国开启了在通信领域网络融合的立法进程。

2020年美国司法部提出立法提案,尝试对《通信规范法》进行修改,并确定了四个需要改革的领域:第一,激励在线平台处理非法内容;第二,明确联邦政府应对非法内容的执法能力;第三,促进竞争;第四,促进公开讨论和更高的透明度。但是这一修正案的提出也招来了更大的争议。长期以来,美国的互联网巨头,如脸谱和谷歌等大型科技公司都被指控带有偏见,如果让平台拥有更大的内容处理权,则可能会在更大程度上强化政治或社会偏见。基于美国复杂的政党生态,这一修正案能否被美国国会批准目前还不可知。

2.关于隐私保护的法案

从数字实践来看,平台相对于用户而言,在个人信息的获取上拥有很大的主动权,因此,用户隐私问题一直伴随或者贯穿着迄今为止的互联网的发展。在互联网空间如何规范隐私问题,也成为美国立法实践中备受关注且备受争议的焦点。

2004年4月启用的《儿童在线隐私权保护法》主要限制平台对13岁以下儿童个人信息的收集行为。该法规定:“网站管理者要遵守隐私规则,必须说明何时和如何以一种可以验证的方式向儿童家长索求同意,并且网站管理者必须保护儿童在线隐私和安全。”①

长期以来,美国没有统一的隐私保护立法,基于互联网隐私问题的不断出现,一些州开始制定相关法律。2022年6月3日,美国参议院和众议院发布了《数据隐私和保护法》(ADPPA)草案。这一法案试图从联邦层面推动分散的隐私立法走向统一,以更好地保护公民权利。《数据隐私和保护法》并未禁止一般个人数据处理活动,而是为个人提供了“选择退出”方式,以促进对个人数据的合理利用。《数据隐私和保护法》的条款增强了用户对个人数据的管控权,但为了避免个人滥用诉讼权利阻碍商业创新,又对私人诉讼权作了种种限制。

---

① 李春华,万其刚.国外网络信息立法情况综述[EB/OL].(2012-11-16)[2012-11-16].http://www.npc.gov.cn/zgrdw/npc/zgrdzz/2012-11/16/content_1743168.htm.

3.关于人工智能的监管

人工智能的发展成为各个国家科技竞争的新赛道,因此关于人工智能的规制也在不断探索。2020 年 1 月,美国联邦政府发布《人工智能应用监管指南》,被认为是首次正式开启对人工智能领域的监管。2021 年 1 月,《国家人工智能倡议法案》正式生效成为法律,该法通过设立一个协调统筹机构来促进联邦加速人工智能研究和应用,以推动国家经济繁荣和维护国家安全。

2022 年 10 月,美国白宫发布《人工智能权利法案蓝图》,在一定程度上为人工智能治理提供了支持框架,其核心内容为以下五个基本原则:(1)建立安全和有效的系统;(2)避免算法歧视;(3)保护数据隐私;(4)系统通知和解释要清晰、及时和可访问;(5)设计自动系统失败时使用的替代方案、考虑因素和退出机制。《人工智能权利法案蓝图》旨在避免人工智能系统滥用带来的危害,并着重强调了公平性和隐私性。

2023 年 10 月,美国白宫发布了《关于安全、可靠和可信地开发和使用人工智能的行政命令》,该行政命令提出了以下八项指导原则,包括:(1)为人工智能制定新的安全标准;(2)保护美国人隐私;(3)促进公平和公民权利;(4)维护消费者、病人及学生权益;(5)支持工人;(6)促进创新和竞争;(7)提升美国在海外的领导力;(8)确保政府负责任且有效地使用人工智能。这是白宫发布的首个生成式人工智能监管规定,较全面地涉及了人工智能可能影响的各个方面。

但美国白宫发布的行政命令本质上不具备法律效力,所以在具体实践中影响较为有限。

(二)欧盟关于互联网、人工智能的立法实践

欧盟是欧洲联盟的简称,由欧洲共同体发展而来。目前欧盟拥有 27 个会员国。欧盟法指以建立欧盟、规制欧盟各国的国际条约为核心而建立起来的,包括欧盟为实施条约而制定的各项条例、指令、决定和判例以及欧盟各国的相关国内法,是一个将国际条约的内容逐渐发展成为国内法规范的法律体系。在与成员国的法律关系上,欧盟法具有优先原则。在互联网的发展过程中,欧盟也出台了一系列法案,以期其成为成员国互联网实践的框架性规制。

1.《通用数据保护条例》

《通用数据保护条例》(以下简称《条例》)于 2016 年欧洲会议通过并于 2018

年5月25日生效。

在该条例中,个人数据被定义为“与已识别或可识别的自然人(数据主体)有关的任何信息”。处理个人数据必须遵守以下几项基本原则:(1)合法性、公平性和透明性原则;(2)目的限制原则;(3)数据最小化原则;(4)准确性和保持数据的最新性原则;(5)限制存储原则。

《条例》强调了数据主体的权利,扩大了数据保护的范围,增大了数据合规的成本。“该条例将对目前收集、存储和管理个人数据的技术平台和数据架构产生重大影响”①。

2.《数字服务法》

《数字服务法》于2022年11月1日起获欧盟成员国批准。这项法律意在明确大型数字服务提供者的责任,遏制大型网络平台企业的非竞争性行为。该法规涵盖社交媒体审核、电商广告推送以及打击假冒商品等多个方面,旨在确保用户在使用过程中的安全,阻止非法或违反平台服务条款的有害内容传播,并希望保护用户隐私等。其中儿童保护是《数字服务法》的优先执法事项。《数字服务法》还禁止数字媒体平台精准投放广告给未满18岁的用户。该法案对平台的推荐算法透明度提出了更高要求,用户不仅可以质疑平台的内容审核决定,特定的研究者也有机会获取平台的关键数据以开展在线内容风险的相关研究。

该法案被认为将是迄今为止对科技公司监管最全面的管理规范,是开创性的数字监管法规。

3.《人工智能法案》

《人工智能法案》又称《AI法案》,于2021年被首次提出,2023年12月8日,欧洲议会、欧盟成员国和欧盟委员会三方就《人工智能法案》达成协议,该法案于2024年8月1日正式生效。这一法案被认为是全球首个全面监管人工智能的法案。法案内容包括在欧盟内使用人工智能的安全保障条款,以及执法机构在使用人工智能方面的限制等内容。这部法案的实施被认为“将对人工智能的研发、产品和服务的设计与运行带来巨大影响”②。

---

① 朱周.欧盟《通用数据保护条例》概览[N/OL].人民法院报,2022-09-16[2024-03-20].https://www.chinacourt.org/article/detail/2022/09/id/6914003.shtml.

② 欧盟人工智能立法取得进展[N/OL].人民日报·海外版,2023-12-14[2024-03-20].https://baijiahao.baidu.com/s?id=1785241739399428526&wfr=spider&for=pc.

《人工智能法案》的核心在于建构了人工智能管理的分析系统。基于风险的程度,该法案将人工智能分为四级。

(1)不可接受的风险。这是最高级的人工智能风险。具有这类风险的人工智能是指“违反基本人权或与欧盟价值观不相符合”,这类人工智能是被禁止使用的。

(2)高风险级。是指基于大数据有可能产生算法偏见的人工智能。在该法案中,这类人工智能是被重点监管的类型。具体包括应用于自然人生物识别和分类、关键基础设施的管理和运营、教育和职业培训、就业和员工管理、获得和享受基本公共服务及福利资格的评估、执法、移民、庇护和边境管制、司法程序和民主程序等领域的人工智能系统。

(3)有限风险。这类风险是指使用者在应用系统时能够意识到自己在与人工智能互动,且使用者仍然能凭自己的判断做出明智的决定。该风险类型的人工智能系统在欧盟法案的监管框架下有较高的自由度。

(4)轻微风险或无风险。未归类在不可接受的风险、高风险或有限风险类型的其他人工智能系统,都属于轻微风险类型。该风险类型的人工智能系统没有特殊的干预和审查制度,但提供者可自愿建立各行业的行为准则。

三、数字广告技术规制的强化

(一)数字广告技术规制强化的现实要求

从世界范围来看,各国在数字技术发展的管理中一直努力在安全监管与保护发展之间寻找平衡。在数字技术发展初期,基于对新生事物和新兴产业的保护,各国在管理规制制定过程中为互联网企业保留了较大的发展空间,但随着部分企业发展壮大,互联网巨头的垄断属性显现,已有的法律法规面临诸多质疑与挑战。

从数字技术发展维度看,人工智能技术作为一种生产力,已成为并将持续成为推动社会发展的强大动力,但其迅猛发展也为社会带来诸多隐患,如危害个人信息安全、社会偏见或歧视强化、深度伪造等问题。因此,人们一方面期待数字技术向善,另一方面也面临数字技术之“恶”的各种挑战。作为一种广告形态,数字广告叠加数字技术、信息传播、商品市场等多种元素,在发展过程中技术之“恶”表现显著,实践中消费者信息泄露、欺诈、偏见等现象屡见不鲜,令数字广告发展面临更为严苛的伦理之问:数字技术驱动的广告活动,其市场价值的实现是造福了人类还是成了人类的“恶之花”？

（二）数字广告技术规制强化的趋势

1.宏观的风险意识

数字技术发展方兴未艾，其对社会的影响速度在一定程度上超出了人们的预期。人们一方面欣喜于社会发生的革命性变化，同时也对人工智能技术可能带来的社会风险心怀忧虑。目前世界各国都在积极应对人工智能发展带来的挑战，从管理法规的制定趋势看，风险管理已达成共识。在一些成文法令中强调将风险意识纳入数字技术应用，如注重人工智能应用的事前风险评估、应用中的风险跟踪等。

2.“算法”的透明化要求

人工智能技术以数据为基础，当前生成式人工智能及通用型人工智能发展所展现的超强学习能力正是建立在数据之上的。大模型的发展势必会对网络个人信息安全产生一定影响。从各国已出台的法律或正在研讨的监管方向看，强调算法透明性、对模型建构及机器学习进行明确限制已成趋势。

3.向善的立法理念

无论是风险意识的增强还是“算法”透明化的强制性要求，本质上均是为了实现技术成为人类福祉的目的。因此，从技术法规的制定趋势来看，将以“行为—责任”作为规制逻辑，强化行为主体的责任义务。具体而言，从宏观层面，强调人工智能技术应当以服务人类为前提，应将“数字向善”的理念作为人工智能立法的基础与方向。从微观的法规内容层面，要将主体的行为与所带来后果的伦理属性进行关联，强调行为者的主体责任及伦理属性。

第三节 数字广告的伦理困境与伦理范式重构

“重大的科学技术创新往往有着深远的社会和道德影响。”①数字技术的发

① 霍文，维克特.信息技术与道德哲学[M].赵迎欢，宋吉鑫，张勤，译.北京：科学出版社，2014：7.

展构筑了新的广告传播生态和新的广告业态。广告业态的颠覆、广告创意的革命等成为广告业创新发展的标志性词语。但是这种高歌猛进的态势也成为数字广告失范的土壤,行业生态、市场秩序不断遭遇着来自数字技术的挑战和突破。

一、数字广告的伦理困境与道德失范

在数字广告实践中,企业主和广告主凭借获取市场价值的动机,通过一定的数字技术,向消费者推广产品(服务)信息。基于基本的伦理原则,数字广告实践的伦理原则可具体为诚实守信、平等尊重、维护公益等。

(一)数字广告的伦理困境

广告素以创意作为其创作风格追求,在具体的广告活动中,常有逾越伦理边界的行为发生。数字技术赋予了数字广告更为活跃的创造力,其"创新性"对伦理原则的挑战更是普遍,致使数字广告往往陷入复杂的伦理困境。

1.技术革命伴生的影响和伦理挑战

"伴随着技术革命,社会影响增大,伦理问题也增加。"①数字技术的发展带来了显著的创新效应,彰显了人的主观能动性,拓展了人类改造自然的范围。数字技术的发展在一定意义上已经对社会形成了重构,改变或者创新了诸多的社会样态,影响并重塑了人类的思维模式,甚至创造了人工智能实体。数字技术的迅猛发展所带来的变化,一定程度上建立在突破既有规范或者框架的基础之上。相对于技术发展的速度所带来的诸多创新或者失范,我们应如何进行道德规范评估？从数字发展和数字广告实践来看,人们在伦理层面的应对显得准备不足。

2.人工智能技术的应用导致责任主体的隐形迁移

数字技术在实践中不断展现强大力量,"颠覆""革命"成为人工智能改变社会的标签,也在一定程度上挑战着人类的想象,如"智能体"的出现。智能体是指独立思考并能与环境交互的智能实体,在特定环境中能够持续自主活动。智能体目前已融入多种社会实践,在一定情境中代替了人类的工作角色。但智能体能否成为实质意义上的行为主体,能否承担相应的行为责任仍是人类面临的挑战。数字广告实践中存在的责任主体从人到智能体的隐形迁移,面对这一现象,

① 霍文,维克特.信息技术与道德哲学[M].赵迎欢,宋吉鑫,张勤,译.北京:科学出版社,2014:33.

我们该如何从伦理层面进行解释？

3.“算法黑箱”导致主体责任的实质迁移

在数字时代，算法是指基于数据而进行的计算过程，是大数据、人工智能、大模型等的底层运行技术。“算法黑箱”是指平台利用数据工具进行数据抓取、数据建模、数据分析和结果呈现的过程。支撑这一过程的算法机制往往具有不透明性的特点，相对于用户而言，这一算法机制就像黑箱一样，因此被称为“算法黑箱”。数字广告活动的开展，在广告主与消费者（用户）之间横亘着“算法黑箱”。广告主往往强调算法的结果，而常常搁置消费者（用户）的利益。从形式上来看，算法机制往往成为责任的“背锅者”。但实质上这是算法主体将其责任进行的转移。对于广告主这一动机，我们应该如何从伦理视角进行审视？

4.责任主体的缺失或模糊：数字广告伦理困境的核心

技术伦理作为应用伦理，其核心在于追踪与追问技术主体的责任。数字技术对社会的影响以算法为基础，但追根溯源，数字技术引发的诸多伦理困惑，根源仍在于人，是数字活动中责任主体的缺失或模糊导致了伦理困境。

掌握算法的主体往往在算法利益中占据主动。由于黑箱的存在，掌控算法的主体将自身诉求、目的及价值观念输入算法，当算法产出结果时，其主观意图常被掩盖。基于此，算法主体的责任难以界定，或者说算法主体在获取权益时往往不愿承担应尽的责任。数字技术发展的“创新”表象常成为主体逃避伦理责任的借口，也正因如此，数字广告的道德失范屡见不鲜。可见，“责任的主体”或“主体的责任”缺失、模糊，正是造成数字广告伦理困境的核心所在。

5.“向善”还是“为恶”：伦理视角下数字广告实践的目的

上述问题是从伦理的视角检视数字技术发展所带来的现实挑战，这些挑战在一定程度上使伦理原则的观察框架陷入困境，或者需要重新建构伦理原则框架进行回应。该问题的本质是，在实现数字广告的市场价值时，数字技术应用的动机、过程、结果及社会影响，是为消费者，进而为人类社会带来良善，还是无视、忽略消费者的权益，进而成为破坏社会秩序的推手？亦即，无论是从微观的广告效果还是宏观的社会发展层面，就数字广告实践主体来看，其是否担负了相应的社会责任？数字广告实践对于社会发展而言是“向善”还是“为恶”？

(二)数字广告道德失范的表现

新的广告形式和形态虽然能够带来一定的广告效果,却在一定程度上挑战了广告业态的秩序建构。数字背景下的伦理困境在对广告主的数字实践动机进行审视时则进入了道德失范的观察范畴,具体表现在以下三方面。

1.预设性诱导

数字广告是基于算法而形成的一种广告形态,与其他广告类型相比,精准投放往往是这类广告的典型特点。从技术逻辑来说,数字广告可以将广告信息精准地推送(投放)至目标个体,直接进入目标个体的视域之中。但正是这种技术的精准支持,使数字广告的推送存在预设性诱导的道德风险。

预设性诱导是算法偏倚的具体表现。算法偏倚是指在平台计算过程中,信息发出者(制造者)与信息接收者(用户)的权力严重不对等,即信息权力的偏倚。反映在数字广告的传播场景中,就是广告主拥有绝对的信息制造权力,而消费者(用户)却缺乏信息接收的主动选择权。用户(消费者)在多次直接的广告信息推送过程中往往会产生消费者(用户)沉迷消费行为,目前这种现象已是常态。

偏倚就意味着不公正。在数字广告的投放中,广告主和消费者(用户)本是两个平等的主体,但是,客观的事实却是广告主拥有数据的计算权力,拥有计算中主观意图的输送权力。在广告信息的传播过程中,消费者的选择权被剥夺,他们被动地被数据计算、被信息干扰,这是对社会公正原则的侵犯。

2.歧视性推送

"社会歧视是指针对某一特殊社会群体的不公平、不合理、排斥性的社会行为或制度安排。"[①]歧视指某一个体或者群体对其他个体或者群体持不平等的态度。数字广告在形成的过程中,广告主可以将自己的意图输入算法之中,其中就可能包括歧视性的主观意图。歧视性推送实际上是算法偏见的表现。算法偏见是指基于算法而体现出的社会偏见状态,是算法黑箱的一种特殊表现。由于算法黑箱所体现的算法不透明,很容易为偏见的发生留下空间。

---

① 黄家亮.论社会歧视的社会心理根源及其消除方式:社会心理学视野下的社会歧视[J].思想战线,2005(5):18.

3.滥权性推送

滥权性推送是指广告主利用数据制造者的优势地位,毫无原则地推送商品信息,试图从网络空间和时间上全方位占有消费者(用户)的网络行为。

2023年“双十一”期间,部分网络用户在社交媒体上发帖吐槽称,他们受到手机开屏广告的频繁骚扰。“明明点开的是社交软件,页面却总是跳转到购物软件。”①其中,“摇一摇”跳转广告被反复提及。“摇一摇”功能调用手机的陀螺仪权限,通过陀螺仪感知用户摇晃手机的动作,进而触发广告的配对与跳转。对于平台而言,这是基于算法的一种“模式创新”,能够扩大广告信息的推送范围,但消费者(用户)却不得不在毫不知情的情况下被动接收广告。

这种滥用权力的推送方式,严重侵犯了消费者(用户)的选择权,干扰了用户的正常网络行为。从道德层面分析,此类行为被视为无底线、无节操的失范表现。

二、数字广告的伦理范式重构

社会秩序的稳定建立在各类规范各司其职的基础之上,失范现象意味着规范功能在一定程度上被打破。数字技术作为数字时代的生产力,持续推动着基于数字技术的新生产关系构建,同时也对数字广告活动的健康发展提出了迫切的道德重建要求。其中,明确责任主体及其责任、破除算法黑箱、树立数字向善的理念,应成为影响伦理范式重建的重要因素。

(一)责任主体及主体责任的明确

1.明确数字广告实践的责任主体

无论人工智能如何发展,智能体及各类具体算法如何智慧化,其责任主体及主体的责任均不可迁移。在数字实践中,人始终是责任主体,必须承担相应的责任,绝不能因人工智能的应用而推卸人类应当承担的责任。

---

① 马相.不管打开什么软件 最终都跳转到购物软件 手机的尽头是购物?律师:涉嫌侵犯消费者知情权选择权[N/OL].西安日报,2023-11-18[2023-11-18].https://www.xiancn.com/content/2023-11/18/content_6804831.htm.

2.数字广告实践主体的“前瞻性”责任

德国哲学家汉斯·约纳斯针对技术发展提出伦理原则：技术主体应具备“前瞻性”或“预防性”责任，即在技术实践中，技术应用主体需对可能出现的长远后果负责，“这样做的目的却正是为了避免这样的后果出现”①，意在尽可能减少甚至消除未来发展中的“危险”因素。这要求算法主体应以“善”为伦理指引，在算法应用中将可能对人类产生的危害降至最低，即遵循“最小伤害原则”，向用户或社会释放最大善意。

（二）算法机制的公开

客观来看，人们感知到的数字化生存均建立在算法基础之上，算法的算力已成为社会生产力的重要标志。但任何技术发展都具有双刃剑特征，“算法黑箱”已诱发诸多道德失范问题，也是造成数字广告伦理困境的重要因素。因此，算法机制公开已成为数字治理中无法回避且亟待解决的问题。从全球范围看，目前各国在制定人工智能发展规制时，对算法透明的要求已达成共识。

在数字广告传播活动中，算法机制公开是指广告主在构建算法框架时需要公开计算所依据的数据来源、属性及计算指标等。这种公开可使横亘在广告主与消费者（用户）之间的“黑箱”透明化，赋予消费者（用户）一定程度的知情权和选择权，进而在双方主体间形成平等的契约关系，在一定程度上化解数字广告活动面临的伦理难题。

（三）数字向善：伦理范式重建的理念

技术为善是人类创新与实践应用的终极目标。数字向善是指数字技术在应用过程中应当以有益于人类社会的健康发展为方向，以实现社会公益为目标。只有将数字向善作为数字广告乃至数字社会发展的理念，才能真正摆脱数字伦理层面的困境，进而达成数字向善的目的。

1.基于算法的生产者与消费者平等原则

“平等原则”是体现社会公正的伦理要求。在算法应用中，掌握算法的主体（生产者）应当赋予消费者平等权利，不应凌驾于消费者（用户）之上，而应在平

---

① 李文潮.技术伦理与形而上学：试论尤纳斯《责任原理》J.自然辩证法，2003（2）：43.

等基础上实现自身目的——移动数据砝码、平衡算法天平、破解算法偏倚,这也是对用户及社会展现的“善意”。

2.基于算法的生产者对消费者尊重原则

由于算法是建立在算法框架建构的基础上的,难免包含主观因素,但并非所有主观因素都是偏见,偏见实则是对特定群体或者个体的刻板印象。若将这种刻板印象纳入算法逻辑,不仅侵犯了用户的知情权,还会使技术应用显示出一定的歧视偏向。

在具体的广告活动中,尽管广告主相对于消费者拥有较多的数据,在建构算法机制时也不能把主观的价值观念输入算法,不能通过算法输出偏见或者歧视。广告主在构建算法模型时,应当给予消费者(用户)基本的尊重。

3.基于公平的隐私权力审慎

强调数字广告向善,并非意味着要牺牲广告主的市场利益。客观而言,以技术推动广告行业健康发展,既是数字向善的要求,也是其目标。前文更多从公共视角或消费者视角展开思考,对广告主而言,诸多问题的关键在于数据获取或使用的正当性。

数字时代的广告多为算法广告,其底层材料就是数据,而数据由消费者(用户)生产和贡献,因此,在进行广告规范时,如何平衡基于数据的隐私保护权与平台对数据的使用权,成为考量数字广告伦理原则的重要问题。“‘隐私’的实质是个人与公共的距离问题。”①应在何种程度上尊重用户的自决审慎权?在何种程度上尊重平台的规制权?如何在二者之间寻找到一个平衡支点?“这是技术对人性的考验,也是对社会文明程度的挑战,但也并非无解之题”②。厘清个人数据隐私属性的强弱程度,形成弹性化的数据边界意识,既保护了消费者(用户)的隐私权利,又可为平台的合法合规发展提供保障,进而最大限度地使“善”得以释放。

综上,数字技术发展带来的“创新”是数字广告规范建构的基础。无论是法律法规还是伦理道德,都面临规范重构的挑战。其中,“行为—责任”成为贯穿规范重构的主脉,而重构规范的目的是制约“数字之恶”,实现“数字向善”。以倡导数字向善推动数字广告规制重构,也是清朗数字广告生态、建构数字广告秩序

① 颜世健.数据伦理视角下的数据隐私与数据管理[J].新闻爱好者,2019(8):38.

② 李惊雷.数据的边界与隐私保护的逻辑探析[J].新闻爱好者,2023(6):29.

的重要路径。

▶本章小结

1.广告法律法规的作用通过广告管理部门的监管得以实现。在数字化背景下,广告监管理念不断创新以应对数字时代广告行为的各种状况,主要表现为构建以数字技术为核心的监管模式及监管手段的工具化。

2.数字技术对社会的影响具有普遍性,从发展态势看,各国均在积极探索有效规制以应对数字技术带来的各种挑战。

3.从数字广告的现实来看,技术的发展不断从各个方面推动了数字广告的“创新”,也由此产生了各种失范行为。各种法律法规的出台在一定程度上制约了严重的失范行为,但更多的失范行为必须从伦理道德方面进行自觉规范。其中,以倡导数字向善进行伦理范式重构,是清朗数字广告生态、建构数字广告秩序的重要路径。

▶关键术语

1.数字广告监管:指广告监管机构依据广告管理规范,利用技术化工具获取广告活动数据,并以此为基础对广告事实进行研判的过程。

2.算法黑箱:指平台利用数据工具进行数据抓取、数据建模、数据分析和结果呈现的过程,但由于算法过程中内部构造和机理不能直接观察,具有一定的不透明性。

3.算法偏倚:指在平台计算过程中,信息发出者(制造者)与信息接收者(用户)的权力严重不对等,即信息权力的偏倚。

4.算法偏见:指基于算法而体现出的社会偏见状态,是算法黑箱的一种特殊表现。

5.数字向善:指数字技术在应用过程中应当以有益于人类社会的健康发展为方向,以实现社会公益为目标。

▶思考与研讨题

1.数字技术背景下互联网广告监测功能的演进表现有哪些?

2.如何理解欧盟《人工智能法案》中关于人工智能风险等级的区分?

3.数字广告伦理困境的核心是什么?

4.如何理解数字广告发展中的数字向善的伦理导向?

▶延伸阅读

1.格伦瓦尔德.技术伦理学手册:[M].吴宁,译.北京:社会科学文献出版社,2017.

2.霍文,维克特.信息技术与道德哲学:[M].赵迎欢,宋吉鑫,张勤,译.北京:科学出版社,2014.

3.奎因.互联网伦理:信息时代的道德重构:[M].王益民,译.北京:电子工业出版社,2016.

4.波斯曼.技术垄断:文化向技术投降[M].何道宽,译.北京:中信出版社,2019.

5. JONAS H. The Imperative of responsibility [M]. Chicago: University of Chicag,1985.

第十二章 数字广告学研究范式的变迁及其知识体系的建构

▶章节大纲

1.传统广告学研究范式及其知识体系的困境与局限；

2.数字广告学研究范式的变迁；

3.数字广告学知识体系的建构。

▶章节内容

作为一门应用型学科，广告学的知识体系在文学、哲学、语言学、艺术学等人文科学和新闻传播学、经济学、管理学、营销学、社会学、心理学、伦理学等社会科学的支撑与滋养下，初步形成了以广告诉求与广告创意、广告运动与广告策划为自系统的专业核心知识体系，以及以广告文化、广告经营与管理为社会系统的专业背景知识体系。然而，这种在经验主义主导下构建的“科学的广告”，其科学性在技术主义盛行的数字时代已被稀释，成为一种“类科学”。数字广告学的知识体系构建正以技术为基础进行重建，由此引发的传统广告学以实证与定性为主的研究范式在数字广告时代遭遇危机与困境，亟须完成以数据为研究基础、以演绎与归纳相结合为思路逻辑、以技术工具为研究手段的重构。

第一节 传统广告学研究范式及其知识体系的困境与局限

一、传统广告学的知识体系

广告是一种作品形态、一种运动形态、一种文化形态、一种经济形态和产业形态。伴随着社会对广告工具性认知与社会性认知的不断深入,作为应用型学科的广告学的知识体系(某一学科或领域内一系列相互关联、有机组织的基础知识、理论知识、实践知识的结构)建构从一开始就不断在营销学、传播学等学科的支持和滋养下构建其基础理论,形成了具有主体性的理论框架和知识体系。在这一过程中,传统广告学又不断从文学、哲学、语言学、艺术学等人文科学,以及经济学、管理学、社会学、心理学、伦理学等社会科学中汲取营养,不断完善着传统广告学的系统框架和知识体系。

(一)基于营销学与传播学的广告学基础理论构建

广告是市场经济发展到一定阶段的产物,它既服务于市场经济,又伴随着市场经济的发展而不断完善与成熟。广告是有目的的信息交流的产物,它既服务于信息传播,又伴随着传播技术的进步而不断演进。这两种不同的表述,分别代表了人们对广告起源问题的不同看法。站在前者的角度,广告因营销环境的变化而发生变迁;站在后者的立场,广告随着传播环境的演变而发生演进。因此也可以说,"营销学"与"传播学"是广告学基础理论构建的基石。

1.营销学与广告营销学

营销与广告从一开始就紧密结合在一起。1905 年,第一代广告大师约翰·肯尼迪在拜会"山一样杰出的著名广告人"阿尔伯特·拉斯克尔时,对广告做出了第一个明确的定义:广告是印在纸上的推销术。这一定义虽然由肯尼迪提出,但却是与肯尼迪同处一个时代的广告从业者们对广告的基本认知。1923 年,霍普金斯提出:广告是推销术的一种,它的基本原则就是推销术的基本原则。20 世纪 50 年代至 20 世纪 70 年代,"推销主义"广告的代表人物如罗瑟·瑞夫斯、大卫·奥格威、艾·里斯和杰·屈特等,又分别提出 USP 理论、品牌形象论、定位理论、4P 理论、产品生命周期原理、固有刺激法、ROI 原则,等等,从不同角度阐述了

"广告即推销"的主题。可以说,这种从市场营销的角度理解广告的观点,影响了20世纪前半期广告学的基础理论构建。

2.传播学与广告传播学

传播与广告也有着紧密的关系。从本质上说,广告本身就是一种信息传播的过程。广告人在强调广告的"营销"功能时,也在积极探寻广告运作过程中新的沟通方法及有效的传播效果,并将传播学的理论体系作为传统广告学基础理论构建的又一基石。如USP理论主张广告宣传必须集中在一个点上,集中打动、感动或者吸引消费者。定位理论强调"广告应该将火力集中在一个狭窄的目标上"。威廉·伯恩巴克提出的"广告讯息单纯化、清晰化、戏剧化"的观点以及有关广告创作中"噪声"的论述,也都涉及了广告运作中的"传播"问题。尤其是"整合营销传播"的理论命题就包含着对广告营销与传播的双重观照。除此之外,传播学对传统广告学基础理论的构建,还在于传播学"5W"分析对广告学基础理论的全面嵌入,进而演化出了广告传播主体研究、广告传播客体研究、广告传播媒体研究、广告传播受众研究、广告传播效果研究等研究领域,形成了传统广告学在广告公司与广告人才、广告诉求与广告创意、广告媒体与投放策略、消费者行为、广告效果与评估等方面的基础理论。

(二)基于社会学与经济学的广告学理论框架的补充构建

传统广告学的理论建构在基于营销学和传播学两大基石之上,还包括基于社会学和经济学的广告社会学研究及广告经济学研究。

1.社会学与广告社会理论

广告在整个社会系统中扮演着一定的社会角色,其在完成社会化的过程中不断介入社会、深入社会,不断加强与社会系统的联系,进而影响社会。尤其是20世纪60年代以来,由于文化市场利销性的凸显,广告加强了对文化的商业传播利用;又由于广告文化张力的扩大,社会又进一步加强了对广告的文化利用。广告对社会文化的影响以及广告与社会文化的关系,不仅被营销学者、传播学者、媒体学者所关注,也开始被社会学者、文化学者所关注,这种对广告的社会性认知常常与对广告的工具性认知相伴随,是对广告认知的另一种逻辑路线,包括从广告与人、广告与社会、广告与文化、广告与道德、广告与科技等多个角度研究广告如何有利于人的全面发展,逐渐形成了广告社会文化研究的理论体系。

2.经济学与广告产业理论

现代广告最为突出的社会功能在于通过促进商品的销售,进而对社会经济的发展产生巨大的影响和作用。对广告的这种社会经济形态的认知,催生了两个层面的广告经济学的研究。其一是基于微观经济学的广告公司经营管理的理论基础与知识架构,主要集中于西方国家,与此相关的教科书已有十几部,著作已有上万部,①研究成果极为丰富,涉及广告与销售、广告与企业成长、广告与消费增长、广告与消费结构、广告与消费波动、广告与商品价格、广告与垄断等诸多层面,重点研究的是企业如何有效使用广告,实现企业资源的有效配置,以谋求市场利润的最大化;或研究广告作为一种销售工具如何影响社会经济运行。其二是基于中观—宏观经济学的广告产业发展研究。21 世纪初,中国学者从中观—宏观经济学的角度提出一个新的命题:广告是一种产业形态,这是对广告作为一种社会经济形态的新认知。相关研究集中从两个层面展开:一是研究中国广告业发展的问题,重点检视了中国广告业的低集中度与外资化倾向,并探求中国广告产业自主发展与规模化发展的合理路径。二是在中国经济发展的战略框架下展开广告业与相关产业的关联性研究,探讨广告业的发展对拉动相关产业的发展、提升中国经济增长方式与发展方式转型的战略意义。

(三)传统广告学自系统的专业知识与专业理论

1.广告诉求与作品创意:广告学的核心知识

广告是印在纸上的推销术,这一定义包含两个基本判断:其一指广告是一种推销工具;其二指广告是一种作品形态,是广告人对广告工具性形态与工具性功能的最早认知。早期广告学的知识构建基本围绕这一认知展开,它集中解决的一个重大理论问题便是关于广告诉求有效性的问题。克劳特·霍普金斯指出,一则科学的广告,应该向消费者陈述一个足够的购买理由。② 西奥多·麦克马纳斯与雷蒙·罗必凯则认为,一则有效的推销广告,应该为消费者营造一个良好的情感氛围。③ 这两种关于广告诉求的不同观点确立了迄今为止广告诉求的两种

---

① 陈中原.传媒经济学研究的简要回顾[J].新闻大学,2005(1):9-13.

② 霍普金斯.我的广告生涯·科学的广告[M].邱凯生,译.北京:新华出版社,1998.

③ 奥多·麦克马纳斯与西蒙·罗必凯没有给我们留下有关广告的著述,其主张见:西沃卡.肥皂剧、性和香烟:美国广告 200 年经典范例[M].周向民,田力男,译.北京:光明日报出版社,1999.

基本方式:理性诉求与感性诉求。尤其是霍普金斯的理性诉求主张及继承和发展这一主张的罗瑟·瑞夫斯的USP理论,无疑是20世纪20年代至20世纪50年代最为经典的广告学理论创获。到了20世纪60年代,随着西方经济的高速发展,市场迅速从卖方市场转向买方市场,现实呼唤着广告学的知识创新和理论发展。在此背景下,广告学的知识构建开始以诉求为基点,沿着两条逻辑路线发展。一是从诉求走向创意,即在解决"说什么"的基础上,进一步探索"怎么说"的问题,由此发生了广告史上的"创意革命",进而形成了大卫·奥格威、威廉·伯恩巴克、李奥·贝纳的三大创意理论。二是从产品功能诉求走向品牌形象诉求,其理论形态就是奥格威提出的品牌形象理论。

广告诉求与广告创意这一核心知识的构建,历经一批批广告人半个多世纪的努力才得以完成,后世有关广告诉求与创意的各种主张,虽对这一时期的广告诉求与创意理论有所丰富和发展,但其理论基点至今未曾发生实质性的改变。

2.广告运动与广告策划:广告学自系统的理论分析框架与知识体系

"一打广告理论,也许还抵不上一个策划的概念。"①

"策划"隐含着对广告的一种新认知:广告既是一种作品形态,更是一种运动形态。这一概念最初并不属于广告与广告学的范畴,但策划概念的提出及其实际运用却极大地拓展了广告学研究的领域,催生了广告学自系统理论的建立:基于"广告诉求与创意"这一广告学核心知识点的向前展开——广告市场调查与广告目标定位,以及向后延伸——广告媒体选择与广告效果评估。至此,以广告运动策划为核心的广告学的基本知识框架与广告实务环节逐渐清晰,包括市场调查目的的建立、调查方法的采取、目标市场的定位、产品的定位、广告创意与表现策略的拟订、广告时机的选择、广告费用的预算、媒体计划与策略的确定、广告效果的预测与事后测定方法的设立,以及各运作环节和动作程序相互间的最佳组合等。在这个过程中,广告定位理论、广告受众理论、广告媒体理论、广告效果理论也相继确立和发展,其中最具特色和代表性的当数品牌、定位与整合营销传播。

二、传统广告学知识体系的时代困境

作为一门注重理论联系实际的实践型交叉学科,传统广告学在借鉴新闻传

① 张金海.20世纪广告传播理论研究[M].武汉:武汉大学出版社,2002:74.

播学、市场营销学、消费行为学、心理学、设计学、社会学、统计学等多个学科的理论成果和实践经验之后,形成了由点到线及面的立体化知识体系——以广告诉求与作品创意为核心的知识要点,由此辐射而出的以广告运动与广告策划为基础的知识线条,进而铺开的以广告文化与广告经济为背景的知识面向的知识体系,基本能够适应大众媒体时代广告实践的需求。然而在数字广告时代,传统广告学知识体系却面临着技术思维、量化思维、数据思维、算法思维明显不足的挑战。

其一,传统广告学的知识体系是在经验主义主导下构建起来的。尽管“科学的广告”主张早在 20 世纪初叶就被广告大师克劳德・霍普金斯提出,并广泛采用文案调查、直邮营销、免费试用等多重手段来跟踪广告效果,甚至连霍普金斯自己也自豪地宣称“追踪到的收益可以精确到每分每毫…… 广告营销成为一门精准科学”①。但事实上,霍普金斯之后包括罗瑟・瑞夫斯、大卫・奥格威、杰克・特劳特等广告大师或广告学者在内的研究,在整个 20 世纪都没有将广告发展为一门真正的科学,这也恰恰是约翰・沃纳梅克的困惑,“我知道广告费用有一半被浪费了,但我却不知道是哪一半”是能够引发广告各界产生强烈认同感并广泛讨论的原因。

其二,传统广告学基于有限资讯的统计调查分析在传统广告时期所展现出来的“科学性”已在能够基于全样本展开实时调查和分析的数字时代被稀释了,甚至沦为广告从业者支持或“佐证”自身主观决策的“辅助工具”。

其三,对于数据的思维和技术的运用,数字广告实践已经明显走在数字广告研究的前面,甚至也走在了许多其他行业的前面。在程序化广告交易、精准投放、程序化内容生产等广告实践以及越来越复杂的市场环境和消费者(受众)面前,传统广告学在过去一个世纪以来积累的理论知识,已经很难再指导当下的广告运作,甚至有时候连解释力都表现得不尽如人意。广告实践变得越来越“不唯书,不唯上”,而是唯数据和技术。数据和技术兼具指导力和解释力,但广告学科当下面临的主要问题,最欠缺的恰恰是利用数据和技术对广告作品、广告运动等涉及市场调查、广告定位、策略制订、作品创意、媒体投放、效果评估等知识体系的改造。或许也正是由于传统广告理论在指导当前广告实践的乏力,以及数字广告实践相对于数字广告理论研究和高等教育的超前发展,已经诱发了诸多高等教育院校的广告学专业正在面临着被撤销的危机。

---

① 霍普金斯.科学的广告+我的广告生涯[M].李宙,章雅倩,译.北京:北方妇女儿童出版社,2016:3.

三、传统广告学研究范式的历史局限

研究范式指学术共同体集体认可的概念、术语、方法、规则的总和。传统广告学研究由于在数据采集与数据使用、量化分析与变量测量等方面存在的多重限制，其以实证研究与定性研究为主的研究范式也正遭遇着危机与困境。

（一）实证与定性：广告学传统研究的两大范式

社会科学研究面临的根本问题，实际上是方法论的问题。从最初以神话和虚幻想象的方式认知世界，到以哲学思辨与逻辑推理的方式发现社会，再到以量化与实证的方式解释社会，人类一直在突破研究方法以谋求社会科学的发展。简言之，就社会科学而言，其研究范式主要经历了定性研究、实证研究与计算机仿真研究三种范式阶段。① 定性研究既包括理论分析，又包括事实与经验分析；定量研究则沿袭了孔德模仿自然科学实验研究所创立的社会学研究的经典实证主义，除量化研究外，还包含观察与实验等；至于计算机仿真研究，无论是西方还是中国，极少发现运用相关范式从事广告学研究的文献。因此，具体到广告学研究中，其运用的研究范式主要是实证研究与定性研究两种，前者以美国为代表，后者则以欧洲为代表。

19 世纪末 20 世纪初，美国的广告学研究开始起步。20 世纪 40 年代，随着传播学在美国兴起，广告作为信息传播重要的实证领域被纳入传播学的研究范畴。尤其是美国传播学经验学派以传播效果为核心展开的一系列实证研究，深远地影响并滋养了美国广告学的研究，美国广告学研究也由此走上了定量与实证主义道路。1960 年，美国第一份属于广告学的独立学术期刊《广告研究》创办。1972 年，由美国广告学会主办的又一学术期刊《广告学刊》问世。在这两本学术期刊的引导与推动下，美国广告学研究的定量与实证研究范式逐渐成熟，相关研究集中围绕广告效果而展开，以定量与实证的方式考量影响广告效果的各种变量因素，逐渐成为美国广告学研究的主导范式。这种研究范式充斥着美国实用主义的文化特色，其始终追寻的是广告的精准营销传播。该范式延续至今并逐渐风靡，成为世界广告学研究的主导范式。②

欧洲的广告学研究也是伴随传播学研究的勃兴而兴起的，从某种意义上讲，

---

① 陈建远，施志伟.现代西方社会学[M].南昌：江西人民出版社，1988：3-19.

② 曾琼.美欧广告学的演进：基于学科制度的视角[J].现代传播（中国传媒大学学报），2017(2)：128-131，138.

欧洲广告学研究甚至是欧洲传播学研究的一个组成部分。与美国广告学和美国传播学研究不同的是,欧洲广告学的研究既沿袭了欧洲“哲学思辨式”的学术传统,又明显具有欧洲传播学研究的理论思辨性特征。其研究的重点内容是广告与社会的关系,尤其是广告对社会消费造成的负面影响,与欧洲传播学研究的批判性取向高度一致。20 世纪末至 21 世纪,欧洲学者的广告学研究开始受到美国量化与实证研究的影响,但依然保留着较为浓厚的理论思辨特征。欧洲广告学的理论思辨性研究尽管也作为广告学的一种研究范式而存在,但从世界范围来看,却非广告学研究的主导范式,世界范围的广告学研究至今仍占据主导地位的,依然是以美国为代表的实证研究范式。

(二)广告学传统研究范式的历史局限

自孔德效仿自然科学创立社会学并形成经典实证主义,其对研究确定性的追求虽然有力地推动了社会科学的发展,但社会学传统研究的量化与实证范式同样存在研究方法的限制,发展至今甚至陷入某种方法论的困境。以美国广告学为代表的实证研究范式同样未能突破方法论的局限与困境。其一是传统数据采集方法所导致的数据局限。广告学研究是一种以数据为基础的社会科学研究,其数据采集通常以人工方式通过抽样调查进行。受这种数据采集技术的限制,其数据通常具有小数据、小样本特征,这就导致数据规模具有局限性,且数据来源受时空限制。因此在广告学的传统研究中,很少有超大规模、超时空范围的定量与实证研究,而是常常在特定的时空范围内针对具体问题展开研究,其数据来源也往往囿于某一特定时间和特定场域。此外,基于人工方式采集的数据,还存在由于受数据采集对象表达时的“偏好”“记忆”“语言”影响,以及数据采集者与研究者的“理解”与“观察渗透”影响而产生的数据质量不易控制与效度差等问题。[①] 传统数据采集方法的限制必然造成数据的局限,而数据的局限又必然带来研究的限制。我们认同基于小数据、小样本展开的定量与实证研究,擅长于微观层面的精准测量。但类型研究却难以避免地存在有限数据、有限经验材料与宏大理论论证间的鸿沟,[②]难以缓解小数据与“大定律”发现之间的冲突。[③] 其有

---

① 米加宁,章昌平,李大宇,林涛.第四研究范式:大数据驱动的社会科学研究转型[J].学海,2018(2):11-27.

② 文军,吴晓凯.找回失去的传统:“大数据”研究范式的反思与重构[J].新疆师范大学学报(汉文哲学社会科学版),2018(1):63-71.

③ 王飞跃,王晓,袁勇,王涛,林懿伦.社会计算与计算社会:智慧社会的基础与必然[J].科学通报,2015(5):460-469.

限的研究发现往往只是基于彼时彼地特定情境下考量的结果,而不具有广泛的普适性。数据质量不能得到有效控制,也必然影响研究结论的准确性。①

其二是传统量化分析方法带来的变量测量的限制。传统的统计模型突出强调的是单一自变量对因变量的主要作用,而实际情况却通常是多个自变量共同作用于因变量的结果。因而,这种测量显示的是事物发生的可能性而非绝对性。基于多因素共同作用的社会事实,研究需要测量的自变量多元而复杂。然而,当自变量设计较多时,就会产生更多数量的交互项。多项自变量的测量已经相当困难,而对于复杂多变量以及更多变量间复杂关系的测量,又大大超出了传统研究方法的分析能力。② 严格来讲,以往广告学研究为测量广告效果所建立的抽象模型和所设计的简单变量,均不足以反映复杂的消费现象,不足以用来外推广告传播的复杂因果关系和模拟复杂营销传播环境下广告传播涌现的问题,因而其大部分研究都只能重点着力于影响广告传播效果的主效应分析。对复杂变量的系统考量,是传统广告学研究努力突破却迟迟未能突破的困境。

风靡世界的以美国广告学实证研究范式为主导的广告学研究,一直以来都囿于这些问题,加之定性研究的相对匮乏,致使广告学研究基础理论建构薄弱,更缺少重大理论的宏观涌现。

第二节　数字广告学研究范式的变迁

一、新的数据基础与研究的客观性、系统性

早在2009年,哈佛大学定量社会研究中心主任加里·金(Gary King)就曾预言,大数据的出现和使用将使整个社会科学研究的实证基础发生重大变化。所谓"实证基础",最为重要的就是用于定量与实证研究的数据基础。传统广告学研究的局限从根本上讲就是数据的局限。数字时代广告学的研究范式将在数据的充分性、客观性、时效性等方面重构广告学研究的数据基础。

数据的匮乏与失真从来都是社会科学面临的最为严峻的问题之一。大数据

① 詹国辉,熊菲,栗俊杰.面向大数据的计算社会科学:一种诠释社会现象的新范式[J].科学技术哲学研究,2018(3):100-104.

② 舒晓灵,朱博文.知识发现与数据挖掘在计算社会科学中的应用[J].贵州师范大学学报(社会科学版),2016(6):49-53.

的出现使社会科学研究数据匮乏的问题得以缓解。当然,“大”并不等于“全”,大数据也在一定程度上存在数据的“缺失”和“代表性误差”。不过大数据在数据的充分性、整体性和系统性方面,却是传统定量与实证研究所使用的有限数据远远不可企及的。此外,传统定量与实证研究所使用的数据,主要是统计学意义上的数值型数据(Numerical Data),而大数据范式所使用的数据,除数值型数据外,还包括字符、图形、音频、视频等非数值型数据,这些非数值型数据不能被传统研究范式所使用,却为数字广告学研究消费者和市场洞察提供了充分的数据基础。此外,在大数据环境中,消费者在互联网上留下的各种消费“足迹”被记录的数据行为是自然发生的,反映的是消费者自觉自愿的行为。数据的记录与采集都是由机器自动完成的,从而避免了诸多人为干扰。较传统的数据收集而言,大数据的生成与采集无疑更具自然性与客观性。因此,大数据的应用使广告学研究在数据收集上的客观性问题得以缓解,在一定程度上保证了数据的质量与效度,为规避过度偏态性研究提供了客观性的数据基础。

市场与消费受各种因素的影响,永远处于动态变化之中。传统广告学的量化与实证研究,无论是市场与消费者洞察,还是影响广告效果的各种变量的考量,大多是对已经发生之事的事后检验。大数据电子踪迹数据挖掘等实时数据采集与分析技术的出现,使传统研究运用调查方法收集数据的时间滞后性问题以及由此造成的研究时效性问题得到有效克服。大数据的实时数据流采集,以及这些数据沿时间线索不断积累所形成的长时间的时间序列数据,更是传统数据收集方法难以做到的。这将极大地提升广告学研究预测性与动态性的分析能力。尽管大数据研究范式所使用的数据,一般情况下是特定领域特定范围的有限数据,非数值型数据的分析与挖掘受技术与成本的多重限制,实时数据与动态型数据的追踪也还只是一个比较性的概念,但大数据形成的新的数据基础,必然形构起广告学的某种研究新质。

二、新的研究思路与研究的多元汇通

传统广告学的定量与实证研究,其本质性缺陷是用简单数量关系解释复杂的消费现象,用“小数据”“小样本”外推复杂的市场因果关系,用有限数据阐释复杂市场与消费条件下的宏观涌现等问题。基于小数据的定量与实证研究,可以用来洞察细微,却不能通达宏观;可以检测已知,却不能发现未知;可以检测经验,却不能预测未来。大数据的计算与分析以超大规模和超大时空跨度的数据,以及全新的相关性涌现,极大地提升了科学研究的宏观洞察力,为宏大理论的发

现提供了可能。此外,政界、商界、医疗卫生等多个领域的研究表明,大数据能够更好地支持预测性研究,如谷歌的流感趋势预测、奥巴马竞选的预测、百度尝试开发的疾病预测地图、亚马逊的图书推荐和娱乐业的电影趋势与音乐榜单等。从中我们不难发现,大数据研究范式的应用将极大地提升广告学研究的宏观洞察力、未知理论的发现力和事物发展的预测力,促使广告学调整既往的研究思路,突破既往的研究局限,从洞察细微进一步走向通达宏观,从检测已知进一步走向发现未知,从检测经验进一步走向预测未来。

定量研究与定性研究作为社会科学研究的两大基本研究方法,各有优势与局限。社会科学诸多领域的研究一直尝试通过混合研究弥合二者之间的对立,但始终未取得良好效果。在广告学研究领域,这两种研究方法也一直分轨而行,大数据研究范式的出现将极大地促进二者的综合集成。大数据的分析方法既能对传统定量分析所使用的统计学意义上的数值型数据展开定性分析,又能对传统研究方法中只能用于定性分析的字符、图形、音频、视频等非数值型数据进行定量分析,从而创造出定性与定量分析的数据混合地带。大数据的研究方法不仅促使整个社会科学研究的实证基础发生了重大变化,更加速了定性与定量两种研究方法的融合。

演绎式逻辑与归纳式逻辑一直是人类科学知识生产方式的主要逻辑。前者主要依据已被前人证明的理论、规律和命题检验新的事实材料,或以新的经验材料验证已有理论,寻求一般与个别的自洽;后者则在大量经验事实与经验材料中抽象概括出普遍性命题与结论。传统广告学的知识生产中最常见的是前者,即依据已有理论或被前人验证的经验事实提出相关研究假设,然后以新的经验材料加以验证。此外,传统广告学的知识生产也尝试使用归纳的方式寻求新的发现,即前文提到的以“小数据”“小样本”证明“大定律”。然而,由于受样本量和抽样逻辑的限制,其归纳只能被定义为不完全归纳,据此得出的相关研究结论也饱受质疑。大数据发现的研究方法是总结归纳与演绎推理双向同时进行的研究过程,它可以用新的数据与经验材料验证已有的理论与规律,而所谓的大数据发现,更说明它是一种归纳式的新探索性研究,即从新的经验事实中总结归纳出新的理论与定律。由于数据规模的庞大和经验材料的无比丰富,据此归纳得出的理论准确概率更大。从某种意义上讲,大数据发现的研究方法不仅实现了科学研究中演绎式逻辑与归纳式逻辑的结合,更以其数据资源的广泛性弥合了归纳式研究方法在抽样数据时代应用的不足。

三、新的研究手段与研究的技术化、工具化

研究的技术化与工具化，以及基于此的知识生产的自动化与智能化，是人类科学研究的总体发展趋势，也是社会科学研究与广告学研究发展的未来。大数据研究作为一种以工具为先导、以大数据计算为核心技术手段的科学范式，最大的特点是研究的技术化与工具化。大数据采集、数据传输、数据清洗、数据存储技术的发展，使广告学研究对大规模数据源的集结和利用成为可能。基于云计算与人工智能技术的各种大数据挖掘技术，如关键词搜索技术、自动内容分析技术，以及各种可视化工具，为广告学研究对大数据的分析处理与可视化呈现提供了科学的技术手段。尤其是大数据"流处理"技术的发展，更是极大地提升了广告学研究实时数据的采集与挖掘能力。先进的复杂性技术的开发将为复杂性科学与复杂性问题的解决提供技术保障。[①] 在广告实务领域，"人工智能甚至将会代替人类去处理广告业务中几乎全部的复杂运算和自动化程序"[②]。在广告研究领域，从数据采集到数据集成与存储，再到数据挖掘与分析，甚至研究发现，我们也都将交由机器来完成。这将大大提升广告研究的精确性以及对复杂性问题的解决能力。

第三节　数字广告学知识体系的建构

伴随着数字技术的快速迭代和互联网对人类生产生活的全方位连接、颠覆与重构，人类社会开始跨过以物质生产与交换为核心的工业时代，进入一个以信息生产和交换为核心构建的新社会文明——数字时代。在这个新的数字时代，工业时代的许多事物要么被迫留在原地，要么适应新的逻辑存续下去。人类文明这种非连续性特征使得一切似乎都是新生的，一切诞生于旧时代却存续于新时代的事物都需要重新思考、重新建构、重新出发。数字广告学便是其中之一，它必须挺进数字化浪潮，置身于网络时代的风口浪尖，为全球民众、企业、政府等提供数字时代广告的生存、发展与治理的新知识体系。

作为一门新的学科，数字广告学的首要任务便是努力回答：在全球互联的世界，广告将呈现何种状态？广告运动将如何进行？它将给人类生活和社会经济

---

① 李国杰.对大数据的再认识[J].大数据,2015 (1):8-16.

② 刘庆振,赵磊.计算广告学:智能媒体时代的广告研究新思维[M].北京:人民日报出版社,2017:87-93,序1-正文3.

发展带来怎样的变化？一个千亿级物理互联的智能传播格局，一个人与信息、信息与场景、场景与人，数字与物理世界高度互联、即时传播、智能驱动的社会，将是怎样的状况？又将由何种机制和规则来维系？当然，我们还需要回答：在更远的未来，广告将走向何方？新的挑战和风险该如何应对？

一、数字广告学知识体系的三层架构及五大系统

数字广告是一个与工业时代、大众传播时代的传统广告（或称为现代广告）相对应的概念。传统广告是指 1869 年现代广告业诞生至 1994 年互联网广告出现之前的广告。与此相对应，数字广告指的是 1994 年互联网广告出现以来存在于数字时代的广告，是以全球性数字技术基础设施为基础的广告体系，具体形态出现的顺序依次为互联网广告、计算广告、智能广告以及即将出现的元宇宙广告和其他未来数字化的广告形态。这些数字广告不同阶段的广告形态与传统广告的广告机制相互叠加、联动、博弈，形成了数字广告新的模式和格局，其基本架构包括技术层、运作层和社会层三大核心层次，如图 12-1 所示。这三个核心层次涵盖了数字广告学知识体系的五大系统，即数字广告技术系统、数字广告自系统、数字传播与营销系统、数字广告社会系统、数字广告经济系统，对应了数字广告学所涵盖的基本知识体系，也对应了数字广告学科的基本课程体系。

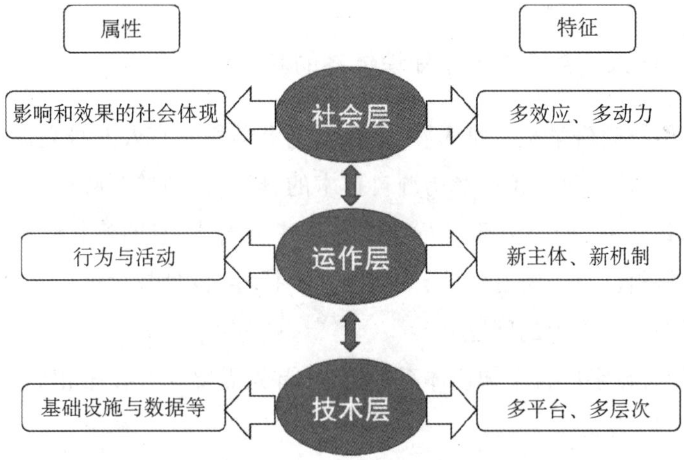

图 12-1　数字广告的基本架构：技术—运作—社会

注：本图参照 TCS 三层理论①，并结合数字广告的运作实践绘制。

① 方兴东，钟祥铭，严峰.论数字传播学的崛起：传播学新范式的演进历程、知识体系和路径选择[J]. 新闻与写作，2020(11)：37-51.

技术层是数字广告的技术载体,由硬件、软件基础设施以及平台、数据、算法等构成,其作用是完成广义信号的高效率传输与互动,并通过在技术系统中的存储、处理、传输、展示而成为信息,包含计算、传输、存储、数据和算法等核心要素。正如本书第一章第三节中所述,技术是数字广告的根本特征,也是数字广告得以产生、演化的基础。与传统广告相比,数字广告首要的区别在于其具备一个由技术驱动的全球性基础设施。当然,回顾传统广告的历史,技术虽然也一直推动着现代广告的发展,但只有到了数字时代,当技术成为整个广告乃至整个社会传播的基础设施时,技术的角色与作用才开始凸显。因此,探讨技术在数字广告中的应用及其影响、构建数字广告技术系统的知识体系,是理解数字广告及其运作的知识前提。

运作层(也可称为行为层)是数字广告的行为与活动,包括以传统广告的市场调查、目标定位、内容生产、媒体购买与投放、效果评估为实务的大数据市场洞察、智能化内容生产、程序化广告交易等数字广告业务的一体化运作,可视为数字广告自系统和数字传播与营销系统的研究范畴。社会层是数字广告的影响和效果的社会体现,涵盖社会、经济、文化和政治等社会各个层面与领域,重点包括两个研究范畴——数字广告社会系统与数字广告经济系统。

总之,围绕上述三个层面五个系统开展的体系化的知识生产,基本能够建立起数字广告学的知识体系。

二、技术嵌入下数字广告学知识体系的新内容

如果说传统广告学是一座大厦,是我们这个学科所有人安身立命的地方,那么,这座大厦在数字时代正在经历源自技术的震荡,剧烈的振幅已非修修补补或局部拆迁可以控制,而是需要进行整体性重建。当然,老旧建筑的拆除,并不意味着原有的材料已丧失所有价值,如何继承和扬弃,也是数字广告学新的知识体系构建过程中需要思考的问题。

毫无疑问,数字广告学知识体系的构建,首先需要加大技术相关知识的认知和建构力度。

在相当长一段时期内,我们总是将广告称为"人力密集、知识密集、技术密集"的三密集产业。对于技术密集,严格地讲,这或许只是广告人的一种自诩。在旧有的广告学研究中以营销+传播为核心的功能主义研究占据绝对主导,以社会、文化、经济、产业等为背景的研究也做了很好的补充,而以技术为核心的研究,通常只属于陪衬式、边缘化的研究。"技术"更多地体现为传统广告在广告创

意的要求下,通过拥抱新的传播技术、表现技术,使品牌或广告的诉求、内涵、观念、理念等在输出形式上更加新颖,在内容上更具创意。而在数字广告时代,无论是互联网广告、计算广告、智能广告、元宇宙广告乃至未来的广告形态,其运作流程、形态等皆离不开数字技术。

譬如程序化技术、大数据技术、计算技术、区块链技术、智能技术、AIGC 技术等在数字广告中的应用,使广告交易从传统广告合约走向了高效率高收益的程序化交易,使广告对市场和消费者的分析从有限资讯"准科学"的模糊推断走向"数据科学"全样本实时资讯的精准洞察,使广告的内容生产从高度标准化的规模生产走向高度差异化的规模定制,使广告投放从无差别规模化投放走向个性化精准投放,使信息、场景、人之间的匹配从传统广告的模糊匹配走向精准定向……

技术,让传统广告和广告人孜孜以求的愿景在数字广告时代成为实际可能。因此,我们要构建数字广告学的知识体系,首先要对微观的技术层的演进历程、趋势、内在逻辑和运行规律有基本的了解和认知,否则就难以把握数字广告最为基础的驱动力,也难以夯实数字广告学新的知识体系的根基。

事实上,数字广告学知识体系中已经形成的碎片已将技术置于一个底层、基础的位置。譬如在国内第一部介绍计算广告的著作《计算广告:互联网商业变现的市场与技术》中,著者专门用了 7 个章节细致地梳理了受众定向、合约广告、竞价广告、程序化交易平台、程序化创意、流量保护和效果监测等计算广告的核心技术,占整部著作的一半以上篇幅。此外,在所有关于互联网广告、计算广告、智能广告等数字广告学研究的论文中,技术无一例外地成为其探讨的重要内容。何况,传统广告学基础理论构建的两大基石——营销学和传播学,正在演化为充满技术痕迹的数字营销学、数字传播学。①

显然,在新的数字广告学中,探讨技术的权重需要发生根本性重置,才能让理论真正接近数字广告时代的现实需要。

三、数字广告学专业知识和理论的继承和发扬

正如本章第一节所梳理的那样,广告学基于营销学和传播学,围绕传统广告时代的广告运动和策划实践,构建起了其专业知识和理论的基本框架,即以广告

① 方兴东,钟祥铭,严峰.论数字传播学的崛起:传播学新范式的演进历程、知识体系和路径选择[J].新闻与写作,2020(11):37-51.

诉求与创意为广告学核心知识点，向前延伸出广告市场调查与广告目标定位，向后延伸出广告媒体选择与广告效果评估（图 12-2）。在数字广告时代，这些原有的知识体系框架并未发生改变，只是知识的具体内容发生了革新。这种在扬弃原则下的解构和重构，是在技术的冲击下、继承并淘汰传统广告学的基础上，探寻数字广告学新知识体系的努力。

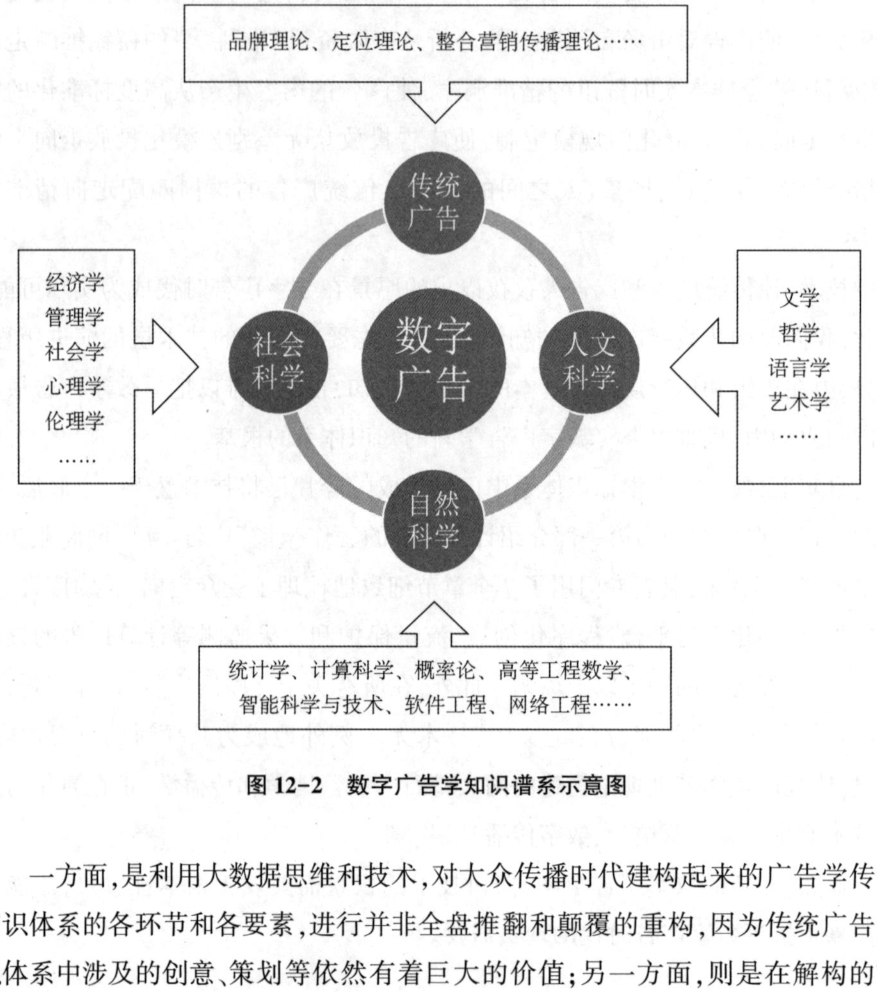

图 12-2 数字广告学知识谱系示意图

一方面，是利用大数据思维和技术，对大众传播时代建构起来的广告学传统知识体系的各环节和各要素，进行并非全盘推翻和颠覆的重构，因为传统广告知识体系中涉及的创意、策划等依然有着巨大的价值；另一方面，则是在解构的前提下，对互联网、移动互联网乃至物联网，对数字广告、计算广告、智能广告乃至元宇宙广告时代的全新的广告营销活动，及在其基础上形成的广告观和方法论进行梳理、归纳和总结，进而逐步重构数字广告学的基础理论。

目前，来自自然科学领域的研究者，以及人文社会科学领域的研究者，围绕数字广告的研究已经产出了诸多研究成果，正在为数字广告学新的知识体系积累基础。这些成果大致有如下几个层面的共识：

(1)媒体资源丰富。互联网的海量存储与超强链接基因，造就了数字时代传播方式、媒体渠道、媒体内容的无限性。在数字传播时代，数字广告的媒体资源已经不再稀缺，甚至过于富足。

(2)最优匹配。无论是目标用户与广告内容的精准匹配，还是特定用户、特定情境与特定广告之间的精准匹配；无论是丰富的广告环境与潜在的消费者之间的精准匹配，还是用户场景与用户需求之间的精准匹配，几乎所有的研究者在探索对数字广告时代的广告投放时，都在根本上继承了"最优匹配"(Best Match)这一基本理念。

(3)数据资源驱动。大数据计算技术的发展使得人类在数据类型、数据量级与数据处理的方法、速度、成本上都实现了彻底的变革。首先是数据的海量，使其在数据量级上占有绝对优势。其次是大数据技术对异质、异构多源数据分析处理的超强能力。在计算的精度与准确度上，以及计算速度与数据的收集和处理成本上，同样是传统数据使用方法所不可比拟的。尽管并非每位研究者都鲜明地强调数据的价值，但自2010年前后大数据被全球互联网公司普遍关注和广泛应用之后，显而易见的事实是，数据对于数字广告来说，尤其是自计算广告开始，其价值和意义不言而喻。

(4)用户画像。大数据计算技术超强的数据处理能力使用户在线和非在线的历史数据与实时数据、静态数据与动态数据、数值型数据与非数值型数据的分析处理成为可能。在大数据及大数据分析技术的技术可供下，收集、存储、分析用户的互联网行为数据，对具体用户的媒体使用习惯和日常消费行为进行记录与跟踪，利用大数据技术对具体的用户进行具体的画像，已经成为实现"精准匹配"目标的基础。

(5)个性化推荐。数字广告时代，消费者已经不再是传统广告时代同质化的媒体受众，而是可以被颗粒化画像的个性化用户，技术的快速发展也已经为针对特定消费者进行更加精准的广告投放提供了可能性。基于此，广告购买就逐渐从传统媒体的时段/版面购买，过渡到了互联网用户的受众定向购买，交易机制也从合约制交易过渡到了程序化广告交易。

(6)效果可测量。数字广告语境下的广告活动效果监测和效果评价变得具有参考价值且更为客观。传统广告时代广告效果的监测和评估最大的问题在于难以跟踪消费者的真实消费行为和转化路径，因此难以判断广告活动在促进销售中到底发挥了多少作用，更无法给出更加具体的影响机制和影响路径。但数字广告时代的广告运作,为我们提供了广告传播路径、效果转化及其作用机制完整且清晰的数据呈现,这就使得广告活动进入了一个用数据说话的可归因和可建模阶段。

(7)人机互动协同。在数据和技术的加持下,原本纯粹依靠人工智慧和劳动的广告业务运作,逐步转向人机协同运作。从现有研究情况来看,人机协同的实践已经运用于机器参与的智能决策、借助机器实行的程序化交易,以及人机协同的程序化创意与借助机器进行的智能创作。

(8)高度沉浸感的营销体验。沉浸化是广告传播一直力求达成的效果愿景,数字广告活动建构的虚拟世界将具备现实世界的所有要素,自然也包括现实世界的所有体验要素。在仿真交互技术支持下的虚实相融的场景传播,以及诉诸人类视、听、触、嗅、味五种感觉器官体验的沉浸式传播,将给人们带来深度的沉浸体验,这就不是一般意义上的身临其境,而是能让人深陷其中的高度沉浸,这无疑将成为广告争相追求的一种传播取向。

对于既有的广告学理论体系和知识框架来说,数字广告视野中的广告观和方法论切切实实地弥补了传统广告理论体系在消费者研究、广告创意、媒体投放和效果分析等诸多环节在数据、实证、效果归因、生产效率等诸多方面的明显缺陷,而且,随着数据思维和计算技术不断地渗透到广告学知识体系的各个脉络,这种大范围的解构和重构将在根本上推动整个广告学科的范式转换。

▶本章小结

1. 广告是一种作品形态、一种运动形态、一种文化形态、一种经济形态和产业形态。传统广告学基于文学、哲学、语言学、艺术学等人文科学和经济学、管理学、社会学、心理学、伦理学等社会科学的支撑和滋养,初步形成了具有主体性的广告学知识体系,包括以广告作品、广告运动为自系统的专业核心知识体系和以广告文化、广告经营与管理为社会系统的专业背景知识体系。
2. 目前,数字广告学的知识体系由网络广告学、计算广告学、智能广告学阶段性地生产和构建。一方面,在保留传统广告知识体系中的创意、策划部分的基础上,利用大数据思维和技术对广告学传统知识体系中的其他环节及要素进行部分推翻与颠覆的重构;另一方面,在解构的前提下,对互联网、移动互联网乃至物联网,对数字广告、计算广告、智能广告乃至元宇宙广告时代的全新的广告营销活动及在其基础上形成的广告观和方法论进行梳理、归纳和总结,并逐步地重构整个广告学的理论体系。

3.在互联网、移动互联网和物联网等全新的媒体形态和传播渠道快速发展,以及搜索引擎、大数据、云计算、个性化推荐、人工智能、区块链等全新的技术不断被应用的数字广告时代,传统广告学的知识体系面临着技术思维、量化思维、数据思维、算法思维明显不足的挑战。此外,在数据尤其是大数据的驱动下,传统广告学研究由于在数据采集与数据使用、量化分析与变量测量等方面存在多重限制,其以实证研究与定性研究为主的研究范式也正遭遇着危机并面临困境。

4.数字广告学的研究范式正在发生重构,其以数据为研究基础、以演绎与归纳相结合为逻辑思路、以技术工具为研究手段。

▶关键术语

1.知识体系:指某一学科或领域内一系列相互关联、有机组织的基础知识、理论知识、实践知识的结构。

2.研究范式:学术共同体集体认可的概念、术语、方法、规则的总和。

3.数字广告学的知识体系:由技术层、运作层和社会层三大核心层次构成,涵盖数字广告学知识体系的五大系统的知识生产及其体系化,即数字广告技术系统、数字广告自系统、数字传播与营销系统、数字广告社会系统、数字广告经济系统。

▶思考与研讨题

1.传统广告学知识体系的结构是什么?

2.传统广告学知识体系在数字广告时代面临什么困境?

3.数字广告学的知识体系正在发生什么样的更新?

4.为什么说传统广告学的研究范式正在面临困境和危机?

5.数字广告学的研究范式是什么?

▶延伸阅读

1.丁俊杰,宋红梅.中国广告学学科范式发展研究[J].现代传播(中国传媒大学学报),2023,45(8).

2.宋红梅,丁俊杰.中国广告知识生产模式演进(1979—2021)[J].现代传播(中国传媒大学学报),2022,44(1).

3.曾琼,张金海.广告认知演进的逻辑轨迹与广告学知识体系的系统建构(纲要)[J].广告大观(理论版),2014(4).

4.张金海.20世纪广告传播理论研究[M].武汉:武汉大学出版社,2002.

5.钟书平.计算广告时代广告学科知识体系与培养目标重构[J].现代传播(中国传媒大学学报),2021,43(4).
6.颜景毅.中国广告学的学科逻辑与原创进路[J].新闻大学,2016(3).

后　记

虽然“未来几十年技术、政策和用户的发展都是不可预测的”①，但当我们追寻技术的迭代与可供在数字广告中的应用，和这些应用对于数字广告已有的影响和改变时，我们仍可以在一定程度上判断和推测数字广告的未来发展，以及数字广告学作为一个学科应担的学术作为。无论数字广告实践，还是数字广告学的建构，在秉持科学理性、追寻致效之道的路上，依然不能忽视和忘记技术以及数字广告所必须遵循的人的尊严！

一、数字广告未解之问题

数字时代是作为通用技术的数字技术不断进步和涌现，在社会和产业各个层面持续嵌入性应用，进而全面数字化的技术社会时代。具有极强的商业功利性的广告传播，向来对于新的技术极其敏感而常常率先应用。“经济从它的技术中浮现，不断地从它的技术中创造自己。”②数字技术在广告领域的全面嵌入，已经重构了广告的市场要素、结构与机制，实现了广告产业从人力智慧密集型向技术智能密集型的范式转换，提升了广告的生产质量和运作效率，将传统广告推向数字广告的新阶段。

毋庸置疑，数字广告的当下进展具有革命性意义，但对于传统广告的固有难题，并没有彻底解决。例如，线上行为数据比之于传统广告的抽样问卷数据更贴近消费者可能的购买行为，但所谓的“精准”实在差强人意。关注了，并不一定意味着认同，也不意味着一定购买；购买了，更不一定意味着必然再次购买。

整合营销传播是传统广告时期最为玄幻的运作范式，但也常常被视为“准范式”和实践“愿景”，原因在于其所处的时代仅有整合意识和愿望而缺乏整合的技术工具。正如“提出了许多重要的问题之后，我们不得不承认我们也无力提供哪

① 格雷厄姆，达顿.另一个地球：互联网+社会[M].胡泳，徐嫩羽，于双燕，胡晓娅，译.北京：电子工业出版社，2015：14.

② 阿瑟.复杂经济学：经济思想的新框架[M].贾拥民，译.杭州：浙江人民出版社，2018：207.

怕是部分的答案"[1]。30 年后,虽然跨屏技术等有所进展,但广告整合技术平台及其整合机制等难题依然存在。

程序化创意、AIGC 等内容生产应用,在生产效率上有了极大提升,但是广告最耀眼的"创意"却失之于模式化。广告魅力的核心在于创意,创意丢失了,广告将何去何从?

信任一直是广告的痛点,传统广告在社会层面被污名化和遭人鄙视,主要源于广告内容的真实性问题。在众声喧哗的数字时代,电商广告这一数字广告形式,因其差评机制和无理由退货规则,在信任的建构上迈出了重要一步,但整体而言,数字广告在这方面并不比传统广告做得更好。

数字广告进步巨大,但也未能解决传统广告的所有问题。

二、数字广告带来的不都是福音

"每一次巨大技术革命过程似乎都伴随着对'新经济'盲目乐观思想的再生。"[2]技术是柄双刃剑,往往在解决旧问题的同时,又会产生新的问题。数字广告亦是如此,例如:

原生广告等泛内容化广告,给消费者的广告辨识、产业统计和政府监管都带来了新的难题。

对个人隐私的侵犯和数据权利的篡取已成为严重的社会性问题。

AIGC 先天植入的意识形态偏向,使其广告内容生产的客观性难以保证。

传统广告行业内的"泛专业化",随着广告生产和运作的用户生成内容,蔓延成"泛社会化",广告的职业壁垒和专业价值被消解。

广告主—广告代理公司—广告媒体构成的以广告代理公司为主体的广告生产与产业格局,制度化地催生了传统广告业的形成和繁荣,但是数字化广告所形成的由"数字媒体平台"因技术和资本优势而构建的全能广告服务,以及广告主获用开源性、开放性数字广告技术应用而带来的广告运作自主化,都加速了专业广告服务机构的边缘化。

数字广告一边向好,一边又有意无意地制造出新的麻烦。

---

① 艾萨德.区位与空间经济:关于产业区位、市场区、土地利用、贸易和城市结构的一般理论[M].杨开忠,等译.北京:北京大学出版社,2011:14.

② 弗里曼,卢桑.光阴似箭:从工业革命到信息革命[M].沈宏亮,译.北京:中国人民大学出版社,2007:267.

三、新的技术可供下的数字广告想象

技术催生了数字广告，赋予其更高的运作效率和产业价值，也带来一系列前所未有的改变和新难题。这些改变和新难题，最终还需要通过技术本身的进步来解决。也许，这样的解决永远在路上，但不努力去解决，广告就会失去活力和动力，也就失去了更好的未来！

随着5G技术的普遍应用和6G技术的不断成熟，网络技术的发展将为数字广告提供更大、更快的传播通道。

Z级计算机、量子计算机等硬件技术的发展，以及分布式计算、并行式计算等软件技术的升级，将极大提高数字广告计算中的内存容量、运算速度，以及视频类广告的生产效率。

区块链技术的迭代与可供，将为解决数字广告中的真实性难题、关联方的信任问题等提供更好的解决方案。

在大数据及其技术的支撑下，智能技术加快迭代步伐，也将在当下嵌入消费者洞察、内容生产、流量交易、实时效果检测、自动优化等环节的基础上，逐步解决广告策划的谋划、整合、决策、调适等难题，最终实现数字广告全流程的智能化。

脑机接口技术的发展，有可能在数字广告的创意生成、数字广告策略的创新等方面弥补其模式化、物料化缺陷，真正实现人的智慧与机器智能的融合应用。

虚拟技术与其他技术的集成性应用，将创造出全真全息的元宇宙新时空，数字广告的全感官沉浸式接收和全场景广告嵌入的虚实一体化新时代也将来临。

技术拥有“无尽的未来”，数字广告亦有“无尽的未来”。

四、数字广告学的学科责任与使命

传统广告学属于舶来品，数字广告学的建构则是数字时代全球广告学人的共同责任。我国作为全球最大的数字市场，拥有30年丰富的数字广告实践，为数字广告学的建构提供了充分的经验供给和可能性。

如果说数字广告学及其向常规科学的演进是“诗和远方”，我们则不能只有“眼前的苟且”，而应主动担起学术责任，积极加入和推动数字广告学科的启幕与前行！

尽管我们深知，一个新兴学科的建构“道阻且长”，但只要勇于起步，稳步向前，就会有所收获，有所推进。本书就是作者们的一次集体努力。

图书在版编目(CIP)数据

数字广告学/颜景毅,张金海著.--北京:中国传媒大学出版社,2025.6.

ISBN 978-7-5657-3707-7

Ⅰ. F713.8-39

中国国家版本馆 CIP 数据核字第 2024AB2323 号

数字广告学

SHUZI GUANGGAOXUE

著　　者	颜景毅　张金海
策划编辑	李水仙
责任编辑	姜颖昳　蒋　倩　李明远
封扉设计	风得信设计·阿东
责任印制	秦　英

出版发行	中国传媒大学出版社		
社　　址	北京市朝阳区定福庄东街 1 号	**邮　　编**	100024
电　　话	86-10-65450528　65450532	**传　　真**	65779405
网　　址	http://cucp.cuc.edu.cn		
经　　销	全国新华书店		

印　　刷	艺堂印刷(天津)有限公司
开　　本	787mm×1092mm　1/16
印　　张	16.5
字　　数	296 千字
版　　次	2025 年 6 月第 1 版
印　　次	2025 年 6 月第 1 次印刷

书　　号	ISBN 978-7-5657-3707-7	**定　　价**	59.00 元

本社法律顾问:北京嘉润律师事务所　郭建平